알코올

알코올
Alcools

기욤 아폴리네르 시집 황현산 옮김

ALCOOLS
by GUILLAUME APOLLINAIRE (1913)

이 책은 실로 꿰매어 제본하는 정통적인 사철 방식으로 만들어졌습니다.
사철 방식으로 제본된 책은 오랫동안 보관해도 손상되지 않습니다.

역자 해설 어디에나 있는 시, 끝나지 않는 시	9
변두리	43
미라보 다리	52
사랑받지 못한 사내의 노래	54
어느 해 사순절에 부른 새벽찬가	58
콘스탄티노플의 술탄에게 보내는 코사크 자포로그들의 답장	61
일곱 자루의 칼	66
콜히쿰	71
궁전	72
가수	75
저녁 어스름	76
아니	78
죽은자들의 집	79
클로틸드	89

행렬	90
마리지빌	94
나그네	95
마리	99
흰 눈 공주	101
앙드레 살몽의 결혼식에서 읊은 시	102
고별	105
살로메	106
문	108
메를랭과 노파	109
곡마단	113
도둑	114
밤바람	121
뢸 드 팔트냉	122
집시여인	125

은둔고행자	126
가을	132
랜더로드의 이민	133
로즈몽드	136
잉걸불	137
라인 강 시편	141
라인 강의 밤	141
오월	142
유대교회당	143
종소리	145
로렐라이	146
신더하네스	149
가을의 라인란트	151
전나무들	154
아낙네들	156
기별	158

어느 날 밤	159
아씨	161
약혼 시절	162
달빛	172
1909	173
상테 감옥에서	175
병든 가을	181
호텔	183
사냥의 뿔나팔	185
포도월	186
주석	195
참고 문헌	325
한글, 로마자 대조표	331
역자의 말	335
기욤 아폴리네르 연보	337

역자 해설
어디에나 있는 시, 끝나지 않는 시

1. 붙잡히지 않는 시

『알코올』은, 피카소가 그린 아폴리네르의 초상화를 곁들여, 1913년 메르퀴르 드 프랑스 출판사에서 발간되었다. 두 해 전인 1911년에 화가 라울 뒤피와 공동 작업으로 출간한 『동물 시집』을 하나의 에피소드로 여긴다면, 『알코올』은 본격적인 의미에서 그의 첫 번째 시집이다. 시집의 부제 〈시집 1898-1913〉이 말하듯이 시인으로서 아폴리네르의 이름이 알려진 이후 15년간의 결산이다. 아폴리네르가 시집의 발간을 뒤늦게야 서두른 것은 아니다. 이미 1904년에 시인은 자신의 독일 체험과 관련된 시들을 취합하여 『라인 강의 바람』을 발간하겠다고 예고했으며, 다음 해에는 이 시집에 「사랑받지 못한 사내의 노래」를 함께 묶어 출간한다는 계획을 발표하였다. 이 계획이 성사되었더라면, 그래서 거기 얽매이지 않을 수 없었을 아폴리네르는 아마도 우리가 알고 있는 시인과는 전혀 다른 시인이 되었을 것이다.

제목 〈알코올〉도 뒤늦게 선택되었다. 아폴리네르는 1912년 중반까지만 해도, 폴란드의 화가 마르쿠시스가 그린 자신의 초상화를 곁들여, 〈화주(火酒)〉라는 말에 〈생명수〉라는 뜻을 함축하는 〈Eau-de-vie〉라는 제목으로 시집을 발간할 생각이었다. 이 두 제목은 시집의 첫머리 시 「변두리」의 마지막 부분에도,

 그리고 너는 네 삶처럼 타오르는 이 알코올을 마신다
 화주처럼 네가 마시는 너의 삶

이 시집을 마리 로랑생에게 보낼 때의 그 헌사에도 나타난다.

 나의 증류기 그대 두 눈은 나의 알코올
 그대 목소리는 화주처럼 나를 취하게 합니다
 괴물 같은 가짜 칼라를 단 취한 별들의 빛은
 내 채워지지 않는 밤을 배경으로 그대의 정신을 불태웠지요

 트리스탕 차라는 아폴리네르가 이 〈알코올〉이라는 낱말의 〈직설적이고 사실적인 헐벗음〉을 좋아했다고 말하며, 〈보들레르식 사색의 우의적, 상징적 진행〉을 나타내는 제목 〈악의 꽃〉과 비교한다.

 노골적이고 서민적인 〈알코올〉은, 귀족적이고 섬세한 꽃과 대비를 이루어, 아폴리네르의 서정적 사실주의 전체를 요약한다. 그는 이 서정적 사실주의를 역사적으로 모든 점에서 유효한 보들레르의 천칭 접시의 대칭점인 현대의 천칭 접시에 던졌다.

술의 핵심 성분인 〈알코올〉은 인간을 곧바로 취하게 하여 평소와는 다른 감정의 고양 상태와 감각의 활기를 불러온다. 마찬가지로 아폴리네르의 시적 서정도 상징주의자들의 경우처럼 명상과 기다림 속에서가 아니라, 현실과 말 속에 직접 뛰어 들어가 늘어진 감정을 격화하고 마비된 감각을 깨워 일으키는 가운데 얻어진다는 뜻을 함축하는 해석이다. 그러나 이러한 해석은 『알코올』의 시와 시법이 독자들에게 상당히 익숙해진 다음에야 가능했다.

발간 당시 시집을 비평하는 목소리들은 한결같지 않았다. 시인의 친구들 가운데는 정기 간행물의 문예 담당 기자들이나 젊은 문학 비평가들이 많았고, 그들은 이 시집의 특이한 면들을 이해하려는 입장에서 평을 썼다. 그러나 우선 구두점이 모두 삭제되었으며, 시법과 주제와 배열이 걷잡을 수 없이 흩어져 있는 것처럼 보이는 이 시집에 당황하는 비평가들도 많았다. 가장 혹독한 비평은 바로 그 시집을 발간한 출판사의 잡지 『메르퀴르 드 프랑스』(1913년 6월 15일)에 실린 조르주 뒤아멜의 서평이었다. 그 첫머리가 이렇게 시작한다.

기욤 아폴리네르 씨가 동시에 소박하면서도 수수께끼 같은 〈알코올〉이라는 제목으로 발간한 이 운문집보다 더 골동품 상점을 생각하게 하는 것은 없다.

내가 골동품 상점이라고 말하는 것은 이 누추한 상점에 떠밀리어 온 어중이떠중이 물건들이 어떤 것은 제법 가치가 있지만, 어느 하나 그 상인의 공장에서 생산된 것이 아니기 때문이다. 골동품상의 특징 중의 하나가 바로 그것이다. 그는 산 것을 도로 판다, 그는 제작하지 않는다.

시집에 독창성이 없다는 이 말은 항상 〈새로운 것〉을 추구해 온 것으로 이미 알려져 있는 아폴리네르에게 치명적인 상처를 입히기에 충분한 비난이었다. 게다가 시인의 박식함도 뒤아멜에게는 조롱거리였다:「아폴리네르 씨는 지식이 부족하지 않다. 그가 자신의 지식을 모두 말하고 있다는 인상을 끝내 지울 수 없다. (……) 아폴리네르 씨가 무식쟁이이고, 자신의 감정에 따라서 더 자주 글을 썼더라면 한결 좋았을 것 같다.」무엇보다도 시의 〈진실성〉을 믿어 왔던 아폴리네르에게 이런 비판은 크게 충격을 주었다. 친구들의 개입으로 상황은 결국 무마되었지만 그는 결투로 이 모욕을 씻을 생각까지 했었다. 이 악의에 찬 혹평은 그러나 우선 『알코올』이 당시의 독서계에 던졌던 충격을 요약해 준다는 점에서도, 그 시집이 지닌 특징의 하나를 직접적으로 알리고 있다는 점에서도 중요하다. 사실 『알코올』은 그 시절만 하더라도 〈골동품상〉의 잡다함을 생각나게 하였을 만큼 다양한 모습을 지닌 시집이다.

이 다양성은 우선 시의 형식에서 나타난다. 거기에는 「가수」처럼 단 한 줄에 그치는 시와 「사랑받지 못한 사내의 노래」처럼 3백 행에 가까운 시가 함께 들어 있다. 음절이나 각운의 규칙을 엄격하게 지킨 정형시가 있는가 하면, 매우 파격적인 자유시가 있으며, 한 시 안에서도 종종 정형시행과 자유시행이 혼재한다. 아폴리네르가 특히 좋아하는 것은 8음절시행이지만, 1음절로 이루어진 시행이나 20음절을 넘는 시행도 어렵지 않게 찾을 수 있다. 시절의 형태도 고르지 않다. 「사랑받지 못한 사내의 노래」는 전체가 전통적인 5행연으로 이루어져 있지만, 「변두리」 같은 시에서는 오직 시인의 감정 상태에 따라서만 시구들을 한데 모으거나 갈라놓을 뿐 연이나 절에 대한 개념 자체를 부정하는 것처럼 보인다. 서술의 방식 또한 동일하지 않다. 「도둑」은 명백하게 극시이며, 「고별」은 일종의 대화시이고, 「사냥의 뿔나팔」은 전형적인 서정시이며, 「은둔고행자」는 담시(譚詩)의 한 종류로 분류될 수 있다. 결국 『알코올』에는 「사랑받지 못한 사내의 노래」의 한 후렴구가 말하는 것처럼, 시인이 알고 있는 모든 노래가 들어 있는 셈이다:

> 여왕들에게 바칠 연애담시를
> 내 세월의 한탄가를
> 곰치에게 던져진 노예들의 찬가를
> 사랑받지 못한 사내의 연가를
> 세이레네스를 위한 노래를 아는 나

형식이 다양한 것은 거기 담기는 내용이 또한 그만큼 다양하기 때문이다. 어떤 시는 어린 시절의 천진한 기억을 노래한다. 어떤 시는 자신의 삶 속에서 후회해야 할 것밖에는 발견하지 못하는 한 성년의 신음 소리를 들려준다. 세계를 움직이는 원리로서의 사랑의 위대한 힘이 예찬되는 시구 바로 곁에서 또 다른 시구는 항상 실망스럽게만 경험하게 되는 사랑의 환멸을 말한다. 북유럽의 어느 거리에서 만난 창녀의 옆얼굴이 신화 속의 위대한 왕들과 같은 자격으로 나타난다. 〈라인강 시편〉이라는 큰 제목 아래 묶여 있는 아홉 편의 시만 하더라도 그것들은 한 여행자의 외로운 마음, 이국 풍경과 풍속에 대한 정취, 독일의 민요와 전설에 대한 경쾌하고도 흥겨운 호기심 등 각기 다른 주제들이 각기 다른 어조로 읊어진다. 「로즈몽드」는 네덜란드가, 「랜더로드의 이민」은 영국이 무대이며, 「변두리」나 「포도월」에서는 유럽의 거의 모든 지역이 언급된다. 「저녁 어스름」은 떠돌이 광대들의 가설무대에서, 「상테 감옥에서」는 감방에서, 「호텔」은 시골의 초라한 여관방에서 착상을 얻는다. 「콜히쿰」은 애니 플레이든과의 정리되지 않는 사랑에, 「미라보 다리」는 마리 로랑생에 대한 추억에 빚을 지고 있다. 「변두리」에서는 시인이 분열되고 무너지는 한 세계를 방황하며, 「포도월」에서는 그가 마시는 포도주 속에 모든 세계가 녹아들어 통합된다. 「사랑받지 못한 사내의 노래」에는 목소리가 전혀 다른 3편의 시가 액자처럼 삽입되어 있으며, 그 본문에도 따로 썼던 시들을 한데 이어 붙인 부분들이 있다. 시의 무대도 런던에서 시작하여, 여러 상상 세계와 현실 세계를 통과하여 파리에서 끝난다. 『알코올』에는 프랑스 시의 갖가지 전통적 주제들과 거의 모든 현대시의 주제들이 쉽게 정리되기 어려운 방식으로 혼합되어 있다.

게다가, 앞에서도 이야기했지만, 『알코올』은 그 부제 〈시집 1898-1913〉에서도 알 수 있듯이 비교적 오랜 기간에 걸쳐 이룩된 시집이다. 이 연대는 여러 가지 의미를 지닌다. 1898년은 에밀 졸라의 논설 「나는 탄핵한다」가 발표되어 드레퓌스 사건이 그 위기의 절정에 이른 해이며, 1913년은 제1차 세계대전이 일어나기 한 해 전이다. 드레퓌스 사건의 대두는, 지난 세기를 휩쓸었던 상징주의적 가치의 몰락과 함께 빈혈증의 위기에 놓인 문학을 다시 현실과 마주 서게 하였다. 젊은 아폴리네르에게 이 사건은 열광적이고 감동적인 경험이었지만, 또 한편으로는 현실의 벽이 얼마나 두터운가를 알려 주는 계기가 되기도 하였다. 그것은 20세기의 초엽을 특징짓고 결국 세계 대전으로 이어지는 갖가지 자유주의와 사회주의의 희망과 좌절, 군국주의와 국수주의 발호 등 사상적, 정치적 갈등의 시작일 뿐이었기 때문이다. 아폴리네르는 그 갈등 속에서 태어나는 일체주의, 미래주의, 입체주의, 동시주의 등 다양한 현대의 예술운동을 때로는 주창하고, 때로는 동행하는 가운데, 그러나 어떤 〈주의〉에도 전적으로는 헌신하지 않는 가운데, 막혀 있는 현실에 문학을 통하여 출구를 열려고 노력하였으며, 그 시도들이 모두 『알코올』의 내용을 이룬다.

그 위에 시인의 개인적인 삶이 겹친다. 그는 『알코올』을 「내 생애에 일어난 사건들의 기념」이라고 말한 바 있다. 아버지가 없고, 물려받은 재산이나 생계를 보장해 줄 만한 일자리가 없었으며, 국적조차 없었던 젊은 시인은, 18세에서 33세가 되는 이 15년 동안 자신이 누구이며, 역사와 현실 속에서 자기 자리가 어디인지를 알려고 애썼다. 한 문화적 전통의 변두리에 서 있는 이 문학가가 이렇게 자신을 확인하려는 노력은, 현대 세계에서 그 정체가 모호하기는 마찬가지인 문학이라고 하는 활동에 새로운 가치를 세워 주려는 시도와 다른 것일 수 없었다. 문학의 본질과 그 방향이 확인될 때 시인으로서의 그 자신의 정체와 임무가 드러날 것이기 때문이다. 실제로 그가 생활의 터전을 찾아 가족과 함께 여러 도시를 옮겨 다니고, 열리지 않는 문을 〈울며 두드리는〉 「나그네」가 되어 유럽의 거의 모든 지역을 전전하고, 생명이 길지 않은 여러 잡지를 창간하고, 〈스무 살과 서른 살에〉 두 여자를 만나 사랑하고 헤어진 것이 모두 이 기간의 일이다. 그리고 그 모든 사건들이 시의 소재와 주제가 되고, 그의 시 의식을 발전시키는 계기가 되었다. 아니 그의 시는 그 사건들로부터 일방적으로 영향만을 받는 수동적인 관계에 있었던 것은 아니다. 아폴리네르의 머릿속에서는 한순간도 시가 떠나 본 적이 없으니, 그 사건들이 시에 영감을 주었을 뿐만 아니라, 시가 그 사건들을 만들어 가기도 했다. 이를테면 시인이 1902년 독일에서 애니 플레이든을 사랑할 때, 그는 한 〈시인의 운명〉이 지니고 있을 구체적인 모습을 그 여자와의 관계 속에서 발견하려 한 것이었으며, 몇 년 후 다시 화가 마리 로랑생을 만났을 때도, 그는 이 여자와의 사랑 속에서 현대 예술의 전위적 개념 하나를 실천하려 했던 것이다.

아폴리네르가 그의 삶과 시에서 자주 모습을 바꾼다고 해서 그에게 일관된 시의식이 없었다고는 할 수 없다. 그는 시에 관해 늘 질문하며 자주 시를 주제로 삼아 시를 썼다. 초기에 쓴 3편의 장시 「은둔고행자」, 「메를랭과 노파」, 「도둑」, 그리고 「약혼 시절」, 「잉걸불」 등은 명백하게 현대의 시가 처한 상황과 시인의 운명을 주제로 삼은 시들이다. 「사랑받지 못한 사내의 노래」나 「행렬」을 비롯하여 시인이 그 생애의 중요한 고비에서 쓴 여러 시들도 시가 어떻게 써지며, 시적 상상력이 어떤 조건에서 얻어지며, 시가 무엇을 할 수 있을 것인가에 대한 그 나름의 성찰을 담고 있다. 그러나 이 성찰은 해답을 지니고 있기보다는 또 다른 질문을 불러온다. 사실 『알코올』의 모든 시편들은 이미 정해진 시법에 따라 편안하게 읊어진 시들이 아니다. 그것들은 모두, 전통적으로 시적이라고 여겨졌던 것들과 시가 되기에는 너무 거칠고 생경하다고 판단되었던 것들, 또는 아직 시적 표현을 얻지 못한 현대의 새로운 문물들 사이에서, 시가 되지 않을 수도 있는 위험을 무릅쓰고 불안하게 써진 시들이다. 지난 세기로부터 물려받은 시의 유산으로는 결코 감당할 수 없을 만큼 변화하면서도 메마른 현대의 삶 속에서 시적 서정을 부활시키려는 아폴리네르에게, 그가 쓰는 시 한 줄 한 줄은 그 자체로서 모험이었으며, 그것도 흩어져 있는 모험일 수밖에 없었다.

 아폴리네르가 『알코올』의 제작 연대를 부제로 명시하면서도 그 50편의 시들을 연대순으로 늘어놓지 않았던 이유도 같은 맥락에서 이해할 수 있다. 시집 『알코올』의 시 하나하나를 들추어 그것이 이 시인의 생애에서 어느 시기의 어떤 사건과 정확히 대응하며, 어떤 사람과의 어떤 관계 아래 놓이게 될 것인가를 확인하는 일은 우선 시인 자신에게도 쉽지 않았을 것이다. 매우 성급하게, 거의 쫓기면서 시를 썼던 그는 자주 쓰다 만 시구와 시행을 한옆에 제쳐 두었으며, 이 미완성의 단편들은 뒤에 다른 시 속에 포함된다. 사건과 사건이, 시와 시가, 시와 사건이 지극히 복잡한 방식으로 얽히게 되는 것이 당연하다. 뒤리 부인은 시인의 이 방법을 〈모자이크 기법〉 또는 〈상감 기법〉이라고 설명하며, 브루닉은 〈콜라주〉라는 말을 사용한다. 표현이야 어떻든 그의 혼란에 가까운 다양성 속에 그의 시적 진실성과 독창성이 있다는 뜻이 되겠다. 아폴리네르는 자기 시대의 모든 〈주의〉에 어떤 방식으로건 간여하였지만 『알코올』에서도, 그 이후의 시에서도, 그의 시가 어떤 〈주의〉로도 요약되지 않는다는 것은 그의 문학적 성찰이 부족하였음을 뜻하는 것이 아니라 그가 감행한 문학적 모험의 진정성을 말해 주는 것이다. 그는 이미 존재하는 것에도 붙잡히지 않았지만, 자기가 만드는 것에도 붙잡히지 않았다.

2. 어디에나 있는 시

아폴리네르는 흔히 말하는 〈타고난 시인〉의 한 사람이었다. 그는 항상 빠르게 시를 썼으며, 자기 앞에 닥친 모든 것을 주제로 삼아 어디에서나 시를 읊어 낼 수 있었다. 제1차 세계 대전 중 참호 속에서까지도 그에게는 시가 흘러넘쳤으며, 그 시들이 각기 생생한 감정과 흥취를 담고 있다. 당연히 양도 많다. 그가 시인으로 활동한 기간은 20년에 불과하지만 플레이야드 판 전집에서 그의 시작품은 1천 페이지를 넘는다. 앙드레 살몽은 아폴리네르에 대해 〈그는 자기 안이나 밖에서 항상 《무언가》를 끌어내어 쓸 수 있는 준비가 되어 있었다〉고도, 〈넓은 밑천을 타고났다〉고도 말한다. 그의 펜 끝에서 나오는 것이 곧 완결된 작품은 물론 아니었으며, 길고 여러 차례 번복되는 비평적 수정 과정을 거쳐서만 한 편의 시로 꼴을 갖추는 것이기는 했지만, 아폴리네르는 거의 언제나 어떤 시법을 만들어 가지기 전에 먼저 시를 〈실천〉했다. 그는 〈시〉를 주제로 시를 자주 썼지만, 그 시법 자체가 시를 쓰는 도중에서 얻어졌으며, 쓰고 있는 시의 형편에 따라 그 시법이 수정되고 바뀌었다. 그는 확실히 좋은 시 이론가가 아니었으며, 이 점에서 그는 보들레르, 말라르메, 발레리 같은 시인과 비교된다. 그들은 모두 뛰어난 시의 이론가로 자신들이 쓰는 시에 대해 확고한 방법이 있었다. 따라서 그들의 작품을 이해하기 위해 우선 참조해야 하는 것은 그들의 이론이다. 자신이 만든 것을 자신이 설명할 수 있어야 그 진실성을 보장받는 프랑스의 지적 풍토에서 아폴리네르의 경우는 매우 특이하다. 그도 비평 활동을 했으나, 그 평가의 방법이나 기준은 한결같지 않다. 또한 자신의 시와 시작을 설명하려고 노력했으나, 그 설명이 그의 시를 이해하는 데에 직접적인 도움을 주는 경우가 드물다. 설명은 일관된 문맥을 갖추고 있기보다는 짧은 토막 생각을 모아 놓은 것처럼 보이며, 시와 마찬가지로 암시적이고 모호하다. 따라서 시를 이해하기 위해 그 이론을 참조하기보다는 시를 먼저 깊이 분석하고 그에 준하여 그의 시론을 이해하는 편이 차라리 더 빠르다.

그런데 일관되지 않은 것은 시도 마찬가지이다. 시를 이끌어 가던 착상이나 이미지는 그 내용을 다 드러내기도 전에 방향을 전환한다. 시의 중심이라고 여겨지던 것이 한옆으로 밀려나고, 어조도 리듬도 말의 질도 달라진다. 어떤 경우에도, 그의 동시대인이었던 폴 발레리 같은 사람의 냉정하고 지적으로 계산된 시를 읽는 방식으로는 그의 시를 읽을 수 없다. 그는 거의 언제나 중요한 순간에 시 바깥에 있는 생경한 세계를 느닷없이 끌어들여, 전통적으로 시를 묶어 놓고 있던 인간-정서-자연이라는 폐쇄적인 순환의 틀을 깨뜨리곤 한다. 그것은 계산이라고 하기보다는 차라리 주먹구구라고 해야 할 것이다. 앞에서도 이야기했듯이 그는 〈내 시 한 편 한 편은 내 생애에 일어난 사건들의 기념〉이라고 말했고, 실제 모든 시의 배경에 그의 체험이 깔려 있는 것이 사실이나, 그 사건과 시의 관계 역시 항상 명확한 것은 아니다. 그는 자기 삶을 털어놓지만, 이 고백은 중요한 순간에, 마지막 비밀의 언저리에서, 침묵 속에 가라앉거나 베일에 가려진다. 갑자기 높았던 어조가 하강하고 고결했던 감정이 비천해진다. 물론 그 반대의 경우도 있다. 상투적인 시적 서정의 틀에 묶여 있던 시가 갑작스러운 현실 세계의 침입과 더불어 자신의 진술을 완전히 부인하고 뜻밖의 해방감을 몰아온다. 어느 경우에나 독자는 당연히 어리둥절해지는데, 독서의 흐름을 거역하는 이 난입 때문에 독자들은 자기가 읽고 있는 시를 다시 살펴보지 않을 수 없게 된다.

〈라인 강 시편〉의 하나인 「라인 강의 밤」(141면)이 좋은 예가 될지 모르겠다. 이 시는 당시 문단을 지배하고 있던 상징주의적 시의 개념과 아폴리네르의 시법을 비교할 수 있게 하는 좋은 예가 된다. 시인은 낯선 독일 땅에서 술을 마시며 라인 강의 야경을 바라보고 있다. 〈사공의 느린 노래〉는 소박하지만 마술적인 민속, 민요 세계를 나타낸다. 그 노래 속의 〈푸른 머리칼〉의 일곱 여자들은 남자들을 위험에 빠뜨릴 수도 있는 마녀들이다. 시인은 낯선 풍물에 흥분하고 술에 취해 있기 때문에 그 마법의 세계가 더욱 현실적으로 느껴진다. 시인은 그 위험을 이기기 위하여 합창을 제의하며, 현실의 〈금발의 처녀〉들의 도움을 얻어 마녀들의 매혹을 물리치려 한다. 시인의 도취된 감정 속에서 마법과 현실의 두 세계가 시합을 벌이고 있다. 천상의 별이 비춰져 있는 술잔은 그 포도주의 찰랑거림과 알코올의 기운으로 떨고 있으며, 그 진동의 힘이 강과 포도밭과 어둠에까지 미친다. 이 때문에 포도밭이 물에 비친 라인 강은 취했으며, 〈밤의 모든 황금은 쏟아져 떨며 강에 어린다〉. 술잔과 시인의 감각과 별과 어둠과 강이 한데 어울려, 보들레르 같은 사람이 말하는 〈만물 조응〉을 이루고 있다. 그런데 이 상징주의적 만물 조응이 시인을 위험에서 벗어나게 해주지는 않는다. 사공의 노래는 느리고 때로는 끊어질 듯하지만 지속되며, 느린 노래 속의 〈푸른 머리칼의 요정들〉은 라인 강의 밤에 여전히 주술을 걸고 있다. 다른 풍경들과 조응하여 그 안에 흡수되는 것이 아니라 그 위로 떠올라 거기에 다른 영향력을 미치려는 이 주술 세계의 방해를 받아 시인은 자신의 상징 세계를 더 깊이 있게 추구하지도 못하고, 시를 완결시키지도 못하는 것처럼 보인다. 그러나 아폴리네르는 예기치 못한 방법으로 거기서 빠져나오며 시를 끝맺는다.

    내 잔은 부서졌다 쏟아지는 웃음처럼

  술잔이 깨어질 때 그의 상징 세계가 깨어지고, 너털웃음을 웃을 때 한낱 민요일 뿐인 그 주술의 세계가 깨어진다. 상징과 주술이 일상적인 해프닝으로 끝난다. 이와 함께 내내 12음절 4행연의 형식을 밟고 있던 시도 마지막 연에 단 1행만을 남기고 끝난다. 시는 깨어지면서 완성된다.

  아폴리네르의 시에는 전통적인 내면 성찰과 자기 고백의 한중간에 그 가치를 떨어뜨릴 것만 같은 이런 종류의 일상적 사건이나 풍경이 자주 끼어든다. 「마리」에서는 사랑의 슬픔을 나타내는 겨울의 하얀 눈 속으로 갑자기 병정들이 지나간다. 또 하나의 라인 강 시편인 「오월」에서는 사랑의 애잔함이 깔려 있는 풍경 속에 유랑하는 집시들의 모습이 동떨어진 어조로 묘사된다.

    강둑 길 위로 느릿느릿
    집시들에게 딸려 가는 곰 하나 원숭이 하나 개 하나가
    당나귀에게 끌려가는 마차 뒤를 따르고
    라인란트의 포도밭에 피리 소리 깔며
    아련히 군가 한 곡 멀어졌네

아폴리네르는 마치 한 편의 시를 쓰다가 시 쓰는 일이 어떤 장애에 부딪치게 되면 그 자리에 아무 말이나 써놓고, 쓰던 시와 새로 써넣은 말이 맺게 될 관계를 나중에 거의 억지로 설정해 내어 그것을 합리화하고 있는 것처럼 보이기까지 한다. 시인 자신은 그 상황을 알고 있겠지만, 한 편의 시에서 하나의 통일된 의미를 발견하는 데에 익숙해 있는 독자의 편에서는 기이하고 놀랍다는 느낌을 우선 가지게 될 것이 당연하다. 게다가 아폴리네르는 때때로 자기가 쓰고 있는 시에 대한 자신의 감정, 좌절감이나 실망감 같은 것을 시 속에 그대로 노출하기도 한다. 「사랑받지 못한 사내의 노래」에서 시인은 잃어버린 사랑에 대한 미련을 말하고 그 고통을 달래는 척하다가 다음과 같은 시구절을 집어넣는다.

그런데 나는 심장이 부었으니
다마스쿠스 여인의 엉덩이만 하구나

이 시구에서 〈다마스쿠스의〉라는 뜻의 〈damascène〉는 〈무대 위의 여자〉라는 뜻의 〈dame à scène〉와 음이 같다. 아마도 관능적인 몸매를 가진 여자를 말할 것이다. 이것은 아폴리네르가 자주 사용하는 동음이의어의 말장난, 즉 신소리 calembour의 하나이다. 감정이 고조된 대목에 끼어들어 온, 결코 진지하다고는 할 수 없는 이 장난은 시인이 자기 시에 불만을 느낀 나머지 스스로 훼방을 놓고 있는 것은 아닌지 의심하게 한다. 이 장시 「사랑받지 못한 사내의 노래」에 삽입되어 있는 시 〈콘스탄티노플의 술탄에게 보내는 코사크 자포로그들의 답장〉도 같은 문맥에서 읽을 수 있다. 이 삽입시는 욕설로 가득 차 있는데, 그것은 시인이 자신을 배반한 애인에게 느끼는 원망이기도 하고, 그녀를 못 잊는 자신에 대한 질책이기도 하며, 분열되어 있는 감정 속에서 갈피를 못 잡고 있는 자신의 시에 대한 분노이기도 하다. 그러나 이런 감정의 노출은 일면에서는 시를 깨뜨리면서, 또 한편으로는 그 감정의 원기를 이용하여 시적 서정의 강도를 예기치 못하게 높여 준다. 마치 설탕에 소금이 섞이면 그 단맛이 더욱 진하게 느껴지는 것이나 같은 이치이다. 더구나 이런 경우 〈시〉를 넘어서서 〈한 사람〉을 만나게 되는 독자는 시가 자신을 추스르지 못하고 흩어지는 것을 보고, 시인과 똑같이 안타까워하며 시인을 도와주고 싶어지기도 한다. 아폴리네르는 자주 이런 방식으로 독자를 자기 시에 참여시킨다.

아폴리네르의 시에서 관계가 없는 것들이 한곳에 집합하여 새로운 관계를 형성하는 방식은 때때로 이미 관계가 있는 것들 간의 그 관계나 상황을 고의적으로 생략함으로써 전혀 색다른 관계나 정황을 암시하게 하는 방식으로 발전하기도 한다. 다음은 「저녁 어스름」의 전문이다.

죽은자들의 망령이 간지러워
하루 햇살 기진하는 풀밭 위에서
광대 여자는 벌거벗고
연못에 제 알몸 비춰 본다

황혼 녘의 바람잡이 하나
이제 벌어질 곡예판 뽐내 떠벌리고
빛깔 없는 하늘에 젖빛

희미한 별들 박혀 있다

가설무대에는 창백한 광대
구경꾼들에게 우선 인사를 한다
그들은 보헤미아에서 온 요술사들
선녀 서넛에 마법사들

별 하나를 따서 그는
팔을 뻗어 놀려 대니
목매달린 놈이 두 발로
박자 맞춰 징을 친다

예쁜 아기 하나 소경이 잠재우고
새끼들 올망졸망 암사슴이 지나간다
난쟁이는 처량한 얼굴
세 곱절 키 커지는 광대를 바라본다

  이 시에는 괴상하고 이해되지 않는 구절들이 많지만 자세히 읽어 보면 그 모두가 설명이 불가능한 것은 아니다. 우선 제1연에 〈망령〉이 나오는 것은, 밤이 낮과 다른 귀신의 시간이기 때문이겠다. 낮과 밤이 교차할 무렵이면 누구에게나 이상한 기운이 찾아온다. 술꾼은 술 마시고 싶고, 노름꾼들과 도둑들도 은밀한 욕망을 품는다. 마찬가지로 여자 광대는 저녁 연희의 시간이 다가오니 연희자의 본성이 발동하여 제 알몸을 연못에 비춰 본다. 거기에는 물론 무대 화장을 하기 위한 현실적인 이유도 있을 것이다. 제3연에서는 〈보헤미아에서 온 요술사들〉과 〈선녀 서넛에 마법사들〉이 어릿광대의 연희를 구경하고 있다는데, 아직 손님들은 오지 않고 자기 차례를 기다리는 연희자들이 구경꾼의 역할을 대신하고 있다는 이야기이다. (이 구절도 역시 떠돌이 곡예사들의 삶에 대한 사실적인 진술이지만, 예술은 벌써 예술가 집단 내의 일이 되어 버렸다는 점을 암시할 수도 있다.) 제4연의 〈목매달린 놈〉은 곧 악사인데, 여러 악기를 한꺼번에 다루고 있는 이 악사는 아마 북 치는 줄을 입에 물고 있을 것이다. 제5연은 시의 결론이다. 예술은 삶에 작은 위로를 주고 그 소일거리로 기능할 수 있다. 그러나 난쟁이가 시와 예술에 열망하는 것은 〈세 곱절 키 커지는 광대〉의 요술처럼 인간의 한계를 뛰어넘게 해줄 어떤 특별한 능력이다. 아폴리네르는 이 시에서 떠돌이 광대들의 생활을 〈사실적으로〉 그리고 있지만, 세부 상황의 설명을 고의적으로 생략함으로써 주인공들인 곡예사들이 그 속임수 재주로 노리는 것과 똑같은 효과, 즉 〈세 곱절 키 커지는〉 환상적인 분위기를 만들어 낸다.

「저녁 어스름」이 사건들의 관계 설명을 생략함으로써 새로운 관계를 만들어 내는 시라면, 「랜더로드의 이민」(133면)은 이와 반대로 다른 공간, 다른 시간에 속하는 사물들을 한 자리에 끌어 모아 역시 같은 효과를 얻어 내는 시이다. 이 시는 어느 가난한 영국 사람이 양복점에서 헐값으로 좋은 옷을 사 입고 미국으로 떠나는 이민선에 승선하여 대서양을 건너던 중 그를 괴롭히는 낡은 기억들을 씻기 위해 밤바다에 몸을 던져 죽는 이야기를 내용으로 삼고 있다. 시의 무대가 되는 랜더로드는 시인의 연인이었던 영국 처녀 애니 플레이든의 가족이 거주하던 곳으로 알려져 있다. 이 시에는 각기 기원과 시대가 다른 속담, 속설, 풍속, 역사적 일화, 친숙한 문학 이미지 등이 여기저기 뒤섞여 있다. 첫 행은 어떤 장소에 〈오른발〉로 들어가면 불운을 부르게 된다는 속설을 행간에 깔고 있다. 주인공인 가난한 사내는 양복점의 으리으리한 모습에 주눅이 들어 〈모자를 벗어 손에 들고〉 엉겁결에 불길한 발걸음으로 들어가는 것이다. 양복점 주인이 마네킹의 머리를 잘라 내는 것은 아마 당시의 유행에 따르기 위해서였을 것이다. 물론 이 목 자르기가 불길한 느낌을 더해 준다. 제2연의 날아오르는 손들은 거리의 낙엽과 휴지들인데 제8연의 솟았다 떨어지는 손들, 즉 작별인사를 하는 사람들의 손과 대비된다. 제7연에서 〈악마의 여편네가 제 샛서방을〉을 때린다는 말은 해가 비치면서 동시에 비가 오는 날씨, 즉 호랑이 장가간다는 말의 서양식 표현이다. 하늘은 햇빛을 보낼까, 비를 뿌릴까 망설이다가 마침내 폭우를 쏟아 붓는다. 이 이민의 운명이 그러하다. 제10연의 〈작은 꽃다발 하나〉는 바다 위에 비친 해의 그림자이다. 저녁이 되자 이 해는 수평선으로 사라지면서 온 바다를 붉게 물들인다. 석양의 바다는 랭보의 시에서 매우 인상적으로 나타나는 이미지이며, 아폴리네르도 자기 정화를 위한 죽음과 신생을 표현하기 위해 자주 이 알레고리를 사용한다. 여기에는 또한 디오니소스 신화가 들어 있다. 신화에 의하면, 이민이 바다에 뛰어들어 만나려 하는 돌고래들은 디오니소스 신을 속이려다 벌을 받아 바다 속에서 살게 된 해적들이기 때문이다. 제12연도 역시 익사의 알레고리이다. 주인공은 〈끊임없이 따지고 드는 이 집요한 직조공들〉, 즉 자기 과거의 기억을 정화하기 위해 그것을 〈이로 바꾸어〉 물로 씻어 내는 방식, 다시 말해서 여우나 족제비

같은 동물들이 자기 몸을 물에 담가 해충을 쫓아내는 지혜를 이용한다. 〈남편 없는 현대 세이레네스〉— 세이레네스는 물론 노래로 선원들을 유혹하는 신화의 세이레네스이지만, 〈현대 세이레네스〉의 노래는 뱃고동 소리이다. 〈베네치아의 총독처럼 결혼하였다〉는 말도 바다에 뛰어들었다는 뜻이다. 옛날 항구 도시인 베네치아의 총독은 매년 정월 초하루에 바다와의 혼례식을 가졌다. 반지를 물에 던져 바다를 온순한 아내로 삼는다는 상징적인 행사가 그것인데, 이 이민은 반지가 아니라 제 몸을 던진다. 이 시에서는 이렇듯 종류와 근원이 다른 여러 가지 지식들이 한 인간의 비극적인 운명을 결정짓기 위해 동원되고 있다. 그러나 또 한편으로는 역사의 퇴적물과도 같은 조각 난 지식들이 의외의 자리에 이상한 구실을 붙이고 출현함으로써 그 상투성을 벗고 〈새로운 현실〉이 되며, 마침내는 시 전체의 비장감 속에 생경한 모습을 띤 그대로 녹아들어 기이한 통일을 이룩하고 있다.

아폴리네르의 탁월한 재능 가운데 하나는 낡은 과거와 목전의 현재를 똑같이 신선한 모습으로 시 속에 배열한다는 점이다. 그가 시에 사용하는 박학한 지식은 자신의 상상력과 독자의 상상력을 동시에 자극하는 방법이었다. 그는 또 한 사람의 박식한 시인이었던 제라르 드 네르발에 대해, 〈오늘날 흔히 박식이라고 불리기 쉬운〉 그의 자질을 이렇게 설명한다.

> 그것은 인류에게 획득된 개념 중에서 가장 희귀한 것을 골라냄으로써 그가 상대방에게 이해시키려 했던 어떤 강렬한 상상력의 지표일 뿐이었다. 그는 자기가 상상한 것을 아무에게나, 아니 어쩌면 어느 누구에게도 말하지 않았지만,

필경 자신이 결코 생각하고 있지 않았던 기이한 역사물과 문학물의 힘을 빌려, 대화를 하는 바로 그 순간에 상상력을 깨어 있는 상태로 유지하고 있었던 것이다.

이것은 물론 아폴리네르 자신의 박식과 상상력의 관계를 말하는 것이기도 하다. 그가 박식에 의지하는 것은, 시를 쓰면서 그 시를 이끌어 갈 감정이 순간마다 위협을 느끼고 있기 때문이다. 박식은 현실의 메마름으로부터 시적 감정을 지키기 위해 거의 강제적으로 동원되는 기억의 형식이다. 이 지식들이란 대부분 낡은 것이지만, 그 본래의 문맥과는 관계없는 일상적인 언어와 생활 속에 동원됨으로써 막혀 있는 정신 상태에 놀라운 느낌을 주어 감정의 활기를 북돋울 수도 있고, 산만한 것들로부터 어떤 통일성을 찾으려는 시인과 독자의 의지에 의해 현실을 넘어선 세계를 상상할 수 있도록 도와주기도 한다.

3. 끝나지 않는 시

한편으로 이런 갑작스럽고 기이한 것들의 집합과 일상생활로의 탈선으로 어지럽혀진 시어는 현대의 기계 문명, 덧없는 유행, 새로운 발명품들, 분주하고 변화 많은 삶 등 한마디로 현대적인 것들이 시 속에 들어올 수 있는 길을 터준다. 사실 아폴리네르의 시는 고전적인 것도 우아한 것도 아니었기 때문에 결코 시가 끌어안을 수 없었던 것처럼 보였던 〈새로운 것들〉을 받아들일 수 있었으며, 그가 새로운 것들을 위한 새로운 시인이 될 수 있었던 힘도 이런 종류의 모험에서 얻어졌다.

현대적이 되려는 아폴리네르의 이 욕구를 잘 이해하기 위해서는 그와 대조적인 견해를 가졌던 발레리의 말을 우선 들어보는 것이 좋을 것 같다. 그는 새롭고 현대적인 것들의 위험을 이렇게 지적한다.

> 새로운 것은 원칙적으로 사물의 덧없는 부분이다. 새로운 것의 위험은 그것이 새롭기를 자동적으로 그친다는 것이며, 새롭기를 그치고 완전히 소멸된다는 것이다. 청춘과 삶처럼.
>
> 이 소멸에 대항하려고 애쓴다는 것은 따라서 새로운 것에 〈반대하여〉 행동한다는 것이다.
>
> 따라서 예술가로서 새로운 것을 추구한다는 것은, 사라지기를 추구하는 것이거나, 새로운 것이라는 이름 아래 완전히 다른 어떤 것을 추구하는 것이며, 어떤 착각에 몰두하는 것이다.
>
> 새로운 것은 단순한 변화에서 최대의 자극을 얻으려는 사람들에게만 저항할 수 없는 매력을 행사한다.
>
> 〈새로운 것〉 가운데 가장 훌륭한 것은 〈오래된〉 욕망에 부응하는 것이다.

발레리의 이 우려는 〈현대성〉에 대한 보들레르의 다음과 같은 정의의 한 면을 확대해석한 것이기도 하다.

> 현대성은 일시적인 것, 순간적인 것, 우발적인 것으로 그것이 예술의 반쪽을 이루며 나머지 반은 영원한 것, 불변하

는 것이다. 옛날의 화가들에게는 저마다 하나의 현대성이 있었다.

그러나 보들레르의 이 정의는, 발레리의 경우와는 달리, 현대적인 것과 고전적인 것 사이에 이제까지 알지 못했던 관계가 드러나고, 덧없고 순간적인 것들이 마침내 영원하고 불변하는 가치를 가질 수 있는 가능성까지 암시하고 있다. 현대성에 대한 아폴리네르의 견해도 이와 멀지 않다. 그는 1915년 10월에 쓴 한 편지에서 이렇게 말한다:「고전적이 되고 균형을 유지하는 가장 좋은 방법은 고대인들이 우리에게 가르쳐 줄 수 있었던 것을 하나도 희생시키지 않으면서도 자기 시대에 속하는 것입니다.」이 말에 따르면 그가 현대적이 된다는 것은 곧 고전적으로 되는 것이다. 발레리의 우려에서도 알 수 있듯이 자기 시대가 소멸되어 버릴 것들로 삶에 대한 항구적이고 조화로운 감정들을 방해하고 있기 때문에, 그는 현대성의 이름을 걸고 현대적 문물로부터 그 순간성을 넘어서 《오래된》욕망에 부응하는 것〉을 되찾아 내고, 때로는 새로운 것들의 자극과 흥분을 거꾸로 이용하여 이미 무디어져 버린 고전적 가치로부터 그 상투성을 벗겨 내는 한편, 문명화된 삶의 변덕스러운 변화와 갈피 없는 번다함 속에 하나의 통일된 시각을 열어 줄 새로운 미학을 만들어 내려 한 것이다. 따라서『알코올』에 나타나는 현대적인 문물들은 단순한 장식에 그치는 것이 아니라, 시적 서정을 만들어 내는 장소이며 동시에 그 서정의 재료이기도 하다.

다음은 「사랑받지 못한 사내의 노래」가운데 한 대목이다.

진에 취한 파리의 밤은
전기로 불타오르고
전차는 등에 푸른 불꽃을 일으키며
레일을 끝까지 따라가며
기계의 광기를 연주한다

연기 가득한 카페는
그 집시여인들의 그 감기 걸린 사이펀들의
그 앞치마 걸친 웨이터들의
사랑을 모두 외쳐 댄다
너를 향해 내가 그토록 사랑했던 너를 향해

여기에 우아한 것은 아무것도 없다. 도시의 혼란과 소음, 생경한 인공조명, 전차의 굉음과 트레일러의 소름끼치는 불꽃 같은 추악한 것들이 시를 차지하고 있지만 그 〈기계의 광기〉와 카페의 소란을 닮은 이상한 선율감과, 그와 함께 깊어지는 삶의 비장감이 그것들을 통해 표현된다. 기계 문명과 함께 삶을 구성하는 것들의 점점 높아지는 속도 아래서, 물려받은 세계관과 경험의 불일치 속에서, 아폴리네르의 시는 이렇게 끊임없이 변하는 한 개인의 동일성, 분열되는 욕구, 비극적인 운명을 놀랍고 충격적인 시상(視像)으로 드러낸다. 우리 시대의 삶이 자신에게 맞는 시를 얻어 낼 수 있는 가능성도 당연히 거기에 있다.

아폴리네르와 입체파 미술의 관계도 자기 시대에 도전하려는 시인의 이 의지에서 그 의미를 찾을 수 있다. 그는 20세기 초엽에 일어났던 거의 모든 예술 운동에 관여하였다. 그는 한

때 미래주의에 동조하였고 일체주의자들과 어울렸으며, 초현실주의라는 말을 만들고 그 선구자 중의 한 사람이 되었다. 그는 특히 입체파 화가들과 매우 돈독한 관계를 유지했다. 그는 피카소에게 브라크를 소개했으며, 그들의 새로운 예술운동을 변호하고 해설하는 글을 썼다. 그의 시가 입체파 미술의 영향을 입고 있는 것도 사실이다. 그러나 아폴리네르의 시가 곧 〈입체파 시〉라고 말하기는 어려우며 그런 용어 자체가 별 의미를 지니지 못한다. 무엇보다도 그림과 시는 같지 않다. 화가는 물감과 캔버스를 가지고 평면 위에서 작업을 하지만 시인은 말의 통사적 질서에 따라 낱말을 배열한다. 어떤 경우에도 시를 그림처럼 한눈에 바라볼 수는 없다. 아폴리네르 자신도 〈문학에 대한 그림의 관계란 것은 없으며〉 화가에게는 〈조형적 표현이 목적이며, 마찬가지로 시인에게는 서정적 표현이 목적〉이라고 말하여 이 점을 분명히 지적하고 있다. 그렇다고 해서 아폴리네르의 시적 모험이 입체파의 실험과 무관하다고 말하기는 더 어렵다. 피카소와 브라크, 그리고 이와 비슷한 경향을 가졌던 당시 여러 화가들의 모범이 그에게 지적 자극을 주어 그가 〈새로운 것〉을 추구하는 도정에 많은 착상을 제공한 점을 부인할 수 없기 때문이다.

  우선, 그는 자신이 〈우리 시대의 가장 고양된 예술 선언〉이라고 묘사한 새로운 그림들로부터 자기 시가 지향하는 것과 똑같은 대담성을 발견했던 것이다. 아폴리네르는 자연에 대한 노예적인 모방에서 벗어나려는 입체파 미술의 시도를 현대 예술의 가장 괄목할 만한 야심 가운데 하나로 꼽았다. 그는 〈화가들이 아직도 자연을 관찰하기는 하지만 더 이상 모방하지는 않는다〉고 쓰고 이렇게 결론을 내린다:「주제는 더 이상 중요하지 않으며, 중요하다고 해도 조금밖에 중요하지 않다.」 모방예술에서 매우 중요한 역할을 담당해 왔던 〈진실임직함〉에 대한 고별 선언은 예술 작품이 이제 자연이나 바깥세상의 어느 것과도 닮지 않더라도 그 자체로서 진실성과 정당성을 확보할 수 있는 자유를 예술에 부여한다. 이 선언은 시의 영역에 들어와서, 아폴리네르에게 전통적인 서술과 묘사에서 벗어나 감정의 순수 환기를 지향할 수 있도록 용기를 주었다. 시인은 새로운 조류의 화가들과 마찬가지로 자연을 재현하는 사람이 아니라 자연으로부터 그 추상적인 요소들만 빌려 새로운 대상을 창조하는 사람인 것이다. 우리가 이미 논의한 것처럼, 「저녁 어스름」에서 현실의 세부에 대한 묘사가 생략된 가운데 토막 난 사실의 조각들이 새로운 관계를 형성하는 일이나, 「랜더로드의 이민」에서 문맥이 다른 사항들이 집합하여 하나의 비극감을 만들어 내는 일도 이런 예의 하나로 설명될 수 있다.

현대 미술이 아폴리네르에게 미친 또 하나의 큰 영향, 어쩌면 가장 큰 영향은 시간에 대한 개념이었다. 추억의 시인이라고 불리기도 하는 그는 과거에서 미래로 걸치는 시간의 흐름 속에서 한 사람이 어떻게 일관된 동일성을 확보할 수 있는지, 시 쓰기에서 기억의 역할이 무엇인지에 대해 자주 성찰해 왔다. 그는 초기의 시 「메를랭과 늙은 여자」에서 시인이라는 마술사가 기억이라는 늙은 여자와 결합하는 것이 곧 시 쓰기라고 생각했다. 그래서 시는 늘 생기 없는 낡은 것이 될 위험이 있다. 「미라보 다리」나 「사냥의 뿔나팔」 같은 추억의 시에서도, 시인은 삶과 그 정열이 시간 속으로 흩어져 버릴 것을 두려워한다. 문제는 과거 속으로 내려가는 것이 아니라, 거기 묻혀 있는 삶들을 현재의 순간에 빠짐없이 동원하는 것이다. 그는 입체파 회화에서 시간을 지속적으로가 아니라 동시적으로 살 수 있는 가능성을 발견한다. 그가 보기에 입체파 화가들은 한 사물의 여러 면을 하나의 화폭에 그려 넣음으로써 시간을 뛰어넘고 있기 때문이다. 여기서부터 아폴리네르는 시간이 과거와 현재와 미래 속에 구획 지워진 것이 아니라고 생각하고, 겉으로는 불연속적으로 보이는 것들을 하나의 덩어리로 파악하여 자신의 시로 그 〈덩어리 시간〉의 인상을 만들어 내려고 한다. 트리스탕 차라의 글은 이 점을 매우 잘 설명하고 있다.

아폴리네르에게, 입체파 화가들이 채택한 사실주의에 대한 타개책은 벌써 그의 시 개념의 일부가 되었다. 그들이 추천하는 대상 요소들의 분해는, 원근법과 구상적 착각이라는 속임수 속에서 평면 화폭에 허울뿐인 시상을 재현하는 일보다, 사물의 내적 성격과 공간 속에서의 그 상황을 더욱 밀접하게 나타낼 수 있는 어떤 질서에 따라 최종적인 재구성에 이르기 위한 것이었다. 이와 같은 방식으로 아폴리네르의 시는 은유보다는 충격의 이미지에 호소하며, 논증적 문법이 일종의 몸짓 통사법으로, 그리고 겉으로는 산만하게 보이는 항목들을 대질시키는 데서 오는 역동성으로 대체된다. 『알코올』은 이 비평의 시대 한중간에서, 오늘날의 예술과 정신을 이해하는 데에 가장 중요한 작품이다.

아폴리네르 자신은 『입체파 화가들』에서 입체파 미술의 특성이자 자신의 시가 지향하는 효과를 〈불꽃〉에 비유하여 설명하려 한다.

불꽃은 낯선 것을 전혀 용납하지 않고 자신이 미치는 것을 가차 없이 자기 자신으로 변화시키는 순수성을 지녔다.

불꽃은 그것을 갈라놓더라도 그 각기 작은 불꽃이 고유한 불꽃을 닮는 그런 마술적인 통일성을 지녔다.

끝으로 불꽃은 아무도 부인할 수 없는 그 빛의 숭고한 진실성vérité을 지녔다.

이 글은 일차적으로 불꽃의 특징을 묘사하고 있다. 불꽃이 닿는 것은 모두 불이 붙어 그 잡다한 모습들을 버리고 불꽃이라고 하는 단 하나의 형식으로 변화된다. 그런데 이 불꽃은 어느 장소, 어느 순간에나 동일한 모습을 지니고 있다. 끝으로 불꽃은 누가 보아도 밝다. 아폴리네르는 이 세 가지 특성을 각기 순수성, 통일성, 진실성이라고 부른다. 이 특성들을 아폴리네르의 시법에 적용해 본다면, 이미 살펴보았듯이, 그의 시에서는 상투적인 표현이나 일상적인 사건들이 시의 특별한 언어 환경을 통해 충격과 놀라움을 주면서 최초의 신선했던 모습을 되찾게 되는 경우가 많은데, 사물의 〈순수성〉이 바로 그렇게 드러난다. 뒤이어 이 잡다한 사물, 사건들은 시가 써지고 읽히는 현재 속에 동원되어 새롭고 통일된 정서를 만들어 낸다. 그리고 〈진실성〉은 〈과거와 현재와 미래를 동시에 끌어안는〉 이 정서적 〈통일성〉을 통해 잡다하고 우연하게 보였던 사물들의 본모습 즉 〈진실〉을 이해하고, 메마른 현실에 새로운 전망을 얻어 내려는 시인의 희망과 관련된다. 『알코올』의 유명한 시 「행렬」도 그 마지막 두 연에서 실은 이와 같은 내용을 말하고 있다.

지나간 시간들이여 운명한 자들이여 나를 형성한 신들이여
그대들이 지나갔던 것처럼 나는 지나가며 살 뿐이다
저 빈 미래로부터 눈을 돌려
나는 내 안에서 저 과거 전체가 커가는 것을 본다

아직 존재하지 않는 것밖에는 아무것도 죽지 않는다
빛나는 과거 곁에서 내일은 색깔이 없다
그것은 노력과 효과를 동시에 완성하고
나타내는 것 곁에서 형체마저 없다

 지나간 시간은 죽어 버린 시간처럼 보이지만, 그러나 시인을 지금 이 자리의 모습 그대로 이루어 준 것은 바로 그 사라져 버린 시간들이다. 사라졌다기보다는 시인의 정신과 몸 어딘가에 녹아 들어가 있는 이 시간들이 현재의 시인을 창조한 〈신들〉이다. 시인은 현재의 일 초 일 초를 지나가며 살고 있지만, 이 현재 속에는 과거의 모든 순간이 합쳐져 있다. 따라서 시간을 동시적으로 느끼는 시인에게 현재는 그가 태어난 날로부터 오늘까지 살아온 경험 전체이며, 그 기억 전체이다. 아니 한 개인의 기억뿐만 아니라, 그의 삶의 배경이 되었던 사회와 그 사회의 역사 전체이다. 이 현재가 시간적으로도 공간적으로도 비어 있는 미래를 향해 나아간다. 이제 생성될 미래의 크기는 시인이 얼마나 많은 기억을 지금 이 자리에 동원할 수 있느냐에 달려 있다. 하나의 감수성이 문제된다. 감수성이란, 그것이 시적인 것이건 역사적인 것이건, 지금 이 순간의 메마름을 뚫고 얼마나 먼 시간을 조망할 수 있는가에,

목전의 순간만을 현재로 여기느냐, 이 순간에 동원할 수 있는 과거 전체를 현재로 여기느냐에 달려 있기 때문이다. 감수성은 요컨대 현재를 가장 넓고 깊게 바라보는 능력이다. 그리고 그것은 곧 미래에 대한 예견력과 일치한다.

그러나 이 예견력이 그때그때의 시의에 맞추어 어떤 결론을 도출하는 것은 전혀 아니다. 사실은 그와 반대다. 그의 시는 전통적인 의미의 기승전결에 의지하여 어떤 지혜의 말에 이르기보다는 오히려 강한 의문으로 끝난다. 이 특징은 초기 시부터 나타난다. 「은둔고행자」는 고행으로 해결하지 못한 욕망을 세속 도시에서 해소하며 고행의 헛됨을 발견하지만, 도시의 여자들에 대한 그의 경멸이 끝나는 것은 아니기에 그는 더욱 난처한 처지에 놓인다. 「메를랭과 노파」에서 메를랭이 기대를 거는 것은 〈새로운 고통의 봄〉이며 그 봄에 맞게 될 죽음이지만, 그 죽음으로 얻게 될 특별한 능력은 여전히 의문으로 남는다. 「도둑」에서 도둑은 자신을 쫓아내는 주민들과 자신이 다르다는 것을 확인할 뿐 자신이 그들보다 우월하다는 것을 증명하지는 못한다. 「사랑받지 못한 사내의 노래」에서 시인 화자는 실패한 사랑의 감정을 어떤 방식으로든 정리하려 하기보다는 제 노래의 힘을 확인하는 데 그친다. 이 점은 그의 시론으로서의 시인 「잉걸불」의 마지막 구절에서도 마찬가지이다.

나는 밤낮으로 스핑크스의 우리에 들어
앎을 쌓고만 싶어라 마침내 잡아먹힌다 할지라도

시인은 스핑크스의 수수께끼를 푸는 사람이기 이전에 자신의 죽음을 무릅쓰고 수수께끼를 끝없이 촉구하는 사람이다. 그래서 아폴리네르의 시법은 현실에서 현실을 바라보되, 벌써 미래의 어느 시점으로 나아가 거기서 현실을 바라보는 것처럼 바라보는 방식의 시 쓰기라고 정의할 수 있지만, 그때에도 현실은 풀어야 할 수수께끼로 제시된다. 중요한 것은 미래의 역사가 증명할 것을 현실에서 증명하는 분석적 지성을 어떤 방식으로건 확보하려고 〈노력〉하는 것이며, 현실 조망의 높이를 확보하고 그것을 잃지 않으려는 감정적 확신을 끝없이 유지하는 것이다. 아폴리네르 시의 현대성은 바로 끝나지 않는 시의 현대성이다.

4. 『알코올』의 독서법

아폴리네르에게서 그 독창적인 시 쓰기의 방법은 시집 『알코올』의 구성에도 그대로 적용된다. 『알코올』은 형태와 주제, 음조와 길이가 다른 50편의 시를 혼란스럽게 늘어놓고 있다. 이미 이야기했듯이 그 부제를 통해 제작 연대를 표현하고 있지만, 그 시들을 연대순으로 배열하지는 않았다. 주제나 형식이 비슷한 시들끼리 한데 묶어져 있는 것도 아니다. 그 배열 방식에서 일관성을 찾아보기도 어렵다. 그러나 이런 모든 점에도 불구하고 이 시집 전체가 지니고 있는 특이한 분위기는 거기에 어떤 〈숨겨진 건축〉이 있으리라는 가정을 떨쳐버리기 어렵게 한다. 〈건축〉을 발견하려는 노력은 많았지만 진실에 가장 가까운 것은 데코댕의 다음과 같은 소박한 의견이다: 〈『알코올』 속에는 저자에 의해 깊이 느껴진 심미적, 감정적

친화력이나 또 그것들의 은밀한 부조화의 질서밖에는 다른 질서가 없다는 것을 확인하는 것으로 만족하자.〉

우리는 시인이 그의 시와 시를 어떤 방식으로든 줄지어 놓으며 그때마다 깊이 느꼈던 것을 그대로 다시 느끼기는 어렵다. 다만 짐작할 수 있는 것은 그것들이 연쇄이기보다는 연쇄로 되지 않는 데 대해 시인이 깊은 고통을 가졌으리라는 것뿐이다. 마르셀 아데마의 『알코올』에 대한 짧은 인상은 많은 것을 이야기한다. 「아폴리네르로서는 숙고 끝에 이루어진, 때로는 어느 정도 위험하기도 한 대담하고 혁신적인 결정, 의외의 어휘와 이미지를 사용하려는 그의 욕망, 이미 답사된 길과 상투어를 피하려는 그의 열망은 피상적인 독자들에게 『알코올』을 황당한 것으로 만든다. 자신의 내적 감정을 너무 분명하게 나타내지 않으려는 그의 조심성은 이따금 시구의 논리적 전개를 뒤엎고 신랄하거나 우스꽝스러운 묘사들, 더 나아가서는 몇몇 작품에 생경한 말들을 집어넣어 흔히 불분명하다고 여겨지기 십상인 〈지리멸렬한〉 대목을 쓰게 만든다. 실은 직접적인 고백을 피하려는 것뿐이다. 그가 발표한 적이 없으며 분명 수정을 가했을 시편들의 시구에서만 그의 깊은 감정을 드러내는 시구들이 발견될 수 있으리라.」 피상적인 독자들이 느끼게 될 당혹감은 아폴리네르 자신의 고통이기도 하다. 그는 누구보다도 자신의 시가 가진 비밀을 잘 알고 있다. 시인의 감정은 이상한 방법으로만 깊어진다. 그는 시를 쓰면서 정신과 감정이 깊이를 얻지 못한 곳에서 항상 깊이를 가장한다. 그때마다 시인은 고통스러워하며, 이 고통으로 마련된 깊이를 자기도 모르게 시구 속에 털어 넣거나 감추게 된다.

아폴리네르가 자기 시대에 만나는 모든 것은, 그것이 아무리 멋지게 보여도 그것을 감싸 줄 역사적 깊이가 없다. 시적 서정은 그것을 감싸 줄 배경이 없어진 곳에서는, 모조된 감정이 그렇듯 그 자체가 우스꽝스러운 하소연으로 끝나게 된다. 그러나 하소연이 억제되어야만 시가 써진다. 시인은 자신의 감정이 어떤 것이든 그것을 드러내지 못한 채, 자기 앞에 가차 없이 밀려드는 메마른 현실에 사회적 현실이건 언어적 현실이건 간에 항상 지체 없이 반응해야 한다. 이 반응에 따라 시구는 끊임없이 생산되지만 자신을 풀어 놓지 못한 시인의 열망과 갈구가 그것으로 해소되는 것은 아니다. 아폴리네르는 「사랑받지 못한 사내의 노래」에서 율리시스나 듀산타 왕 같은 행복한 왕이 되기를, 다시 말해서 시적인 예언자가 되기를 바라지만 이 산업사회의 어떤 시에도 〈행복한 왕들〉은 없다. 율리시스는 끝없이 헤매야 하며, 그를 기다리는 페넬로페는 끝없이 천을 짜야 한다. 중요한 것은 천 짜기를 중단하지 않는 것이며, 항해를 계속함으로써 익사하지 않는 것이다. 시는 그 배열의 비밀을 드러내지 않는 시집 속에서 끝없이 그 중심을 이동함으로써만 허무를 면한다. 고통이 계속된다. 〈왕들〉로 표현되는 시의 전통적 가치가 무너지고, 시 쓰기의 자유재량에 의해 시적 〈민주주의〉는 시작되었으나 그에 대한 확신이 아직 결여된 상태에서, 시를 쓰는 시인에게 유일하게 구체적인 감정인 고통은 마치 육체를 얻지 못한 혼령들처럼 시구 위를 떠돈다. 시구가 끊어지고 이미지가 깨어진 곳에서, 또는 생경하고 당혹스러운 낱말들과 줄기차게 이어지는 선율이 결합하여 현기증이 더욱 깊어진 곳에서 감정의 고통은 어렵사리 그가 들어설 자리를 찾아낸다. 이때 메마름이 갑자기 서정성을 띠고 회한, 동경, 사랑의 감정이 신랄한 시구 속에 뒤섞이기 시작하며 잊혔던 추억과 풍경이 거기서 솟아오른다. 아폴리네르의 시에서 흔히 시의 이미지와 의미는 분해되고 착종되면서도, 시인의 어떤 강렬한 개성이 그 전체를 통일로 이끌고 있다고 여겨지는 것은 이 때문이다. 『알코올』이 창출하는 감정의 깊이가 그렇게 설명된다.

아폴리네르에게서 시적 감정은 항상 감정의 메마름으로부터 출발하고 그것과 인접하여 있기 때문에 그 감정을 유지하기 위해서는 줄곧 다른 고통이 필요하다. 단순한 말장난이거나, 임시방편의 시구이거나, 시의 요구를 만족시키기 위해 강제동원된 이미지이거나 간에, 시가 그 메마름으로 환언되지 않기 위해서는 그것들이 만들어지던 최초의 고통을 다시 새롭게 회복해야 한다. 이 끝없는 실천을 목표로 『알코올』의 시편들이 배열된다. 모든 가정을 가능하게 하면서 동시에 그 모두를 배반하는 일종의 반건축(反建築)이 만들어진다. 어떤 질서를 느끼며 그 전체를 읽기 위해서는 아폴리네르가 자신의 동시성의 시를 정의하며 강요했던 독서법, 즉 〈그것이 써지던 순간으로 거슬러 올라가 읽기〉가 필요하다. 읽고 있는 시의 의미와 시간적 질서의 혼란이 그 쓰인 순간의 동시성을 인정할 수밖에 없게 하는 것처럼, 미궁의 독서는 그 부조리한 시 쓰기의 고통과 다시 만난다. 결국 아무 곳에도 이르지 않는 이 고통을 통해서, 시 쓰기의 순간과 순간 사이에서 얼핏 엿볼 수 있었던 그 예언적 지성과 그에 대한 감정적 확신이 어렵게 유지된다. 『알코올』의 특이한 배열은 그의 시 쓰기 방식을 그대로 답습한 것이나 같다. 무엇을 감추고 있는 것처럼 보이나 결국 아무것도 감춘 것이 없는, 그래서 독자가 그 감춘 것을 도리어 상상해 내야 하는 이 혼란스러운 배열에 의해, 이제까지 모든 시집이 꿈꿀 수는 있었으나 실현하지 못했던 새로운 구조를 다시 상상하게 한다. 『알코올』의 현대성이 거기서 다시 확인됨은 말할 것도 없다. 이 현대적 배열에 의해 시인은 『알코올』의 부제가 말하는 〈1898-1913〉의 시기에 이렇게밖에는 만들어질 수 없었던 한 시집을 변호하면서 동시에 그 읽는 법이 늘 새롭게 창출되기를 희망하는 것이다.

나는 내 작품에 일곱 사람 이상의 애독자를 기대하지 않지만 그 일곱 사람의 성(性)과 국적이 다르고 신분이 달랐으면 좋겠습니다. 내 시가 미국의 흑인 복서, 중국의 황후, 적국인 독일의 신문기자, 스페인의 화가, 프랑스의 양가집 규수, 이탈리아의 젊은 농사꾼 여자, 인도에 파견된 영국 장교에게서 사랑을 받는 것이 내 바람입니다.

아폴리네르가 전쟁 중에 그에게 위문편지를 보내던 한 여자에게 써 보낸 편지글의 한 대목이다. 이 일곱 사람 가운데 우리는 들어 있지 않다. 그러나 감수성과 지성을 지닌 사람이라면 누구라도 흑인 복서로, 이탈리아의 젊은 농사꾼 여자로 만들 수 있는 힘이 아폴리네르의 시에 들어 있다.

황현산

변두리

마침내 넌 이 낡은 세계가 지겹다

양치기 처녀여 오 에펠탑이여 오늘 아침 다리들 저 양 떼들이 메에 메에 운다

너는 그리스 로마의 고대에 진저리가 난다

여기서는 자동차들마저 낡은 티를 낸다
종교만이 새롭게 남아 있다 종교는
언제까지나 비행장의 격납고처럼 단순하다

유럽에서 오직 너만 고대가 아니다 오 기독교여
가장 현대적인 유럽인은 교황 비오 10세 당신이다
그런데 창문의 감시를 받는 너는 이 아침
교회에 들어가 참회를 하려 해도 부끄러움이 가로막는다
너는 읽는다 높은 소리로 노래하는 광고지 카탈로그 포스터를

이것이 오늘 아침의 시 그리고 산문으로는 신문이 있다
범죄수사 이야기 높은 사람들의 사진과
온갖 제목을 가득 실은 25상팀짜리 주간지가 있다

나는 오늘 아침 멋진 길을 보았다 이름은 생각나지 않지만
산뜻하고 깨끗한 그 거리는 태양의 나팔수였다
중역들과 노동자들과 예쁜 속기 타이피스트들이
월요일 아침부터 토요일 저녁까지 하루에 네 번씩 지나간다
오전에 세 번 사이렌이 신음하고
성급한 종 하나가 한낮에 짖는다
광고판과 벽보의 글자들이
표시판과 게시판이 앵무새처럼 떠든다
파리의 오몽티에블 로와 테른 가 사이에 있는
이 공장가의 아름다움을 나는 사랑한다

바로 이것이 젊은 거리 여기서 너는 아직 어린 아이일 뿐이다
네 엄마는 흰색 푸른색으로만 너를 입힐 뿐이다
너는 매우 신심이 깊고 네 가장 오랜 친구 르네 달리즈와 함께 있다
너희들이 비할 데 없이 사랑하는 것은 교회의 장엄함
아홉 시 가스등은 푸르게 잦아들고 너희들은 몰래 기숙사를 빠져나온다
학교의 채플에서 너희들은 밤을 새워 기도한다

그때 영원하고 숭고하게 자수정 빛 그윽하게
그리스도의 불타는 후광이 끝없이 돌고 있다
그것은 우리 모두가 가꾸는 아름다운 백합이다
그것은 바람에 꺼지지 않는 붉은 머리 횃불이다
그것은 애통하는 어머니의 창백하고 주홍빛인 아들이다 35
그것은 온갖 기도의 무성한 나무다
그것은 영광과 영생의 이중 횡목이다
그것은 여섯 모난 별이다
그것은 금요일에 죽어 일요일에 다시 살아나는 신이다
그것은 비행사보다 더 멋지게 하늘에 오르는 그리스도다 40
그는 높이오르기 세계기록을 지니고 있다

눈동자여 눈의 그리스도여
세기의 스무 번째 고아는 재주가 좋아서
새가 되어 이 세기는 예수처럼 하늘에 오른다
지옥의 악마들이 고개 들어 그를 바라본다 45
그들은 그가 유대 땅의 마술사 시몬을 흉내 낸다고 말한다
그들은 그가 날 수 있으니 그를 날치기라 불러야 한다고 소리친다
이 아름다운 공중제비꾼들을 둘러싸고 천사들이 날갯짓한다
이카로스 에녹 엘리아 티아나의 아폴로니우스가
첫 비행기를 둘러싸고 떠돈다 50

그들은 이따금 흩어져 성체에 실려 가는 사제들
면병을 들어 올리며 영원토록 솟아오르는 사제들에게 길을 내준다
비행기는 마침내 날개도 접지 않고 내려앉는다
하늘은 그러자 수만 마리 제비로 가득 찬다
까마귀 매 부엉이 떼가 날개를 치며 날아들고
아프리카에서 따오기 홍학 황새 떼가 닿고
이야기꾼들과 시인들의 입에 회자된 록 새가
첫 사람 아담의 두개골을 거머쥔 채 날고
독수리는 큰 소리를 내지르며 지평선에서 덮쳐들고
아메리카에서는 꼬마 벌새가 오고
중국에서는 외짝 날개로 암수 함께 나는
길고 날씬한 비익조가 오고
바야흐로 순결한 정신 비둘기가
금조와 눈알무늬공작의 호위를 받으며 나타난다
스스로 태어나는 저 장작더미 불사조가
문득 그 뜨거운 재로 모든 것을 가린다
세이레네스는 그 위험한 해협을 떠나
셋이 함께 아리땁게 노래하며 닿고
독수리 불사조 그리고 중국의 비익조가 모두
저 날아가는 기계와 우정을 나눈다

이제 너는 외톨이가 되어 파리의 군중 사이로 걸어간다
버스 그 소 떼들이 우우 울부짖으며 네 곁을 굴러간다
사랑의 고뇌가 네 목을 조른다
이제 다시는 사랑받지 말라는 듯이

옛날 같으면 너는 수도원에나 들어갔겠지
무심결에 기도를 읊조리다 깨닫고 너희들은 부끄러워한다
너는 너를 비웃고 네 웃음소리는 지옥의 불꽃처럼 파닥거린다
네 웃음의 불티는 네 삶의 밑바닥을 누렇게 물들인다
그것은 어느 침침한 박물관에 걸린 한 장의 그림
이따금 너는 그것을 가까이 가서 살펴본다

오늘 너는 파리를 걸어가고 여인들은 피에 젖어 있다
그것은 되새기고 싶지 않지만 그것은 아름다움의 쇠락이었지

뜨거운 불길에 둘러싸여 노트르담이 샤르트르에서 나를 바라보았다
당신의 사크레쾨르의 피가 몽마르트르에서 나를 흠뻑 적셨다
나는 지복의 말씀을 듣다 병이 든다
네가 괴로워하는 사랑은 부끄러운 병
그리고 너를 사로잡는 그 모습이 너를 불면증과 고통 속에 살게 한다
네 곁을 지나가는 것은 항상 그 모습이다

지금 너는 지중해 해변에 있다
일 년 내내 꽃피는 레몬나무 아래서
동무들과 어울려 너는 배를 젓는다

하나는 니스 아이 망통 아이가 하나 튀르비 아이가 둘
우리는 무서워하며 저 깊은 곳의 문어를 바라본다
그리고 해초들 사이에서 우리 구세주의 모습 물고기들이 헤엄친다

너는 프라하 근교 어느 여인숙의 정원에 있다 95
너는 네가 아주 행복하다고 느끼고 장미 한 송이가 식탁 위에 놓였다
그리고 너는 산문으로 콩트를 써야 할 시간에
장미의 화심에 잠든 꽃무지를 관찰한다

너는 무서워 떨며 상베트 성당의 마노에 그려진 너를 본다
너를 본 날 너는 죽도록 슬펐다 100
너는 햇빛에 질겁하는 나자로를 닮았다
유대인 구의 시계바늘은 거꾸로 돌아가고
너 역시 삶 속으로 미적미적 뒷걸음질 친다
흐라친에 오르며 저녁에는
이 술집 저 술집에서 부르는 체코 노래를 들으며 105

너는 마르세유에서 수박에 둘러싸여 있다

너는 코블렌츠의 거인 호텔에 있다

너는 로마에서 비파나무 아래 앉아 있다

이제 너는 암스테르담에서 네 눈에는 예쁘나 못난 처녀와 함께 있다
그녀는 라이덴의 대학생 하나를 낚아 결혼할 작정이다 110
거기서는 라틴어 쿠비쿨라 로칸타로 방을 빌린다
기억난다 거기서 사흘을 구다에서도 사흘을 보냈다

너는 파리에서 예심판사의 손에 들어 있다
범죄자로 너는 구속된 신분이다

너는 고통스러운 여행 즐거운 여행을 했다 115
거짓과 나이를 깨닫기 전에
너는 스무 살과 서른 살에 사랑으로 고뇌했다
나는 미친놈처럼 살았고 내 시간을 잃었다
너는 이제 감히 네 손을 바라볼 수도 없고 나는 아무 때나 울음을 터뜨리고 싶다
네 생각에 사랑하는 그 여자 생각에 너를 공포에 떨게 했던 그 모든 것 생각에 120

너는 두 눈에 눈물이 가득히 고여 저 불쌍한 이민들을 바라본다
그들은 신을 믿고 그들은 기도하고 여자들은 어린애에게 젖을 먹인다
그들의 몸냄새가 생라자르역 대합실을 가득 채운다
그들은 동방박사들처럼 자기네 별을 믿는다
그들은 아르헨티나에서 돈을 벌어 125
한재산 모아 고향에 돌아오리라 소망한다

한 가족은 너희들이 심장을 달고 다니듯 붉은 털이불 한 장을 들고 다닌다
　털이불도 우리의 꿈도 모두 현실이 아니다
　이 이민들 가운데 얼마는 여기 남아
　로시에 가나 에쿠프 가의 누추한 방에 머문다 130
　나는 그들을 자주 보았다 저녁이면 길거리에 나와 바람을 쏘이고
　장기판의 장기짝처럼 어쩌다 한 번씩 움직인다
　무엇보다도 유대인들이 있다 그들의 여자들은 가발을 쓰고 있다
　그 여자들은 가게 구석에 핏기 없이 앉아 있다

　너는 더러운 술집의 카운터 앞에 서 있다 135
　불행한 사람들 속에 섞여서 너는 싸구려 커피를 마신다

　너는 밤중에 널찍한 음식점에 있다

　이 여자들이 심술궂은 것은 아니다 그러나 안타까움이 있다
　어느 여자든 아무리 못생긴 여자라도 제 애인을 괴롭혀 왔다

　그녀는 저지 읍 순경의 딸 140

　무슨 손이 그럴까 그녀의 손은 굳어 터졌다

그 배의 봉합자국이 몹시도 민망스럽다

나는 지금 징그럽게 웃는 불쌍한 처녀에게 내 입을 내밀고 만다

너는 외톨이다 아침이 오고 있다
우유배달부들이 거리에서 양철통을 떨렁거린다

밤은 어느 아름다운 혼혈녀처럼 멀어진다
가짜여자 페르딘일까 주의 깊은 여자 레아일까

그리고 너는 네 삶처럼 타오르는 이 알코올을 마신다
화주처럼 네가 마시는 너의 삶

너는 오퇴유를 향해 걷는다 너는 네 집에 가서
오세아니아와 기니의 물신들 사이에서 자고 싶다
그들은 또 다른 형식 또 다른 신앙의 그리스도들
그들은 알 수 없는 희망의 열악한 그리스도들이다

안녕히 안녕히

태양 잘린 목

미라보 다리

미라보 다리 아래 센 강이 흐른다
   우리 사랑을 나는 다시
  되새겨야만 하는가
기쁨은 언제나 슬픔 뒤에 왔었지

   밤이 와도 종이 울려도
   세월은 가고 나는 남는다

손에 손 잡고 얼굴 오래 바라보자
   우리들의 팔로 엮은
  다리 밑으로
끝없는 시선에 지친 물결이야 흐르건 말건

   밤이 와도 종이 울려도
   세월은 가고 나는 남는다

사랑은 가버린다 흐르는 이 물처럼
   사랑은 가버린다

이처럼 삶은 느린 것이며
이처럼 희망은 난폭한 것인가

　　밤이 와도 종이 울려도
　　세월은 가고 나는 남는다

나날이 지나가고 주일이 지나가고
　　지나간 시간도
　사랑도 돌아오지 않는다
미라보 다리 아래 센 강이 흐른다

　　밤이 와도 종이 울려도
　　세월은 가고 나는 남는다

사랑받지 못한 사내의 노래

폴 레오토에게

그리고 나는 이 연가를 불렀다
1903년에 저 아름다운
불새와도 같이 내 사랑이
어느 날 저녁에 죽는다 해도
아침에 그 재생을 맞는 줄은 모르고

어스름 안개 낀 어느 날 저녁 런던에서
내 사랑을 닮은 불량소년 하나
나를 마주 보고 걸어왔다
그리고 흘낏 쳐다보는 그 시선이
나는 부끄러워 눈길을 떨구었다   5

두 손을 호주머니에 지르고 휘파람 부는
그 못된 소년을 나는 따라갔다
홍해의 열린 바다
집들을 헤치고
그는 헤브라이족 나는 파라오   10

저 벽돌의 파도는 무너지리라
그대가 정녕 사랑받지 않았을진대
나는 이집트의 왕
그의 누이-아내 그의 군대
그대가 나의 유일한 사랑이 아닐진대　　　　　15

핏빛 안개의 상처
건물의 정면 그 모든 불빛들이
타오르는 거리 모퉁이
벽이 통곡하던 그곳에
그 비정한 눈초리　　　　　20

드러낸 목에 상처 자국이
그를 닮은 여자 하나
취하여 술집에서 나왔다
사랑 그것의 허위를
내 알아차린 그 순간　　　　　25

저 현명한 율리시스가
마침내 제 나라에 돌아왔을 때
늙은 개가 그를 기억했지
수직 베틀에 융단 한 장 걸어 놓고
아내는 그가 오기만 기다리고 있었지　　　　　30

사쿤탈라의 임금 남편은
원정에 지친 몸이었건만

파리한 두 눈에 사랑과 기다림으로
얼굴 더욱 희어져 가젤 한 마리 쓰다듬는
그녀를 다시 만나 기뻐했지 35

나는 저 행복한 왕들을 생각했다
거짓 사랑과 내 아직도
사랑하는 그 여자가
부정한 저희 그림자 서로 부딪쳐
나를 이다지도 불행하게 했을 때 40

미련이여 네 위에 지옥이 서는구나
내 빌거니 망각의 하늘이여 열리어라
그녀의 입맞춤을 얻으려 세상의 왕들은
죽기라도 했으리 조명 난 가난뱅이들은
그녀를 위해 제 그림자라도 팔았으리 45

나는 지난 세월 속에서 겨우살이를 했다
부활절의 태양이여 돌아오라
세바스트의 40인보다
더 얼어붙은 내 가슴을 덥혀다오
그 순교의 고통도 내 삶보다는 나았으리 50

내 아름다운 선박 오 내 기억아
마시지도 못할 물결 속을
우리는 이만하면 다 떠돌았느냐
아름다운 새벽부터 슬픈 저녁까지

우리는 이만하면 다 헤매었느냐

잘 가거라 멀어져 가는 여자와
지난해 독일에서
내 잃어버리고
이제는 다시 못 볼 그녀와
한데 얼린 거짓 사랑아

은하수 길이여 가나안의 하얀 시내와
연애하는 여자들의 하얀 육체의
오 빛나는 누이여
헤엄치다 기진한 우리는 헐떡이며
다른 성운으로 네 물줄기를 따라갈 것이냐

지나간 어느 해가 생각난다
그해 사월 어느 새벽
사랑스러운 내 기쁨을 노래했지
일 년 중에도 사랑의 계절에
씩씩한 목소리로 사랑을 노래했지

어느 해 사순절에 부른 새벽찬가

봄이다 오너라 파케트야
아름다운 숲에서 노닐어라
암탉들이 마당에서 꼬꼬댁거리고
새벽이 하늘에 장밋빛 주름을 지으니
사랑이 너를 정복하려 진격한다

마르스와 비너스가 다시 돌아와
입술이 얼얼하게 입맞춤을 하는구나
팔랑이며 떨어지는 장미꽃 아래
장밋빛 아름다운 신들 발가벗고 춤을 추는
저 소박한 풍경 앞에서

오너라 내 사랑은 피어나는
꽃 시절의 섭정이란다
자연은 아름답고 가슴 울려
판 신은 숲에서 피리 불고
젖은 개구리들이 노래하는구나

이들 가운데 여러 신이 죽었다
그들을 애도하여 버들이 운다
위대한 판 사랑 예수 그리스도가
죽었으니 고양이는 마당에서
야옹거리고 나는 파리에서 운다 90

여왕들에게 바칠 연애담시를
내 세월의 한탄가를
곰치에게 던져진 노예들의 찬가를
사랑받지 못한 사내의 연가를
세이레네스를 위한 노래를 아는 나 95

사랑은 죽었다 그래서 나는 떤다
나는 아름다운 우상들을
사랑 닮은 추억들을 숭배한다
마우솔로스의 아내처럼
나는 언제까지나 충직하고 애달프다 100

나는 충직하다 주인을 따르는
개처럼 그루터기를 감는 송악처럼
주정쟁이에 신앙심 깊은 도둑
코사크 자포로그족이
초원과 십계명을 지키듯

점성술사들이 살피는
반월을 멍에 삼아 둘러메어라
짐은 전능한 술탄
오 나의 코사크 자포로그들아
너희들의 빛나는 왕이시니

짐의 충성스러운 신하가 되어라
그들에게 술탄은 써 보냈다
이 소식에 그들은 웃음을 터뜨리며
한 자루 초에 불을 밝히고
지체 없이 답장을 썼다

콘스탄티노플의 술탄에게 보내는
코사크 자포로그들의 답장

바라바보다 더 죄 많은
악마의 사자처럼 뿔이 돋은
그 무슨 벨제붑의 꼬락서니냐
오물과 진창을 먹고 큰 놈아
우리는 네 야연에 가지 않으리라 120

데살로니가의 썩은 물고기
꼬챙이질에 뽑혀 나와
끔찍한 잠에 빠진 눈깔의 긴 목걸이
네 어미 설사 방귀를 뀌었더니
그 설사 똥에서 네놈이 태어났다지 125

포돌리의 망나니 부스럼의
종창의 고름딱지의 애인
암퇘지 주둥아리 암말 궁둥이
네 재산 고이 지켰다가
약값으로나 쓰거라 130

은하수 길이여 가나안의 하얀 시내와
연애하는 여자들의 하얀 육체의
오 빛나는 누이여
헤엄치다 기진한 우리는 헐떡이며
다른 성운으로 네 물줄기를 따라갈 것이냐 135

표범처럼 아름다운
저 화냥년의 눈에 미련이 남네
사랑이여 그대의 피렌체식 입맞춤엔
우리의 운명을 뒷걸음치게 하는
쓰디쓴 맛이 들어 있더라 140

그녀의 시선은 전율하는 저녁에
별들의 긴 꼬리를 남기더라
그 동공에서는 세이레네스가 헤엄치고
물어 뜯겨 피 흘리는 우리의 입맞춤은
우리의 수호선녀들을 눈물짓게 하더라 145

그러나 진정으론 그녀를 기다린다
가슴을 다 바쳐 마음을 다 바쳐
하오니 돌아오라의 다리 위로
언제라도 그녀가 돌아온다면
나는 기쁘다 그녀에게 말하리라 150

내 가슴과 내 머리가 비어 가는 자리에
하늘이 온통 무너져 내리네
오 나의 다나이데스의 물통이여
천진한 어린 아이처럼
행복하려면 어찌해야 하는가 155

그녀를 결코 잊고 싶지 않아라
내 비둘기 내 하얀 정박지
오 꽃잎 떨어진 마거릿이여
저 머나먼 나의 섬 나의 데지라드
나의 장미 나의 정향나무 160

사티로스와 불벌레
뿔 돋은 판 도깨비불
영벌을 받았건 복을 받았건 운명들이
칼레의 시민들처럼 목에 밧줄을 걸고
내 고뇌 위에서 이 무슨 번제인가 165

운명을 둘로 가르는 고통아
일각수좌와 마갈궁은

내 마음과 갈팡질팡하는 내 몸은
너를 피해 달아난다 아침의 꽃들이
별들이 장식하는 신성한 화형장작이여 170

불행이여 상아빛 눈의 창백한 신이여
너의 미친 사제들이 너를 장식했는가
검은 옷을 입은 너의 희생들은
그리도 부질없이 울었는가
불행이여 믿어서는 아니 될 신이여 175

그리고 나를 따라 기어오는 너
가을에 죽은 내 신들 중의 신이여
너는 대지로부터 받은 내 권리가
몇 뼘이나 되는지 재고 있는가
오 나의 그림자 나의 늙은 뱀이여 180

네가 해를 좋아하기에 햇빛으로
나는 너를 데려왔다 기억하여라
내 사랑하는 어두운 길동무여
아무것도 아니지만 너는 나의 것
나를 위해 상복을 입은 오 나의 그림자여 185

눈을 함빡 둘러썼던 겨울이 죽었다
그 하얀 벌집들이 불타 버렸다
뜰에서 과수원에서
새들은 가지에 앉아 노래하는구나

청명한 봄 경쾌한 사월을

죽음을 모르는 은보병대가 죽었구나
은빛 방패로 무장한 눈이
나뭇가지를 든 창백한 노예들에 쫓겨 달아난다
눈물에 젖어 다시 미소 짓는
가난한 자들이 사랑하는 봄

그런데 나는 심장이 부었으니
다마스쿠스 여인의 엉덩이만 하구나
오 내 사랑이여 너를 너무 사랑했기에
이제 와서 내 고통이 너무 크구나
칼집을 벗어난 일곱 자루 칼

오 명료한 고통이여 죽은 날 없는
우울의 일곱 자루 칼이
내 심장에 꽂혀 있고 광기는
내 불행을 편들어 이치를 따지려 드는데
내 어찌 그대를 잊으란 말인가

일곱 자루의 칼

첫째 칼은 완전히 은으로 벼리었으니
그 으스스한 이름은 팔린
그 서슬은 눈 내리는 겨울 하늘
피비린내 나는 그 운명이 지벨 산답다
불카누스는 그걸 벼리다 죽었다   210

둘째 칼의 이름은 누보스
아름답고 유쾌한 무지개
신들이 혼례에 사용한다
이 칼은 서른 명의 베리외를 죽였으니
카라보스에게서 그 권능을 얻었다   215

셋째 칼은 여성스러운 푸른빛
그러나 어김없는 시브리아프
이름하여 륄 드 팔트냉
난장이가 된 헤르메스 에르네스트가
제단보 위에 떠받든다   220

넷째 칼 말루렌은
초록빛과 금빛의 강
저녁이면 강변의 여자들이
여기서 그 사랑스러운 몸을 씻고
사공들의 노랫소리 길게 끌린다   225

다섯째 칼 생트파보
그것은 아름다운 물렛가락
그것은 네 줄기 바람이 무릎 꿇는
무덤 위의 사이프러스 한 그루
밤마다 그것은 횃불 한 자루

여섯째 칼 영광의 금속
그토록 손길이 다정한 친구
매일 아침이 그와 우리를 갈라놓는다
안녕히 저것이 바로 그대의 길
수탉들은 있는 힘을 다 뽑아 팡파르를 울렸다

일곱째 칼은 기진맥진이다
여자 하나 죽은 장미 한 송이
미안하지만 마지막에 온 사람은
내 사랑에 문을 달아 주시라
나는 그대를 결코 안 적이 없노라

은하수 길이여 가나안의 하얀 시내와
연애하는 여자들의 하얀 육체의
오 빛나는 누이여
헤엄치다 기진한 우리는 헐떡이며
다른 성운으로 네 물줄기를 따라갈 것이냐 245

우연의 마귀들이
창공의 노래 따라 우리를 끌고 가는구나
놈들의 바이올린이 빗나간 소리로
내리막길을 뒷걸음쳐
우리 인간 족속 춤추게 하는구나 250

운명 꿰뚫어 볼 수 없는 운명아
광기에 휘둘리는 왕들아
저 덜덜 떠는 별들
역사에 짓눌리는 황야의
그대들 침대에 든 거짓 여자 255

루이트폴트 저 늙은 섭정왕
미친 두 왕의 후견인은
성 요한의 금빛 파리
반딧불이 반짝일 때
그들을 생각하며 흐느끼는가   260

여주인 없는 성을 끼고
뱃노래를 부르는 작은 배는
하얀 호수 위로 그 봄날
살랑대는 바람의 숨결 아래
죽어 가는 백조 세이레네스 되어 떠돌았다   265

어느 날 왕은 은빛 물에 빠졌다가
입 벌린 채 떠올라
물가에 닿았으나
움직일 줄 모르고 잠들었다
변전하는 하늘 향해 얼굴 돌리고   270

유월이여 너의 태양 불타는 리라가
아픈 내 손가락을 태운다
슬프고도 선율 높은 헛소리를 내며
나는 내 아름다운 파리를 헤맨다
내 여기서 죽을 용기도 없이   275

일요일이 언제까지나 이어지고
바르바리 풍금이

회색 안마당에서 흐느낀다
파리 그 발코니의 꽃들은
피사의 탑처럼 기울어진다

진에 취한 파리의 밤은
전기로 불타오르고
전차는 등에 푸른 불꽃을 일으키며
레일을 끝까지 따라가며
기계의 광기를 연주한다

연기 가득한 카페는
그 집시여인들의 그 감기 걸린 사이펀들의
그 앞치마 걸친 웨이터들의
사랑을 모두 외쳐 댄다
너를 향해 내가 그토록 사랑했던 너를 향해

여왕들에게 바칠 연애담시를
내 세월의 한탄가를
곰치에게 던져진 노예들의 찬가를
사랑받지 못한 사내의 연가를
세이레네스를 위한 노래를 아는 나

콜히쿰

가을 목장은 독이 들었지만 그러나 아름답소
암소들은 풀을 뜯으며
서서히 독에 젖는군요
눈시울과 라일락의 빛깔 콜히쿰이
목장에 피고 당신의 두 눈은 이 꽃을 닮아
그 눈언저리같이 이 가을같이 보랏빛 어리고
내 인생은 그 눈에 서서히 중독된다오

아이들이 떠들며 학교에서 돌아오네요
베저고리 걸치고 하모니카 불며
아이들이야 꺾지요 제 딸의 딸
어머니 같은 꽃 당신의 눈까풀 빛 콜히쿰을
꽃들이 바람에 흔들리듯 당신의 눈까풀 깜빡이고

목동은 부드럽게 노래하는데
천천히 그리고 울며 암소들은 떠난다오
가을 나쁜 꽃 핀 이 목장을 영원히

궁전

막스 자콥에게

꿈의 밑바닥 로즈몽드의 궁전으로
내 꿈꾸는 생각이 맨발로 저녁 파티에 간다
임금님의 선물 궁전은 벌거벗은 임금님처럼
장미밭 장미꽃들의 회초리 맞은 육체들 사이에 서 있다   4

정원 안쪽으로 내 생각들이 오고 있다
개구리들의 합주에 미소를 지으며
거대한 물렛가락 사이프러스를 탐내는데
장미의 거울 태양은 부서졌다   8

창유리에 걸린 손들의 피 묻은 상처 자국
석양에 어설프게 상처 입은 어느 사수가 그 상처 뚫었는가
키프로스의 포도주를 쓰게 만드는 송진을
내 입은 순백 어린 양의 애찬에서 맛보았다   12

간통쟁이 임금님의 뾰족한 무릎 위에서
제 나이의 오월에 제가 가진 가장 좋은 옷을 입고

마담 로즈몽드는 훈족들의 눈처럼
아주 동그랗고 작은 눈을 신비롭게 굴린다 16

진주도 엉덩이도 그 광채 당하지 못할
천연진주 엉덩이를 지닌 내 생각의 여인이여
그대는 도대체 누굴 기다리는가
꿈꾸는 생각들의 동방을 향해 20
내 가장 아름다운 이웃 여인들은 걸어간다

톡톡 응접실로 들어오셔요 날이 저물어서
어둠 속의 등불이 구워진 황금빛 보석이네요
당신의 머리통을 모자걸이에 머리타래로 묶어 두시죠 24
밤하늘이 다 된 하늘에 바늘 빛이 총총하네요

식당으로 들어갔다 콧구멍은
지방 냄새 비계 타는 냄새를 훌쩍인다
포타주가 스무 그릇 그중 셋은 오줌 색깔 28
임금님은 부이용에서 삶은 달걀 두 개를 건져 먹는다

그러자 보조 요리사들이 고기를 내왔다
내 머릿골 속 그 죽은 생각들의 스테이크에
사산한 내 아름다운 꿈들의 피 흐르는 육편들에 32
연하게 맛이 든 내 추억의 완자를

그런데 몇천 년 전부터 죽어 있는 이 생각들은
거대한 냉동 매머드의 김빠진 맛이었다

뼈들인지 공상가들인지 납골당에서 나오며
내 작은골의 주름에서 죽음의 춤을 추었다

뿐인가 이 모든 요리들이 비할 데 없는 것들을 외쳤다
    그러나 제기랄!
    굶주린 배는 귀가 없다
그래서 회식자들은 다투어 목구멍을 채웠다

아! 제기랄! 이 소고기구이가 이 큼직한 파이가
이 양파수골스튜가 무어라고 외치더냐
모든 나라 모든 시대의 내 생각들을 위한
불꽃의 혀는 어디 있느냐 내 성령강림절은

가수

그리고 트롬바 마리나의 외줄

저녁 어스름

마리 로랑생 양에게

죽은자들의 망령이 간지러워
하루 햇살 기진하는 풀밭 위에서
광대 여자는 벌거벗고
연못에 제 알몸 비춰 본다   4

황혼 녘의 바람잡이 하나
이제 벌어질 곡예판 뽐내 떠벌리고
빛깔 없는 하늘에 젖빛
희미한 별들 박혀 있다   8

가설무대에는 창백한 광대
구경꾼들에게 우선 인사를 한다
그들은 보헤미아에서 온 요술사들
선녀 서넛에 마법사들   12

별 하나를 따서 그는
팔을 뻗어 놀려 대니
목매달린 놈이 두 발로

박자 맞춰 바라를 친다

예쁜 아기 하나 소경이 잠재우고
새끼들 올망졸망 암사슴이 지나간다
난쟁이는 처량한 얼굴
세 곱절 키 커지는 광대를 바라본다

아니

모빌과 갈베스톤 사이
텍사스의 해안에
장미 가득한 큰 정원 하나 있다
정원에는 빌라 한 채도 들어 있으니   4
그것은 커다란 장미 한 송이

한 여자가 그 정원을 홀로
자주 거닐고
보리수 늘어선 한길로 내가 지나갈 때면   8
우리는 서로 눈이 마주친다

그 여자는 메논교도
그녀의 장미나무에도 그녀의 옷에도 단추가 없다
내 저고리에도 단추 두 개가 모자란다   12
그 부인과 나는 거의 같은 전례를 따른다

죽은자들의 집

모리스 레날에게

죽은자들의 집은 묘지의 기슭 따라 길게 늘어서
회랑처럼 묘지를 둘러싸고 있었다
그 집의 진열창 안에서도
양품점에서처럼 마네킹들이
미소 지으며 서 있는가 싶었더니 5
영원토록 찡그리고 있었다

열닷새 전인가 스무날 전인가 뮌헨에 도착하여
나는 처음으로 우연히
인적이 거의 없는 이 묘지에 들어섰다가
옷을 한껏 잘 차려입고 10
매장을 기다리며 진열된
이 모든 시민계급과 마주쳐
이를 덜덜 떨었던 것이다

갑자기
내 기억처럼 재빠르게 15
유리창 달린 이 방에서 유리창 달린 저 방에서

눈들이 다시 불을 켜고
하늘을 가득 채운 묵시록 하나가
생생하고
갈릴레이 이전의 대지처럼   20
끝없이 평평한 땅에
부동의 일천 개 신화가 깔렸다
다이아몬드 천사가 유리창이란 유리창을 다 깨뜨리니
죽은자들이 스스럼없이 내 곁으로 다가오는데
그 얼굴이 모두 저 세상의 얼굴이다   25

그러나 이내 그들의 얼굴과 자태에서
음산한 기운이 차츰 가시고
하늘도 땅도
그 몽환경의 겉모습을 벗었다

죽은자들은 자신과 햇빛 사이에   30
죽어 누운 제 육신을 보고 즐거워했다
그들은 제 그림자를 보고 웃으며
그것이 정말로
제 지난날의 삶이라는 듯이 말을 했다

그동안 나는 그들의 수를 세었다   35
그들은 모두 마흔아홉 명
볼수록 아름다워지는 남자들
여자들 아이들이
이제는 어찌나 정성스럽고

어찌나 사랑스러운 눈길로
나를 바라보는지 나는
갑자기
그들에게 우정을 느끼고
그 집의 아케이드 멀리
산보를 하자고 권했다

그래서 우리는 모두 팔짱을 끼고
군가를 흥얼거리며
그렇다 너희들은 모두 죄 사함을 받았노라
묘지를 떠났다

우리는 도시를 가로질렀으며
여러 번 친척들과 친구들을 만났으며
그들도 최근에 죽은자들의
이 작은 부대에 합류했다
저마다 그리도 쾌활하고
그리도 멋지고 그리도 팔팔하였으니
어느 영악한 자가 죽은자들과 산자들을
구별할 수 있었을까

머지않아 들판에서
우리는 흩어졌다
경기병 둘이 우리와 합류했다
우리는 기꺼이 맞아들였다
그들은 가막살나무와

딱총나무를 잘라
피리를 만들어서
아이들에게 나누어 주었다

나중에는 전원무도회를 열어
짝짝이 어깨에 손을 얹고
날카로운 키타라 소리에 맞춰 춤을 추었다

이들 죽은 남자들과 죽은 여자들은
춤추는 법을 잊어버리지 않았던 것이다
우리는 또 술을 마셨으며
이따금 종이 울려
이제 곧 새 술통에 구멍이
뚫린다고 알렸다.

죽은 여자 하나가 매자나무 덤불 곁
둔덕에 앉아
제 발치에 무릎을 꿇은
대학생한테서
혼약의 맹세를 듣고 있었다

당신을 기다리겠어요
필요하다면 십 년이고 이십 년이고
당신의 뜻을 따를 거예요

당신을 기다리겠어요

당신의 평생토록
죽은 여자가 대답했다

이 세계의 또는 저 세계의
아이들은
가사가 터무니없으면서 서정적인
도래춤의 노래를 불렀다
인류의
가장 오래된 기념비적 시편들의
잔재일 것이 분명하다

대학생이 죽은 처녀의 약지에
반지를 끼워 주었다
이게 내 사랑의
우리 약혼의 신표요
세월이 흘러도 서로 만나지 못해도
우리의 약속을 잊어버릴 수는 없지요
그리고 어느 날 우리는 멋진 혼례를 올리겠지요
우리의 예복과 당신의 머리에는
한 묶음 도금양 잎사귀
교회에서는 멋진 설교
연회 뒤에는 긴 축사
그리고 음악
또다시 음악

우리 아이들은

약혼녀가 말했다
은이나 금으로 빚은 것보다
에메랄드나 다이아몬드로 새긴 것보다
아아 반지가 깨졌네
더 예쁠 거예요 더 예쁠 거예요
창공의 별들보다도
오로라의 광채보다도
나의 피앙세 당신의 눈길보다도
더 맑을 거예요 더 맑을 거예요
우리 아이들은 더 향기로울 거예요
아아 반지가 깨졌네
갓 피어난 라일락보다도
백리향과 장미보다도 아니
라벤더나 로즈마리의 어린 싹보다도

악사들이 떠났다
우리는 산보를 계속했다

호숫가에서
일렁일 듯 말 듯 잔잔한 물 위에
납작한 조약돌로
물수제비를 뜨며 놀았다

작은 배들이 선착장에
묶여 있었다
부대가 전부 배에 오르자

밧줄을 풀었다
몇몇 죽은자들은 산자들 못지않게
활기에 넘쳐 배를 저었다

내가 키를 잡은 배의 앞전에서는
죽은 남자 하나가 젊은 여인과 이야기를 나누었다
노란 드레스에
파란 리본이 달린 검정 블라우스를 걸치고
곧게 뻗은 작은 깃털 장식 하나만 꽂은
회색 모자를 쓴 여인

당신을 사랑합니다
그가 말했다
수비둘기가 암비둘기를 사랑하듯이
야행성 날벌레가
불빛을 사랑하듯이

너무 늦었어요
산 여자가 대답했다
단념하세요 그 금지된 사랑을 단념하세요
저는 결혼한 몸이지요
이 반지가 반짝이는 걸 보세요
손이 떨리네요
눈물이 나네요 죽고 싶어요

작은 배들이 그 자리에 도착했다

메아리의 대답이 들리는 기슭이라고
경기병들이 말한 자리다
모두들 물릴 줄도 모르고 메아리에게 질문을 퍼부어 댔다
그리도 터무니없는 질문에   155
그리도 딱 들어맞는 대답이라니
우스워 죽을 지경이었다
그때 죽은 남자가 산 여자에게 말했다

우리가 함께라면 얼마나 행복할까
물이 우리를 덮고 다시 닫힐 텐데요   160
그런데 당신은 울고 있네요 손이 떨리는군요
우리 두 사람 어느 쪽도 되돌아가진 못할 거예요

다시 땅에 닿았고 이제 돌아가는 길이었다
연인들은 서로 사랑을 나누며
짝을 지어 입매도 예쁘게 놀리며   165
이만치 저만치 떨어져서 걸어갔다
죽은 남자들은 산 여자를
산 남자들은
죽은 여자를 골랐다
노간주나무가 이따금 나타나   170
유령이라도 되는 듯 섬뜩했다
아이들이 가막살나무나
딱총나무 피리를
뺨이 합죽하게 불어제쳐
대기를 찢어 놓을 때   175

군인들은
산속에서 노래하는 식으로
주거니 받거니
티롤의 무곡을 불렀다

거리에 들어서자
우리 부대는 점점 줄어들었다
작별인사를 했다
그럼 그때까지
내일 만나자
또 보자
여러 사람이 술집에 들어갔다
몇 사람은 개고기집 앞에서
우리와 헤어져
저녁거리를 사러 그 가게로 들어갔다

이윽고 나만 혼자 이 죽은자들과 함께 남았다
묘지를 향해
그들은 곧장 걸어갔다
아케이드 아래
단정한 차림에
움직임도 없이
창유리 뒤에서 무덤을 기다리며
누워 있는
그들을 내가 만났던
그 자리로

무슨 일이 벌어졌는지 200
죽은자들은 생각지도 않지만
산자들은 그 추억을 간직했다
그것은 예기치도 않았던 행복이고
그리도 확실해서
그들은 혹시라도 그 행복을 잃어버릴까 봐 염려하지
않았다 205

그들은 그렇게도 고결하게 살았기에
전날까지도
죽은자들을 자기와 동등한 것으로
어쩌면 자기보다 못한 어떤 것으로도 여기던 사람들이
그들의 힘을 그들의 풍요를 그들의 천재를 210
이제는 찬양했다
죽은 남자나 죽은 여자를 사랑했던 것만큼이나
우리를 드높이는 것이 어디 있겠는가
그들은 이제 그렇게도 순수해져
기억의 빙하 속에서 215
추억과 하나로 녹아들기에 이른다
삶에 강건해져
이제 더는 다른 누구도 필요로 하지 않는다

클로틸드

아네모네와 매발톱꽃이
정원에 돋아 있고
사랑과 멸시 사이에
우울이 잠든다 4

우리 그림자도 거기 들어와
밤이 되면 사라지리라
그림자를 어둡게 하는 태양도
함께 사라지리라 8

흐르는 물의 여신들이
머리칼을 흘려보낸다
지나가라 너는 쫓아야 할 것이니
그대가 원하는 저 아름다운 그림자를 12

행렬

레옹 바이비 씨에게

조용한 새 뒤집혀 나는 새야
허공에 깃을 트는 새야
우리의 땅이 벌써 빛을 내는 그 경계에서
네 두 번째 눈까풀을 내리감아라 네가 고개 들면
너는 지구가 눈에 부시다 5

그리고 나도 그렇다 가까이에서 나는 어둡고 흐리다
방금 등불을 가린 안개 한 자락
갑자기 눈앞을 가로막는 손 하나
너희들과 모든 빛 사이에 둥근 지붕 하나
그리하여 어둠과 줄지어 선 눈들 한가운데서 10
사랑스러운 별들로부터 나는 멀어지며 빛나리라

조용한 새 뒤집혀 나는 새야
허공에 깃을 트는 새야
내 기억이 벌써 빛을 내는 그 경계에서
네 두 번째 눈까풀을 내리감아라 15
태양 때문이 아니라 지구 때문이 아니라

마침내 어느 날 단 하나의 빛이 될 때까지
날이 갈수록 더욱 강열해질 이 길쭉한 불 때문에

어느 날
어느 날 나는 내 자신을 기다렸다
나는 내게 말했다 기욤 이제 네가 올 시간이다
마침내 나라는 사람이 누구인지 내가 알 수 있도록
다른 사람들을 아는 나를

나는 오관(五官)과 또 다른 것으로 저들을 안다
나는 저들 수천 사람을 재현하려면 저들의 발만 보면 그만이다
저들의 허둥대는 발 저들의 머리칼 한 오라기
아니 의사인 체하고 싶으면 저들의 혀
아니 예언자인 체하고 싶으면 저들의 아이들
선주들의 배 내 동업자들의 펜
장님들의 지폐 벙어리들의 손
아니 심지어 필체 때문이 아니라 어휘 때문에
스무 살 넘은 사람들이 쓴 편지만 보면
냄새만 맡으면 그만이다 저들 교회의 냄새
저들의 도시를 흐르는 강의 냄새
저들의 공원에 핀 꽃의 냄새
오 코르넬리우스 아그리파여 작은 개 한 마리의 냄새만 맡으면
그대의 쾰른 시민들과 동방박사들까지
모든 여자들에 관한 오해를 그대에게 불어넣어 준

우르술라의 수녀들까지 나는 정확하게 그릴 수 있다
사랑해야 할지 조롱해야 할지 그들이 가꾸는 월계수의 맛만 보면 된다
그리고 옷만 만져 보고도
추위를 타는지 아닌지 나는 더 묻지 않는다
오 내가 아는 사람들이여
저들의 발자국 소리만 들으면 나는
저들이 접어든 방향을 언제라도 지적할 수 있다
그것들 어느 하나만 있으면
나는 다른 사람들을 되살려 낼 권리가 내게 있다고 믿기에 충분하다
어느 날 나는 내 자신을 기다렸다
나는 내게 말했다 기욤 이제 네가 올 시간이다
그러자 홍겨운 발걸음으로 내가 사랑하는 사람들이 나아갔다
그 속에 나는 없었다
해초에 덮인 거인들이
탑들만이 섬인 그들 해저의 도시를 지나가고
이 바다는 그 심연의 광채와 함께
내 혈관에 피 되어 흘러 지금 내 심장을 고동치게 한다
뒤따라 땅 위에 수천 백인 미개부족들이 나타났으니
저마다 손에 장미 한 송이를 들고 있었다
그리고 그들이 도중에서 발명한 언어를
그들의 입이 전하는 대로 나는 배웠고 지금도 말하고 있다
행렬이 지나가고 나는 거기서 내 육체를 찾아보았다

갑자기 나타난 내 자신이 아닌 이 사람들이
하나하나 내 자신의 조각들을 가져왔다
탑 하나를 세우듯 조금씩 조금씩 나를 쌓아 올렸다
민족들이 쌓이고 내 자신이 나타났다
모든 인간의 육체와 모든 인간사가 형성한 나

지나간 시간들이여 운명한 자들이여 나를 형성한 신들이여
그대들이 지나갔던 것처럼 나는 지나가며 살 뿐이다
저 빈 미래로부터 눈을 돌려
나는 내 안에서 저 과거 전체가 커가는 것을 본다

아직 존재하지 않는 것밖에는 아무것도 죽지 않는다
빛나는 과거 곁에서 내일은 색깔이 없다
그것은 노력과 효과를 동시에 완성하고
나타내는 것 곁에서 형체마저 없다

마리지빌

쾰른의 호헤스트라스에
날 저물면 그녀는 오르락내리락
온갖 아양 떨어 모두에게 몸 바치고
이 길목 저 길목에 진저리 나면
야릇한 술집 더듬어 밤늦도록 술 마신다   5

밀짚 자리에 그녀는 몸을 눕혀
빨간 머리 붉은 얼굴 기둥서방 받는다
녀석은 유대인 마늘 냄새 풍긴다
타이완에서 오던 길 상하이에 들려
매음굴에서 그녀를 꺼내왔더란다   10

나는 별의별 인간을 다 안다
그들은 제 팔자를 감당하지 못한다
마른 잎처럼 불안정한
그들의 눈은 꺼지다 남은 불
그들의 심장은 그들의 문처럼 쉴 틈 없다   15

나그네

페르낭 플뢰레에게

울며 두드리는 이 문을 열어 주오

인생은 에우리포스만큼이나 잘도 변하는 것

그대는 바라보았지 외로운 여객선을 몰고
미래의 열기를 향해 내려가는 구름장을
그리고 이 모든 아쉬움 이 모든 회한을   5
    그대 기억하는가

바다 물결 활처럼 구부러진 물고기들 해상의 꽃들
어느 날 밤 바다였지
강물이 그리 흘러들고 있었지

나는 그걸 기억한다네 아직도 기억한다네   10

어느 날 저녁 나는 스산한 여인숙으로 내려갔다네
뤽상부르 근처
홀 안쪽에 그리스도 하나가 날고 있었지

누구는 족제비 한 마리를
또 누구는 고슴도치 한 마리를 가지고 있었지
카드놀이를 하고 있었지
그리고 그대는 그대는 나를 잊어버리고 있었네

정거장과 정거장 그 긴 고아원을 기억하는가
우리는 지나갔지 하루 종일 빙빙 돌다가
밤마다 그날의 태양을 게워 내는 도시들을
오 뱃사람들이여 오 어두운 여자들과 여보게나 내 친구들이여
      그걸 기억해 주게

한 번도 헤어진 적이 없던 두 뱃사람
한 번도 말을 나누지 않았던 두 뱃사람
젊은 뱃사람은 죽어 가며 옆으로 넘어졌다

      오 여보게나 다정한 친구들이여
정거장의 전기 벨 수확하는 여자들의 노래
푸주한의 썰매 일개 연대나 되는 헤아릴 수 없는 길들
일개 기병대나 되는 다리 알코올의 창백한 밤들
내가 보았던 도시는 미친 여자들처럼 살고 있었다네

그대는 기억하는가 교외와 탄식하는 풍경의 무리를

   사이프러스나무들이 달빛 아래 그림자를 드리우고 있었지

여름이 저물어 가던 그날 밤
생기 없고 항상 진정하지 못하는 한 마리 새와
드넓고 어두운 강의 영원한 소리에 나는 귀를 기울였지 35

그러나 그때 모든 시선이 모든 눈의 모든 시선이
죽어 가며 하구를 향해 굴러갔지
강변은 인적 없고 풀이 무성하고 적막한데
강 건너 산은 몹시도 밝았지

그때 소리도 없고 살아 있는 것 하나 보이지도 않는데 40
산을 끼고 생생한 그림자들이 지나갔지
옆얼굴만 보이는가 싶더니 갑자기 그 어렴풋한 얼굴 돌리며
그들의 미늘창 그림자를 앞으로 치켜들고

그림자들은 수직의 산을 끼고
커지기도 하고 때로는 갑자기 몸을 구부리기도 하며 45
그 수염 난 그림자들이 인정스레 울고 있었지
밝은 산비탈로 한 발짝 한 발짝 미끄러져 들어가며

이들 낡은 사진에서 도대체 너는 누굴 알아보았느냐
한 마리 벌이 불 속에 떨어지던 날을 너는 기억하느냐
너는 기억한다 그것은 여름의 끝이었다 50

한 번도 헤어지지 않았던 두 뱃사람
나이 든 뱃사람은 목에 쇠사슬을 걸고 있었다

젊은 뱃사람은 금발을 땋아 내리고 있었다

울며 두드리는 이 문을 열어 주오

인생은 에우리포스만큼이나 잘도 변하는 것 55

마리

소녀여 그대는 저기서 춤추었지
할머니가 되어서도 춤추려나
그것은 깡충거리는 마클로트 춤
모든 종들이 다 함께 울리련만
도대체 언제 돌아오려나 그대 마리   5

가면들은 조용하고
음악은 하늘에서 들려오듯
저리도 아득한데
그래 나는 그대를 사랑하고 싶다오 그러나 애타게 사
랑하고 싶다오
그래서 내 고통은 달콤하지요   10

털 송이 은 송이
암양들이 눈 속으로 사라지고
병정들이 지나가는데 내겐 왜 없는가
내 것인 마음 하나 변하고
또 변하여 내 아직도 알 수 없는 그 마음   15

네 머리칼이 어디로 갈지 내가 아는가
거품 이는 바다처럼 곱슬거리는
네 머리칼이 어디로 갈지 내가 아는가
우리의 맹세 위에도 흩날리는
가을 잎 네 손이 어디로 갈지

팔 밑에 낡은 책을 끼고
나는 센 강변을 걸었네
강물은 내 고통과 같아
흘러도 흘러도 마르지 않네
그래 언제 한 주일이 끝나려나

흰 눈 공주

천사 천사 하늘의 천사
한 천사는 장교 옷
한 천사는 요리사 옷
다른 천사들은 노래한다네 4

하늘색 미남 장교야
성탄절 지나고 오랜 뒤에 따뜻한 봄이 찾아와
너에게 메달을 달아 주리 아름다운 태양
    아름다운 태양으로 8

요리사는 거위털을 뽑네
    아 내리네 눈이
    내리는데 웬일인가
내 품에 사랑하는 여자가 없네 12

앙드레 살몽의 결혼식에서 읊은 시

1909년 7월 13일

오늘 아침 수많은 깃발을 보고 내가 혼자 뇌까린 말은
저기 가난한 사람들의 풍요로운 의상이 널려 있구나
가 아니다
민주주의 수줍음이 내게 그 고통을 감추려 하는구나
도 아니고
저 이름 높은 자유의 사주를 받아 이제 오 식물의 자유
오 지구상의 유일한 자유 나뭇잎을 흉내 내는구나도
아니고   5
사람들이 떠나 다시 돌아오지 않을 것이기에 집들이
불타고 있구나도 아니고
저 흔들리는 손들이 내일 우리 모두를 위해 일해 주겠
지도 아니고
삶을 이용할 줄 모르는 자들을 목매달아 놓았구나조
차 아니고
바스티유를 다시 점령함으로써 세상을 다시 개혁하는
것이지조차 아니다
시에 터를 잡은 자들만이 세상을 개혁함은 내가 익히
아는 바   10

파리가 깃발로 장식된 것은 내 친구 앙드레 살몽이 여기서 결혼하기 때문이다

우리는 어느 저주 받은 동굴에서 만났다
우리 젊은 날에
둘이 모두 담배를 피우며 엉망으로 옷을 입고 새벽을 기다리며
의미를 바꾸어야 할 매양 같은 말들에 몰두하고 몰두하며
헛짚고 헛짚으며 불쌍한 어린 것들 아직 웃을 줄도 모르고
식탁과 술잔 두 개가 오르페우스의 마지막 시선을 우리에게 던지며 죽어 가는 자가 되었다
술잔은 떨어져 깨어졌다
그리고 우리는 웃음을 배웠다
우리는 그래서 상실의 순례자가 되어 떠났다
이 거리 저 거리를 가로질러 이 지방 저 지방을 가로질러 이성을 가로질러
오필리아 떠 있던 강가에서 나는 그를 다시 보았다
수련 사이에 그 여자 아직도 하얗게 떠 있다
광기의 곡조를 연주하는 피리 소리 따라
그는 창백한 햄릿들 속으로 가버렸다
죽어 가는 러시아의 농부 곁에서 지복을 기다리며
니체의 여자들을 닮았노라 흰 눈을 예찬하는 그를 나는 다시 보았다
아이들의 표정을 바꿔 놓는 똑같은 말들의 성가를 드높이려

이것저것을 만드는 그를 다시 보았으며 나는 이 모든 것들을
추억과 **미래**를 말하나니 내 친구 앙드레 살몽이 결혼하기 때문이다

우리 기뻐하자 우리의 우정이 우리를 살찌운 강이었고
물가의 땅 우리의 풍요로움은 모두가 소망하는 자양이어서가 아니다
우리 술잔이 다시 한 번 죽어 가는 오르페우스의 시선을 우리에게 던지기 때문도 아니다
수많은 사람들이 우리 눈과 별을 혼동할 만큼 우리가 컸기 때문이 아니다
백 년 전부터 지켜야 할 삶과 자질구레한 물건들을 가졌다고 흐뭇해하는 시민들의 창가에 깃발이 펄럭여서도 아니다
시에 터를 잡은 우리가 **우주**를 짓고 허무는 말들에 권리를 가졌다고 해서가 아니다
우리가 우습지 않게 울 수 있고 웃을 줄도 알기 때문이 아니다
우리가 옛날처럼 담배 피우고 술 마시기 때문이 아니다
우리 기뻐하자 불과 시인들의 지도자인 사랑
별들과 행성들 사이 단단한 공간을
빛처럼 가득 채우는 사랑
그 사랑이 오늘 내 친구 앙드레 살몽이 결혼하기를 바라 마지않기 때문이다

고별

내 언젠가 히스나무 이 가녀린 가지를 꺾어 두었지
가을도 가버렸으나 잊지는 말아라
우리는 이 땅에서 다시 보지 못할 거야
시간의 이 향기 히스나무의 이 가녀린 가지
그래 내 너를 기다리니 잊지는 말아라

살로메

세례 요한이 다시 한 번 웃을 수만 있다면
임금님 이 소녀는 세라핀보다 더 아리땁게 춤을 추겠어요
어머니 말씀해 주세요 백작부인의 옷을 입고
태자를 옆에 두고 어이 그리 슬퍼하시는지   4

회향풀 넘불에서 춤추며 소녀 귀 기울었을 때
이 가슴이 그의 외침에 힘차게 힘차게 고동쳤음에
소녀는 백합을 수놓았지요
그 사람 지팡이 끝에서 휘날릴 깃발에   8

그러나 이제 누구를 위해 수놓으리까
그이의 지팡이는 요르단 강가에서 다시 꽃피었건만
이 모든 백합은 오 헤롯 임금님이시여 전하의 병사들이
그 사람 끌어 왔을 때 소녀의 정원에서 시들고 말았어요   12

우리 모두 함께 가요 저기 오점배열(五點排列) 나무 아래로

임금님의 귀여운 광대여 울음을 거두어라
네 인두(人頭) 지팡이 던져 두고 이 머리를 받들고 춤을 추어라
손대지 마세요 어머니 그의 이마는 벌써 차갑습니다　　　16

임금님이 앞장을 서주시고 창병들이여 뒤따라 걸어오라
우리는 구덩이를 파고 그를 거기 묻으리라
우리는 꽃을 심고 둥글게 둥글게 춤을 추리라
　　　내가 스타킹 밴드를　　　　　　　　　　20
　　　임금님이 코담배갑을
　　　공주가 로자리오를
　　　사제가 기도서를
　　　잃어버릴 그때까지　　　　　　　　　　　24

문

호텔 문이 으스스하게 웃어요
저 고용인이 된다 한들 그게 뭐란 말이에요
오 엄마 그에게만은 아무것도 존재하질 않아요
깊고 슬픈 물속으로 가는 비목어
어제 아침 마르세유에 부려진 싱싱한 천사어
아무 가치도 없는 나처럼 초라한
노래 하나 멀리 죽고 또 죽어 가는 소리 들려요

아들아 내 가진 것 다 네게 주었다 일해라

메를랭과 노파

태양이 그날 어미의 태반처럼 길게 누워
하늘에 천천히 피를 흘리더라
빛은 나의 어머니 오 피 흘리는 빛이여
구름은 월경의 여울처럼 흘러가고 있더라   4

가시 없는 바람의 장미가 아니라면 어떤 꽃도
꽃피지 않는 겨울 네거리에서
메를랭은 삶을 노리고 우주를 죽였다가
다시 태어나게 할 영원한 원인을 노리더라   8

노파 하나가 푸른 망토에 덮인 노새를 타고
강둑을 따라 하류로 오더라
그러자 늙어 빠진 메를랭은 황량한 들판에 서서
제 가슴을 두드리며 외치더라 라이벌이여   12

오 내 얼어붙은 존재여 그대의 운명이 나를 짓누르고
이 육체의 태양이 그대의 냉기에 떠는데 그대 보고 싶은가

나를 닮은 그대여 내 기억이 찾아와 나와 어떻게 사랑
하는지
내 얼마나 불행하고도 아름다운 아들을 얻고 싶은지   16

그의 몸짓은 대홍수의 오만을 허물어뜨리고
태양이 춤추며 배꼽을 흔들어 대는데
갑자기 사랑과 영웅주의의 봄이
사월 어느 젊은 날의 손을 잡아 이끌더라   20

서쪽에서 뻗어 내린 길은 뼈들로
무성한 풀들로 운명과 꽃들로
푸른 시체들을 옆에 두고 떠는 기념물로 덮였더라
바람이 그때 털과 불행을 실어 오고   24

애인이 노새를 버리고 종종걸음으로 다가오니
슬쩍슬쩍 바람이 그녀의 옷자락들 펼치더라
이윽고 이 창백한 애인들이 미친 손을 맞잡았으니
그들 손가락의 얽힘만이 오직 그 사랑의 경과이더라   28

그녀가 춤을 추어 삶의 리듬을 모방하며
소리쳐 하는 말이 백 년 전부터 나는 그대의 부름을 기
다렸네
그대 생애의 별들이 내 춤에 영향을 주었다네
모르간은 지벨 산 꼭대기에서 지켜보고 있었다네   32

아 춤춘다는 것은 얼마나 즐거운 일인가 그대들에게

신기루 하나 그때 나타나 그 안에서 만상이 노래하고
공포의 바람이 명랑한 달의 웃음이라도 되는 척
전령사 허깨비들을 겁주는 척 시늉하지

나는 고독 속에서 하얀 몸짓을 하였다네
망령들이 달려 나와 악몽을 가득 채웠다네
나의 선회는 더할 수 없는 기쁨들을 표현하였으니
그 하나하나가 모두 **예술**의 순수 효과일 뿐이었네

꽃이 지기를 바라며 끝나가는 봄에
나는 산사나무의 꽃밖에 꺾은 것이 없다네
사나운 새들이 사산한 새끼 양과
죽어 가는 아기 신의 약탈을 선언하던 그때에

뿐더러 보다시피 나는 늙었네 그대의 평생 동안 나는 춤추건만
  나는 일찍 지쳤으니 꽃핀 산사나무는 이 사월에
  고통을 시늉하며 죽어 가는 늙은 여자의 육체에서
  가련한 고백을 얻어 내고 말았으리

  그러자 그들의 손이 날아오르더라 비둘기 떼가 날아오르는 듯
  어둠이 독수리 되어 덮칠 때의 광채가 날아오르는 듯
  그리하여 메를랭이 동쪽으로 가며 하는 말이 솟아오를지어다
  사랑과 맞먹는 **기억**의 아들이여

진흙에서 솟아오르건 인간의 그림자이건
그는 분명 내 아들 내 불후의 작품일지니
이마에 불의 후광을 두르고 로마의 길을 밟아
하늘을 쳐다보며 그는 홀로 걸어가리라 56

나를 기다리는 부인의 이름은 비비안
새로운 고통의 봄이 오면
꽃박하와 민들레에 싸여 누운
나는 꽃핀 산사나무 아래 영원하리라 60

곡마단

루이 뒤뮈르에게

들판에 가뭇 광대패들이
멀어진다 채마밭길 따라
회색 여관 문전을 지나
교회 없는 이 마을 저 마을을 지나

어린애들이 앞장을 서고
어른들은 꿈꾸며 뒤따른다
저 멀리서 그들이 신호를 하면
과일나무는 저마다 체념한다

북이며 금빛 굴렁쇠며
그들의 짐은 둥글고 모나고
곰과 원숭이 영리한 짐승들은
가는 길에 푼돈을 구걸한다

도둑

코러스
과일 서리꾼 외국 놈아 불운하고 서투른 놈아
도둑놈아 도둑놈아 너는 왜 이 과일을 달라지 않았느냐
하기야 배가 고팠으니 쫓겨난 몸이니
놈이 울고 있네요 야만인이긴 해도 착한 놈이요 용서하시지요   4

도둑
달콤한 과일 무르익은 과일을 훔친 것은 내 시인하나
쫓겨난 신세인 척하러 온 것은 아니요
그리고 어지간한 형벌쯤은 각오하고 있음을 알아주시오
훔친 것을 전부 돌려드리면 그마저 부당한 형벌이지만   8

노인
아프로디테처럼 바다의 물거품에서 태어난
너는 미소년이니 순순히 따르거라 난파자야
저길 보아라 현자들이 너에게 소크라테스의 몸짓을 하는구나

녀석이 밥이나 먹고 나거든 사랑 이야길 하시죠 12

코러스

과일 서리꾼 외국 놈아 헐벗고 병든 놈아
네 아버지는 스핑크스 네 어머니는 밤
자킨토스와 키클라데스를 별빛으로 매혹한 밤이었지
과일을 훔칠 때 너는 배고픈 척이라도 했느냐 16

도둑

 무르익은 과일의 소유자들이여 이 모욕에 내가 무슨 말을 하겠소
 오 어머니 조가를 부르는 당신의 리구리아 목소리가 들립니다
 야음을 틈타 사랑했다는 것밖에
 둘러댈 말이 없었을 테지요 어린 티도 덜 가신 청춘남녀는 20

마음처럼 동그란 과일들이 열려 있고
솔방울 씨앗들이 당신들의 바닷가 정원을
빈틈없이 덮었더군요 그 복숭아나무 밑동에
나는 내 노와 카르타고식 단검을 버리고 왔지요 24

빛깔은 향유 같고 맛은 찬물 맛인 레몬들이
뒤틀린 레몬나무 꽃 사이에 달려 있고
새들은 부리로 당신들의 석류를 쪼았으며
무화과는 거의 모두 벌어져 있더군요 28

배우

그가 연회실로 들어왔지요 벽의 프레스코화는
구름에 싸인 태양과 밤의 근친상간을 묘사하지요
거기 앉아라 벌거벗은 뤼디아 여자들이 타는
칠현금 소리 따라 그 리구리아 목소리가 더 잘 들릴 게다   32

그런데 남자들은 연극용 가면을 쓰고
여자들은 늙은 타나그라 수탉의 간에서
꺼낸 돌을 늘어뜨린 목걸이를 두르고
칼데아 말로 이야기를 나누고 있었지요   36

밖에서는 나른한 남서풍이 가을인 척했지요
회식자들은 모두 사랑하는 커플들
차례 돌려 말했지요 도둑아 너를 용서한다
먼저 소금을 받고 다음은 밀가루 빵이다   40

식은 죽이라 네 입에는 맞지 않을 것이다
그러나 염소가죽 부대에 든 백포도주는 늘 신선하지
빈정거리는 말투로 잠두 한 접시를 바라느냐
금빛 꿀에 절인 꽃튀김을 차려 주련   44

한 여자가 말했지요 너는 누구에게도 기구하지 않는구나
너는 그래 모래시계에 흐르는 요행수를 믿느냐
 도둑아 사람들을 무시하고 네가 율법을 더 잘 안다는 말이냐
 내 목걸이에 달린 행운의 부적이 갖고 싶으냐   48

과일 도둑아 그 서정적인 눈으로 나를 보아라
이 영웅의 행랑을 호두로 가득 채워야 할 것이오
피타고라스의 공작이나 돌고래나
살무사 수컷이나 황소보다 더 고상한 분이라오 52

스키타이의 바람 따라 우리에게 온 너는 도대체 누구냐
육로로 해로로 찾아온 사람도 많았지
길 잃은 정복자들은 너무나 빨리 멀어졌고
눈 깜빡임 종대는 번갯불에 달아났지 56

코러스

말더듬이 사내 하나가 전방의 두 줄기 불기둥을 따라
미천한 백성을 이끌면서도 자랑할 것은 있었지
날마다 메추리와 만나를 먹노라고
눈이 열리듯 바다가 열리는 것을 보았노라고 60

텁석부리 물 긷는 사내들이 저주와 액운을 막는다고
검은 띠 흰 띠를 머리에 두르고
유프라테스에서 돌아왔고 때로는 올빼미들의 눈이
보석 찾는 자들을 호리기도 하였지 64

저 지저귀는 벌레 오 야만스러운 시인은
죽을 때가 가까워지자 싹으로 번식하는 새들도
하늘과 샘의 정기로 익어 가는 두꺼비들도
사랑하는 그 숲으로 시선을 피하며 돌아왔지 68

개선 행렬이 무지개 아래로 수레 소리 삐걱대며 지나갔지
월계관을 쓰고 전차(戰車)에 서 있는 창백한 사내들
땀 흘리는 조각상들 서푼짜리 광대들 어린 암양들
암공작들과 수거위들은 불안에 떨며 목이 쉬게 짖어 대고 72

과부들은 포도송이를 알알이 떼어 내며
법의 자락 이음매에 열린 이등변삼각형으로
저도 모르는 사이에 팔라스 여신을 경배하는
검은 주교들을 앞지르며 아름답지만 검은 여인을 찬송했지 76

말 탄 자들이 우리에게 저 미래에서 내던진 것은
재나 꽃이 가득한 오자미
우리는 말하지 않고도 피렌체식 입맞춤을 얻겠지
그런데 오늘 저녁엔 이 정원에 현자이며 도둑인 네가
오는구나 80

네 종파의 무리들은 음탕한 표지를 숭배하느냐
벨페고르를 태양을 침묵을 혹은 개를
뒤얽혀 사랑을 나누는 뱀들의 그 은밀한 열정을

배우
그러자 과일 도둑이 소리쳤지요 나는 기독교도요 84

코러스
아! 아! 목걸이들이 쩔렁거리겠구나 마스크들이 껄껄
웃겠구나

꺼져라 어서 꺼져라 불을 누르고 어둠이 지배하는 꼴이구나
아! 아! 왼편의 도둑이 돌풍 속에서
말들이 히힝거리듯 너를 비웃겠구나 88

여자
과일 도둑아 그 서정적인 눈으로 나를 보아라
이 영웅의 행랑을 호두로 가득 채워야 할 것이오
피타고라스의 공작이나 돌고래나
살무사 수컷이나 황소보다 더 고상한 분이라오 92

코러스
아! 아! 우리는 밤새 시스트럼을 흔들어야겠구나
그 리구리아 목소리가 그러니까 너의 부적이었더냐
네가 오른편에 속하지 않는다면
회색 점이나 나쁜 조짐같이 불길한 놈이다 96

절대가 몰락했으니 그 몰락이 바로 증거다
두 몸인 자는 존재하기도 전에 세 몸이 되나니
고백하건대 임신한 여자들이 우리한테는 감동스럽다
태반만으로도 스스로 있음을 부정할 수 있을 거다 100

보아라 항아리마다 젖은 마음의 꽃으로 가득하다
꺼져라 그러나 발가벗고 꺼져라 모두 우리의 것이니
들어라 바람의 코러스가 부르는 변격종지(變格終止)를
활을 들어 일각수나 그누를 죽여라 104

모호하고 부드러운 그림자는 네 육체의 상장(喪章)
　그림자는 어두워서 인간적이고 우리의 그림자도 마찬가지다
　꺼져라 저녁하늘에 어스름 빛만 남았구나
　가고 나면 우리는 아무도 네 얘기를 믿지 않을 게다　　108

　녀석은 빛이 났고 팡토르처럼 우리를 끌어당겼지
　왜 녀석에겐 오르페우스의 목소리와 치마가 없었을까
　밤이면 여자들이 암소가 된 시늉을 하며
　남자들이 놈을 사랑했듯 사랑하였을 텐데　　112

　녀석은 정말 문둥이 왕처럼 창백하고 아름다웠으니까
　왜 녀석에겐 오르페우스의 목소리와 치마가 없었을까
　처량한 갈대와 불길한 짐 대신
　타나그라의 늙은 수탉의 간에서 꺼낸 돌이 없었을까　　116

　그는 왜 에데사 왕의 궁전에 살러 가지 않았을까
　여위고 마력을 지닌 녀석은 하늘의 비밀을 캐내었을 텐데
　창백하고 마력을 지닌 녀석은 여류 시인들을 사랑하였을 텐데
　곧고 마력을 지닌 녀석은 악귀들을 못 본 체했을 텐데　　120

　꺼져라 고지식한 붉은 머리야 네 그림자와 함께 헤매라
　자! 삼신(三神)은 남성인데 너는 동정(童貞)이며 차갑다
　촉각은 상대가 있어야 하나 시각은 기름하다
　네가 지닌 표지라곤 십자가밖에 없다　　124

밤바람

오! 소나무의 우듬지들이 서로 부딪치며 신음하고
남풍이 슬피 울고 가까운 강의 엘프들이
바람을 향해 호호탕탕 웃어 젖히는 소리
또는 돌풍을 향해 나팔 부는 소리도 들린다   4
아티스야 아티스야 아름답고 음탕한 아티스야
어둠 속에서 엘프들이 놀려 댔던 것은 바로 너의 이름
그건 네 소나무 중의 하나가 고딕 바람에 넘어지기 때문
숲이 옛날 어느 군대처럼 저 멀리 달아나니   8
그들의 창이 오 소나무들이여 산모롱이에서 우쭐거린다
처녀들처럼 노인들처럼 그리고 시인들처럼
불 꺼진 마을들은 이제 명상에 잠겨
어느 누구의 발자국 소리에도 깨어나지 않으리라   12
수리매가 그들의 비둘기 떼를 덮친다 해도

륄 드 팔트냉

루이 드 공자크 프릭에게

세이레네스들아 너희들의 동굴을 향해
나는 기어갔다 너희들 혀 내밀어 바다를 놀리며
그 말 떼 앞에서 춤을 추더니
천사의 날개를 파닥거렸고
나는 그 대결의 합창에 귀 기울였지 5

무기를 오 내 불안한 머리여
나는 꽃이 진 나뭇가지 하나를 흔들어 댄다
너희 무서운 벙어리 입들이
내 거대한 비명에 맞서 뿜어 내는
뜨뜻한 입김을 날려 버리려고 10

경이가 저기 있다
거기 비하면 너희들의 가치란 무엇이냐
내 상처에서 내 용모로 피가
솟아오르니 나는 내 두 겹 자부심의
살해를 고백하노라 15

파도에 잠길 듯 말 듯 한 입술 멀리
사공들은 노 저어 갔어도
천에 천 마리 매혹된 동물들이
사랑스러운 내 상처를
만나려 길을 냄새 맡는구나

그들의 눈 짐승의 별들이
내 연민을 비추는구나
그게 어떻단 말이냐 내 지혜는 성좌의
지혜와 맞먹을진대
밤이여 너에게 별빛 비추는 건 나뿐이 아니냐

세이레네스들아 마침내 나는 내려가노라
굶주린 동굴 속으로 너희들의 눈을
나는 사랑한다 계단은 미끄럽구나
저 멀리 너희들은 난쟁이가 되는구나
다시는 어느 나그네도 유인하지 않는구나

주의 깊고 교양 있는 여자 안에
우리의 숲이 우거지는 것을 나는 보았지
바다여 태양이 목을 가신다
활대와 돛이 다시 녹음 우거지기를
수부들이 열망하던 그 자리에서

나는 내려가는데 하늘이
어느새 메두사로 변했구나

내가 악착스럽게 불타오르기에
오직 내 팔만이 내 고통의
변명이며 횃불이기에 40

새들아 너희는 혀 내밀어 바다를 놀려 대었지
어제의 태양이 나를 따라잡았구나
창날이 우리를 피로 물들인다
세이레네스의 보금자리 속에서
길쯤한 별 무리에서 멀리 떨어져 45

집시여인

집시여인은 벌써 내다보았다
밤과 밤으로 가로막힌 우리 두 인생을
우리는 그녀에게 작별인사를 하고 그래서
이 샘에서 희망이 솟았다

길들여진 한 마리 곰처럼 무거운 사랑은
우리가 원할 때 일어서서 춤추고
파랑새는 제 깃을 잃고
거지들은 저들의 **아베**를 잃었다

지옥에 떨어질 줄이야 아주 잘 알건만
가다 보면 사랑하리라는 희망에
우리는 손에 손 잡고 생각한다
집시여인이 예언한 그것을

은둔고행자

펠릭스 페네옹에게

맨발과 은둔고행자가 하얗게 바랜 두개골 곁에서
  소리쳐 하는 말이 나는 너희들 수난과 고난을 저주하
노라
  난들 어찌하랴 너무 많은 유혹이 나를 간질이는구나
  달의 유혹 헛된 말씨름의 유혹   4

  내가 기도를 뇌까릴 때면 너무 많은 별들이 달아나 버
린다
  오 죽은 여자의 우두머리여 오 늙은 상아여 눈구멍이여
  갉아먹힌 콧구멍이여 나는 배고프다 내 외침은 목이
쉬었다
  그래 이게 내 기아를 달랠 그뤼에르 치즈 한 조각인가   8

  오 주여 그 예쁜 장밋빛 엉덩이들을 기껏 허공에서나
  그대에게 내미는 석양의 구름들을 매질하소서
  이제 밤이다 낮의 꽃들은 벌써 오므라들고
  생쥐들이 어둠 속에서 마룻장에 주술을 거는구나   12

인간들은 알고 있는 놀이도 많구나 사랑 라 무르
사랑은 배꼽 놀이 아니 큰 거위 놀이
라 무르는 어른대는 손가락 수효 놀이
주여 어느 날 주여 이 몸 사랑에 빠지게 하소서   16

그 가느다란 손가락 내게 내밀 여자를 나는 기다리노라
손톱에 하얀 반점 몇 개일까 게으름 거짓말
그렇더라도 그 여자 미지의 그 여자가
사랑에 빠진 두 손을 내 앞에 들어 올리기만 기다리노라   20

주여 내가 무슨 짓을 하였나요 보소서 나는 유니콘이오
하오나 그 음란하고 예쁜 공포에도 어쩔 수 없이
사랑스러운 갓난애처럼 내 섹스는 순결하오
홀로 불안에 떨며 말뚝처럼 우뚝 선 죄는 없소   24

주여 그리스도는 발가벗었나이다 이음새 없는 옷을
그에게 던지소서 열정을 꺼주소서
빗물 방울들이 동시간격으로 떨어질 때
그 많은 시간의 종소리들이 우물에 빠지러 가나이다   28

나는 협죽도 아래서 서른 밤을 지새웠더니라
겟세마네에서 당신은 정말 피땀을 흘렸는가 그리스도여
십자가형을 받은 자여 대답하라 아니라고 말하라 나
는 부정하노라
혈한(血汗)을 너무나 소원하였건만 아무 보람도 없었
던 까닭임이라   32

무릎을 꿇고 내 심장의 고동소리에 귀 기울이면
늙은 산호 같기도 하고 타래버섯 같기도 한
동맥 속에 피는 여전히 달리고 있었건만
내 대동맥은 몸서리치게 인색하더라 36

한 방울 떨어졌다 땀인가 그런데 색깔은 등불을 비춰 보자
이토록 붉은 피 나는 지옥에 떨어질 녀석들을 비웃었더니라
그런데 결국 알고 보니 내 코피가 터졌더라
내 꽃들의 강렬한 향기 탓이었음이라 40

그리하여 나른하고도 나른한 날갯짓으로 내게 아름다운 성배를
들이밀러 오지 않는 늙은 천사들을 나는 비웃었더니라
나는 회색 날개를 비웃고 리옹의 잔인한 견직공들이
비단결 말총으로 짠 고행복(苦行服)을 이제 벗노라 44

잘해 봐라 여교황(女敎皇)들의 음문(陰門)을 유방 없는 성녀들을
실소에 붙이고 도시를 향해 내 가리라
거기서는 손길 살결 말과 약속에 싸여 필경
내 동정(童貞)을 지키려면 내 죽어야 하리라 48

시퍼런 질풍도 마다함이 없이 나는 거룩하게 일어서나니
바다의 뜨거운 사랑을 받는 달빛과 같도다

보람도 없이 축일 없는 성자들에게 이제껏 애원하였건만
어느 녀석도 내 누룩 없는 빵 한 조각 축성해 주지 않았지 52

그리하여 나는 걷는다 도망친다 오 밤이여 릴리트가 슬피 울며
속절없이 부르짖고 저기 보이는구나 커다란 눈들이 비극적으로
열리는구나 오 밤이여 보이는구나 너의 하늘에
찬란한 알약들이 잔잔하게 반짝이는구나 56

순결한 왕비의 해골 하나가 가혹한 절망에 빠져
긴 별똥별의 밧줄 끝에 목매달려 있구나
밤이 되어 낮이 느닷없이 헐떡이며 죽어 갈 때
숲이 검어지고 초록빛 희망이 스러지는구나 60

그래서 나는 걷는다 도망친다 오 낮이여 새벽의 동요가
묵은 루비처럼 부드럽고 텅 빈 부엉이들의 시선을
닫았으니 바야흐로 폐엽(肺葉)처럼 붉은 젖통을 달고
암양들과 암퇘지들의 시선이 나타나는구나 64

틸드 기호처럼 날개를 벌린 까마귀들이
무르익은 호밀의 초라한 밭에 빈 그림자를 하나 만들고
멀지 않은 마을 초가집들은 지붕에
죽은 부엉이를 못 박아 놓은 꼬락서니가 더럽구나 68

나의 길고 긴 킬로미터여 나의 충만한 슬픔이여
전나무를 끝맺음하는 손가락 해골들이
내 길과 내 포동포동한 꿈을 자주 헷갈리게 하였으니
나는 전나무숲 그 흙에서 잠들었더니라

마침내 오 몽롱한 저녁이여 내 여정의 끝에
종소리에 맞추어 심히 장중하게 도시가 나타났도다
그리하여 내 가까이 다가가는 지금 내 음란함이 사라지는구나
들어서는 길로 나는 두 손 들어 군중들을 축복하였으니

도시여 숲 속 파란 빈터의 파헤쳐진 흙에
하얀 송로 같은 너의 궁전들을 나는 비웃었더니라
하 그런데 내 욕망이 모두 꼬리를 물고 사라지는구나
내 경건한 편두통이 향약 넣은 두건을 다시 쓰는구나

모든 여자들이 내게로 와 자기들의 죄를 고백하였으니
주여 서방질하는 여자들의 서원을 따라 나는 성자가 되나이다
젤로티드와 로리 루이즈와 디아망트가 하는 말이
이해할 수 있을 거야 오 아연실색하는 그대

고행자야 결코 가볍잖은 우리 죄를 사해 다오
오 그대 우리가 사랑하는 순백한 사람 회개하는 사람아
우리의 진심을 알아다오 우리가 사랑하는 유희와
꿀처럼 세련되고 세련된 우리의 입맞춤을 이해해 다오

그리하여 나는 벌거벗은 여류 시인들 선녀들 빵집여자들의
그 피처럼 붉은 고백을 죄 사하는도다
저녁마다 얽혀 있는 쌍쌍들을 보면서도
내 가슴은 어느 가련한 욕망으로도 부풀지 않으니 92

이는 피 흘리는 까치밥나무의 허세 부리는 헐떡임과
꽃시계덩굴의 성스러운 학대를 가득 안고 숨이 가쁜
과원에 내 두 눈 싫증 난 한 쌍이 감기면 그뿐
내 아무것도 바라는 바가 없기 때문이로다 96

가을

안개 속으로 멀어진다 안짱다리 농부와
암소 한 마리 느릿느릿 가을 안개 속에
가난하고 누추한 동네들 숨어 있다

저만치 멀어지며 농부는 흥얼거린다
깨어진 반지 찢어진 가슴을 말하는
사랑과 변심의 노래 하나를

아 가을 가을은 여름을 죽였다
안개 속으로 회색 실루엣 두 개 멀어진다

랜더로드의 이민

앙드레 비이에게

모자를 벗어 손에 들고 사내는 오른발로 들어왔다
왕실 어용의 으리으리한 양복점이다
상인은 방금 빈틈없이 차려입은
마네킹들의 머리 몇 개를 잘라 낸 참이었다   4

사람들은 사방에서 소란을 떨며
땅에 끌리는 그림자들을 사랑도 없이 뒤섞고
빛의 호수로 가득한 하늘 향해 손들이
이따금 하얀 새처럼 날아올랐다   8

   내일 나는 배를 타고 아메리카로 떠납니다
     한 번 가면 돌아오지 않을 거요
서정적인 초원에서 돈 벌어 들고 와
사랑하던 이 거리에 눈먼 그림자 다시 끌고 다녀 본들   12

돌아온다는 것은 인도 파견병에게나 좋은 일
증권쟁이들이 내 순금 훈장을 모두 팔아 버렸죠
그러나 새 옷을 입고 마침내 잠들고 싶소

말없는 새들이랑 원숭이들이랑 그득한 나무 아래서

마네킹들이 사내를 위해 옷을 벗어
먼지를 털고는 그에게 입혀 보았다
옷값도 치르기 전에 죽어 버린 어느 각하의 옷으로
사내는 헐값에 백만장자의 치레를 했다

    밖에서는 세월들이
    유리창을
    희생자 마네킹을 들여다보며
    사슬 지어 지나갔다

한 해 속에 끼어든 그것들은 홀아비 날들
피에 젖고 느린 장례식의 금요일들
악마의 여편네가 제 샛서방을 때리고 난 뒤
흰 구름 먹구름 비 쏟아지는 하늘의 패배한 날들

그러고는 어느 가을 항구에 낙엽들 갈 길 몰라 헤매고
사람들의 손들도 솟아올랐다 떨어질 때
배의 갑판 위에 사내는 가방을 내려놓고
    앉았다

씽씽거리며 으르대는 대서양의 바람이
그의 머리에 길고 축축한 입맞춤을 남겼다
몇 사람 이민들은 항구를 향해 지친 손을 들어 올리고
다른 몇 사람은 울며 무릎을 꿇었다

사내는 스러지는 해안을 하염없이 바라보았다
꼬마둥이 배들만이 수평선에서 떨고 있었다
아주 작은 꽃다발 하나가 되는대로 떠돌아다니며
광막한 꽃밭을 이루어 대서양을 덮었다 40

사내는 이 꽃다발이 영예의 광채처럼
다른 바다에서 모든 돌고래들과 함께 놀기를 바랐으리라
      그런데 그의 기억 속에서는
      끝없는 융단 한 장이 짜여 44
      그의 지난 이야기를 그려 내었다

      그러나 끊임없이 따지고 드는
이 집요한 직조공들을 이로 바꾸어 물에 빠뜨리기 위해
      사내는 베네치아의 총독처럼 결혼하였다 48
남편 없는 현대 세이레네스의 고함 소리 따라

밤을 향해 부풀어라 오 바다여 상어들의 눈이
새벽까지 먼 바다에서 굶주려 노려왔다
별들이 갉아먹는 날들의 시체를 52
파도 소리와 마지막 맹세 사이에서

로즈몽드

앙드레 드랭에게

암스테르담 거리에서 장장 두 시간
뒤쫓았던 그 여인이
사라진 집
그 돌계단 발치에서 내 손가락은
오랫동안 키스를 날려 보냈지 5

그러나 운하는 고적하고
강둑마저 황황하여 인적이 없는 터에
그날 하루 두 시간도 더 넘겨
내 삶을 바쳤던 그 여인을
내 키스가 어떻게 다시 만났던가 10

그 여인을 로즈몽드라 별명 붙이고
홀란드에 꽃핀 그 입이라도
추억할 수 있기를 바라면서
나는 천천히 발길을 돌려
세계의 장미를 찾아 나섰지 15

잉걸불

폴 나폴레옹 루아나르에게

나는 던졌다 내가 운반하고
내가 경배하는 고귀한 불 속에
활기찬 손과 저 죽은자들의 머리
사망한 저 **과거**까지
불꽃이여 나는 네가 바라는 대로 한다 5

별들의 갑작스러운 질주는
이루어질 어떤 것일 뿐
그것이 종마사육장 켄타우로스의
씩씩한 울음소리에
식물들의 긴 신음 소리에 섞여 든다 10

내가 지녔던 저 머리들은 어디 있는가
내 청춘의 신은 어디 있는가
사랑은 나빠지고 말았다
잉걸에서 불꽃이여 다시 태어나라
내 영혼은 태양에 옷을 벗는다 15

들판에 불꽃이 솟아올랐고
우리 심장들이 레몬나무에 걸려 있다
나를 환호하여 영접하는 잘린 머리들
그리고 피 흘린 별들은
여인들의 머리일 뿐 20

강은 도시 위에 핀으로 꽂혀서
너를 옷처럼 거기 붙박아 놓는다
그러므로 암피온에 순종하는 너는
돌들을 살아 움직이게 하는
마법의 음조를 모두 받아들인다 25

나는 타오른다 숭고한 열기의 잉걸불 속에서
   그리고 신자들의 손이 셀 수도 없이 수많은 나를 불 속에 다시 집어던진다
   절단 순교자들의 사지가 내 곁에서 타오른다
잉걸불에서 해골들을 치우시라
나 하나면 내 환희의 불길을 유지하기에 영원히 충분하며 30
새들이 그 날개로 내 얼굴과 태양을 보호한다

   틴다리데스에서 내 행복의 뜨거운 살무사들에 이르기까지

오 기억이여 얼마나 많은 혈통이 불순한 가지를 쳤는가
그리고 뱀들은 불사의 존재였기에 가수가 아니었던
백조들의 목에 불과하지 않는가
바야흐로 내 삶이 새로워졌다
거대한 배들이 지나가고 다시 돌아온다
나는 다시 한 번 대양에 두 손을 적신다

연락선과 새로워진 내 삶을 보라
그 불꽃은 광막하다
화상을 두려워하는 자들과
나 사이에는 아무런 공통점이 없다

빛이 사유하는 저 높은 곳
모든 유동천(流動天)보다 더 높이 윤전(輪轉)하는 정원에서
가면 쓴 미래가 내려오며 하늘을 가로질러 타오른다

우리는 그대의 기꺼운 재가를 기다린다 오 나의 여자여

나는 저 거룩한 가면무도회를 감히 바라보지 못한다

언제 데지라드가 지평선에 푸르게 떠오르련가

우리의 대기 저편에 극장이 하나 선다
벌레 자미르가 연장도 없이 지은 극장
이윽고 태양이 다시 돋아나 치솟아 떠오르는
해안 도시의 광장을 밝게 비추고
지붕 위에는 지친 비둘기들이 쉬고 있었다

그런데 스핑크스 떼가 종종걸음 쳐 스핑크스 우리로
돌아간다 스핑크스 떼는 평생 목자의 노래를 들으리라
저 높은 곳에 극장이 단단한 불로 지어진다
허공이 먹고 사는 별들만큼 단단한

   그리고 바야흐로 무대가 펼쳐진다
나는 언제까지나 안락의자에 앉아 있다
내 머리 내 무릎 내 팔꿈치 빈 오각형
불꽃이 내 위로 나뭇잎처럼 돋아났다

인간이 아닌 배우들 빛 밝은 새로운 짐승들이
길들여진 인간들에게 명령을 내린다
   대지여
오 찢긴 그대여 강들이 기워 놓았구나

나는 밤낮으로 스핑크스의 우리에 들어
앎을 쌓고만 싶어라 마침내 잡아먹힌다 할지라도

라인 강 시편

라인 강의 밤

내 잔은 가득하다 불꽃처럼 떨리는 포도주로
사공의 느린 노랫소리를 들어라
달빛 아래 일곱 여자를 보았다 하네
발끝까지 닿는 푸른 머리칼 틀어 올리더라네   4

일어서라 원무를 추며 더욱 높이 노래하라
사공의 노래가 이제 그만 들리도록
그리고 내 곁에 데려와 다오 의연한 눈동자
머리타래 접어 올린 저 금발의 처녀들을 모두   8

라인 강 포도밭이 물에 비쳐 라인 강은 취했다
밤의 모든 황금은 쏟아져 떨며 강에 어린다
목소리는 숨넘어갈 듯 여전히 노래한다
여름을 호리는 푸른 머리칼의 요정들을   12

내 잔은 부서졌다 쏟아지는 웃음처럼

오월

오월 그 아름다운 오월에 라인 강에서 배를 타니
여인들이 산꼭대기에서 내려다보았네
당신들 그리도 아름답건만 배는 멀어지네
누가 대체 강변의 버들을 울렸는가

돌아보니 꽃핀 과원은 뒤로 얼어붙었네
오월의 버찌나무 떨어진 꽃잎들은
내가 그리도 사랑했던 여자의 손톱
시든 꽃잎들은 그녀의 눈까풀 같네

강둑 길 위로 느릿느릿
집시들에게 딸려 가는 곰 하나 원숭이 하나 개 하나가
당나귀에게 끌려가는 마차 뒤를 따르고
라인란트의 포도밭에 피리 소리 깔며
아련히 군가 한 곡 멀어졌네

오월 그 아름다운 오월이 폐허를 덮었네
송악넝쿨 머루넝쿨 장미넝쿨로
라인 강의 바람은 강둑의 버들을 흔드네
속삭이는 갈대와 포도넝쿨의 꽃잎 없는 꽃과

유대교회당

오토마르 쇼렘과 아브라함 로베렌은
초록색 펠트 모자를 쓰고 안식일 아침
회당에 간다 라인 강을 따라
저 아래 포도넝쿨 붉어지는 언덕을 따라   4

번역하기도 힘든 것을 놓고 그들은 따지고 소리 지른다
생리 중에 임신한 사생아라느니 악마가 네 애비 속에 들어갔다느니
늙은 라인 강은 번들거리는 얼굴 들어 고개 돌리고 웃는다
오토마르 쇼렘과 아브라함 로베렌은 화가 나 있다   8

안식일 동안에는 담배를 피울 수 없건만
기독교도들이 불붙인 시가를 물고 가기에
오토마르 쇼렘과 아브라함 로베렌 두 사람 모두
눈빛이 암양 같은 리아 배가 조금 나온 리아를 사랑하기에   12

그러나 금방 회당에만 들어서면 그들은 차례차례
아름다운 모자를 들어 올리며 토라에 입을 맞추리라
초막절 그 우거진 나뭇가지들 속에서
오토마르는 아브라함에게 노래하며 미소하리라   16

박자도 없이 디스칸투스를 부를 것이며 사내들의 걸

걸한 목소리는
 가을의 목소리인 듯 라인 강 바닥의 레비아탄을 신음하게 할 것이며
 모자들 가득한 회당에서는 룰라빔을 흔들리라
 하노텐 네 카모트 바고임 톨라호트 바레오우밈

종소리

미남 집시야 내 애인아
합창하는 종소리 들어 보려마
보는 사람 아무도 없는 줄 알고
우리는 미친 듯이 사랑하였지   4

그러나 우리는 잘못 숨었다
사방으로 둘러선 모든 종들이
종루 꼭대기서 우릴 보아 두었다가
이제 온 사방에 고자질을 하는구나   8

내일이면 치프리엔과 하인리히도
마리아도 우르술라와 카테리나도
빵집여자와 그 남편도
그다음에 내 사촌 게르트루트도   12

내가 지나가면 히죽댈 거야
어디에 몸 둬야 할지 나는 모를 거야
너는 멀리 있겠지 나는 울겠지
    어쩌면 나는 그만 죽고 말 거야   16

로렐라이

장 세브에게

바카라흐에 금발의 무녀 하나 살았으니
인근 사방 남자들을 상사병으로 죽게 했네

주교는 주교단으로 그녀를 불렀으나
그 아름다움에 반해 묻기도 전에 그녀를 용서했네 4

오 아름다운 로렐라이야 두 눈에 보석이 가득하구나
어느 마법사에게서 너는 마법을 배웠느냐

저는 살기도 싫어졌고 제 눈은 저주를 받았으니
저를 바라본 자들은 주교님 이 눈 때문에 죽었지요 8

제 눈은 불길입니다 보석이 아닙니다
던져 주세요 이 마력을 불길 속에 던져 주세요

그 불길 속에 내가 타오르는구나 오 아름다운 로렐라이야
네게 벌을 내릴 사람은 내가 아니구나 나는 네 마법에
걸리고 말았구나 12

농담을 하시는군요 주교님 차라리 저를 위해 성모님
께 기도하여 주세요
하오니 저를 죽게 하소서 주교님께 신의 가호가 있으
시기를

제 연인은 먼 나라로 떠났지요
저는 사랑하는 것이 없는 여자 하오니 저를 죽게 하소서   16

제 마음이 이리도 아프니 저는 죽어 마땅하지요
제가 저를 바라본다면 저는 죽고 말겠지요

그가 여기 없는 그날 이후 내 마음이 이리도 나를 아
프게 하지요
그가 가버린 그때부터 내 마음이 이리도 아프답니다   20

주교는 세 기사를 불러 창을 들고 오라 했네
광증에 빠진 이 여인을 수도원으로 데려가라

사라져라 미친 로레야 가거라 떨리는 눈의 로레야
검은 옷과 흰 옷을 입고 수녀가 되어라   24

이리하여 그들 네 사람은 길을 떠났네
로렐라이는 그들에게 애원하였으니 그 두 눈이 별처
럼 빛났네

기사님들이시여 저를 저 높은 바위에 올라가게 하소서
저의 아름다운 성을 다시 한 번 바라보고   28

강물 속에 이 모습을 다시 한 번 비춰 보고
그러고 나서 처녀들과 과부들의 수도원으로 가겠어요

저 높은 곳에서 바람이 그녀의 흐트러진 머리칼을 감아올리네
기사들은 외쳐 불렀네 로렐라이 로렐라이

저 아래 라인 강 위에 작은 배 한 척 내려오네
내 님이 타고 있네 님이 나를 보았네 님이 나를 부르네

내 마음이 이리도 벅차니 내 님이 분명 저기 오네
그녀는 이제 몸을 숙여 라인 강에 떨어지네

라인 강의 물빛 제 두 눈을 햇빛처럼 빛나는 그 머리칼을
아름다운 로렐라이를 물속에서 보았기에

신더하네스

마리위스 아리 르블롱에게

숲 속에서 도둑 떼 거느리고
신더하네스는 무장을 풀었네
산적 나리는 산적 년에게 바장대며
아름다운 오월에 사랑을 부르짖네 4

벤젤은 웅크리고 성경 읽네
독수리 깃털 단 뾰족 모자가
심술쟁이 못된 녀석 야곱 보른의
표적이 된 줄은 알지 못하고 8

트림하는 율리에테 블레지우스는
딸국질을 하는 척 시침 떼고
하네스는 틀린 음정 내지르다가
슐츠가 술통 하나 들고 오자 12

눈물 쏟으며 소리 질러 하는 말이
향기로운 술로 가득한 술통이여
오늘이라도 헌병 놈들 올 테면 오라지
우리는 오월의 술을 그 전에 다 마셔 두리 16

자 어서 율리아 높으신 아씨
우리 함께 마시자 이 맑은 국물을
향초에 모젤 포도주를 섞어 넣었지

들이켜자 속치마 두른 산적아

산적 마님 어느새 술이 취해서
하네스를 원했으나 하네스는 원치 않네
사랑은 지금 안 돼 요 귀여운 내 암탉
우리에게 간단한 밤참이나 내오렴

라인 강변의 저 부자 유대인을
오늘 밤을 타서 죽여야 해
송진 횃불을 밝혀 들고
오월의 꽃 그건 바로 금화 플로린이지

그래서 떼도둑들 밤참을 먹고
먹는 동안 방귀 뀌고 껄껄거리고
독일식으로 마음을 녹이네
살인을 하러 길 떠나기 전에

가을의 라인란트

투생 뤼카에게

죽은 사람들의 자식들이
묘지로 놀러 온다
마르틴 게르트루트 한스 하인리히
오늘은 어느 수탉도 키키리키
울지 않았다

늙은 여인들은
내내 울며 걸어가고
착한 당나귀들은
히 항 울부짖으며 무덤 앞 화환의 꽃들을
뜯기 시작한다

죽은자들과 그들 모든 영혼의 날
아이들과 늙은 여인들은
가톨릭교도의 무덤마다
작은 촛대 큰 촛대에 불을 켠다
노파들의 면사포
하늘의 구름은
암염소의 수염 같다

대기는 불꽃과 기도로 떨린다

묘지는 아름다운 정원

회색 버들과 로즈마리 가득하다   20
먼저 간 친구들이 종종 그대들을 찾아온다
아! 그대들은 이 아름다운 묘지에서 얼마나 편안한가
그대들 맥주에 취해 죽은 거지들이여
그대들 운명처럼 눈이 먼 자들이여
그리고 그대들 기도하다 죽은 어린 아이들이여   25

아! 그대들은 이 아름다운 묘지에서 얼마나 편안한가
그대들 읍장들이여 그대들 뱃사공들이여
그리고 그대들 섭정의 자문위원들이여
또한 그대들 호적 없는 집시들이여
삶은 그대들의 뱃속에서 썩고   30
십자가는 그대들의 두 발 사이에서 솟는다

라인 강의 바람이 모든 부엉이들과 함께 구슬피 울며
촛불을 끄고 아이들은 그때마다 다시 불을 붙인다
죽은 잎들이
날아와 죽은자들을 덮는다   35

죽은 아이들이 때로는 저희들 어머니와 이야기를 나누고
죽은 여자들도 때로는 다시 돌아오고 싶으리라

오! 밖에 나가지 마라
가을은 잘린 손으로 가득하다
아니야 아니야 그것들은 죽은 잎이야   40

그것들은 죽어 버린 사랑스러운 아이들의 손이야
그것들은 잘린 너의 손이야

우리는 오늘 그렇게도 많이 울었다
이 죽은자들과 그들의 아내들과 늙은 여인들과
태양 없는 하늘 아래서
불꽃으로 가득한 묘지에서

그러고는 바람 속에서 우리는 집으로 돌아왔다

우리들의 발끝에는 알밤이 굴러다녔다
그 밤송이는
상처 입은 마돈나의 심장과 같았다
그녀의 살갗은
가을 알밤의 색깔이 아닐는지

전나무들

뾰족 모자를 쓴 전나무들
별점이라도 치려는 듯
    긴 옷을 입고
잘려 넘어진 저희 형제들에게 인사를 하네
라인 강 위를 흘러가는 저 배들에게   5

선배들은 위대한 시인
그 늙은 전나무들한테서
    일곱 과목 기예를 배웠기에
그들은 자신들의 앞날을 안다네
행성보다 더 빛나리라고   10

별로 바뀌어 눈을 둘러쓰고
유유히 빛을 뿌릴 운명이라고
    더할 수 없이 행복한 성탄절에
긴 가지 나른하게 늘어뜨리고
사념에 잠길 전나무들의 저 축제일에   15

전나무들은 아름다운 악사들
오래된 크리스마스 캐럴을
    가을 저녁 바람에 노래하네
아니 어쩌면 엄숙한 마술사들
천둥 치는 하늘에 주술을 거네   20

하얀 게루빔의 대열을
차지하고 겨울날 전나무들은
    날개를 너울거리네
여름날 그들은 위대한 랍비
아니 어쩌면 혼기를 넘긴 처녀

전나무들은 떠돌이 의사
산이 아기를 낳을 때는
    효험 좋은 몰약을 바치러 가네
이따금 폭풍우가 몰아치면
늙은 전나무 하나 신음하며 눕네

아낙네들

포도밭 집에서 아낙네들 바느질을 한다
렌첸아 난로에 석탄을 더 넣고 커피 물을
올려놔라 — 고양이가 불을 쬐고 나서 기지개를 켜네
— 게르투르트가 옆집 마르틴이랑 결국 결혼을 한대 4

눈먼 밤꾀꼬리는 노래하려 애썼으나
올빼미가 울어 대자 새장에서 떨었다
저기 삼나무는 꼭 눈 맞고 길 떠나는 교황
같구나 — 우체부 양반이 가다 말고 서서 8

새로 온 학교 선생과 이야기를 하네
— 올 겨울은 아주 춥다 포도주가 아주 잘 익겠구나
— 성당지기 그 귀 멀고 다리 저는 영감이 오늘내일 한
다는데
— 늙은 촌장네 딸이 주임신부 성명축일에 쓸 12

별꽃을 수놓고 있더라 건너편 숲이 바람을 맞아
성당의 큰 오르간 같은 묵직한 소리로 노래 불렀다
꿈 트라움 양반이 누나 조르게 부인과 함께 찾아왔다
캐티야 양말 기워 놓은 게 엉망이구나 16

— 커피랑 버터랑 타르틴을 가져와라
마멀레이드랑 돼지기름이랑 우유단지랑
— 커피를 좀 더 따라 줄래 렌첸아

— 바람이 라틴어 문장을 읊는 것 같아

— 렌첸아 커피 좀 더 따라 줄래
— 로테야 너 슬퍼 보이는구나 오 가여운 것 — 사랑 하나 봐요
— 하느님 맙소사 — 난 나밖에 사랑하지 않아요
— 쉬 지금 할머니께서 묵주신공을 바치고 계신다

— 얼음사탕이 있어야겠다 레니야 기침이 나와서
— 피에르가 흰 족제비를 데리고 사냥을 나가는군
바람이 불어 전나무들이 모두 원무를 추고 있었다
로테야 사랑은 슬픈 거래 — 일제야 삶은 달콤한 거야

밤이 오고 있었다 포도밭은 그 뒤틀린 밑둥들
어둠 속에 쌓인 해골 산이 되었다
눈으로 지어 접어 놓은 수의들이 거기 널려 있었고
개들은 얼어붙은 나그네들을 보고 짖어 댔다

그 양반이 죽었구나 들어 봐라 교회의 종이
느릿느릿 성당지기의 죽음을 알렸다
리제야 불길을 일으켜라 난롯불이 꺼져 간다
흐릿한 어둠 속에서 아낙네들은 성호를 그었다

1901년 9월–1902년 5월

기별

나는 **가을** 그 **기별의 우두머리**에게 복종한다
그러므로 나는 과일을 사랑하고 꽃을 미워한다
내가 하는 입맞춤 하나하나가 후회스럽다
이렇게 장대에 얻어맞는 호두나무가 제 아픔을 바람에게 호소한다

내 영원한 가을 오 내 정신의 계절이여
지난날의 애인들 그 손이 네 흙을 덮는다
한 아내가 나를 따른다 그것은 벗어 버릴 수 없는 내 그림자
비둘기들은 오늘 저녁 그들의 마지막 비상을 결행한다

어느 날 밤

천사장들 하얗게 덮인 저 하늘에서 독수리 한 마리 내려왔다
    그러니 그대 나를 붙들어 주오
저 모든 등불들이 내내 떨도록 내버려 두려는가
    기도해 주오 나를 위해 기도해 주오   4

도시는 금속 그것이 네 푸른 두 눈에 잠긴
    단 하나의 별
전차가 굴러갈 때 옴 걸린 새들 위로
    푸른 불꽃 솟아올랐다   8

너의 두 눈에서 떨고 있는 내 꿈의 모든 것
    어느 외톨이 남자가 마시던 꿈
광대버섯처럼 붉은 가스등의 불꽃 아래서
    오 옷 입은 여자여 네 팔이 사리를 틀었다   12

보라 익살광대가 주의 깊은 여자들에게 혀를 내민다
    허깨비 하나가 자살했다

사도(司徒)는 무화과나무에 목을 매고 천천히 침을 흘린다
　　　　　이 사랑을 그러므로 주사위놀음에 걸자　　　16

소리 맑은 종들이 너의 탄생을 알렸다
　　　　　보라
길에는 꽃이 피고 종려나무들이 나아간다
　　　　　너를 향해　　　20

아씨

똑 똑 그가 문을 닫아 놓았네
뜰의 백합이 시들고
저건 대체 누구의 주검을 운구하는 것일까

당신이 방금 두드린 게 그의 문이지
　　　그러고는 종 종 종 종
　　　달려간다 작은 생쥐

약혼 시절

피카소에게

봄은 거짓 서약을 한 약혼자들을 떠돌게 하고
파랑새 깃든 사이프러스 흔들려 떨어진
푸른 깃털을 오랫동안 불어 날린다

한 **마돈나**가 새벽에 들장미를 꺾었다 4
내일은 찾아와 꽃무우를 꺾을 것이니
오늘 밤 성신을 닮았던 수비둘기와
짝지어 줄 청순한 비둘기들의 둥지를 치장하리라

레몬나무 작은 숲에 지난번에 왔던 여자들은 8
우리가 지금 사랑하는 사랑에 반했다
먼 마을은 그녀들의 눈까풀 같은데
레몬나무 사이에 그녀들의 심장이 걸려 있다

내 친구들은 마침내 나를 경멸한다고 털어놓았다
　나는 잔이 넘치게 별들을 마시고 있었다
　내가 잠든 사이에 한 천사가
　처량한 양 우리의 어린 양과 목자들을 쓸어 버렸다
　거짓 백부장들이 초(醋)를 싹쓸이했으며
　대극으로 어설프게 상처를 낸 거지들이 춤을 추고 있었다
　각성의 별들이라곤 나는 어느 것 하나 알지 못한다
　가스등들은 그 불꽃을 달빛에 오줌 누고 있었다
　장의사의 염꾼들이 맥주잔으로 조종을 쳤다
　촛불 빛 아래서는 그럭저럭
　장식 칼라들이 솔질 서투른 치마들의 물결 위에 떨어졌고
　가면 쓴 산모들이 축성식을 베풀었다
　도시는 이 밤 군도를 닮았다
　여자들은 사랑과 사모를 요구했건만
　생각난다 어둡고 어두운 강물처럼
　지나가는 그림자들은 결코 예쁘지 않았다

나는 이제 나를 연민조차 하지 않으며
내 침묵의 고통을 표현할 길이 없다
내가 했어야 할 모든 말들은 별이 되어 버렸다
이카로스 하나가 내 양쪽 눈에까지 날아오르려 들고
태양의 운반자인 나는 두 성운의 중심에서 불타오른다
저 지성의 신수(神獸)들에게 나는 무슨 짓을 했던가
옛날에는 사자(死者)들이 나를 경배하려 찾아오곤 했으며
나는 세계의 종말을 바랐다
그러나 이제 나의 종말이 폭풍처럼 씽씽거리며 다가든다

나는 뒤돌아볼 용기가 있었다
내 날들의 시체들이
내 지난 도정을 드러내고 나는 그 날들을 애도한다
어떤 날들은 이탈리아의 교회에서 썩거나 40
사시장철 동시에
꽃피면서 열매 맺는
레몬나무 작은 숲에서 썩어 간다
또 다른 날들은 술집에서 죽음을 맞기 전에 훌쩍거렸다 44
거기서 시를 창안하던 어느 혼혈녀의 두 눈에는
불타는 꽃다발들이 바퀴를 돌렸으며
내 기억의 뜰에서는 아직도
전기 장미들이 열린다 48

내 무지를 탓하지 마시라
시의 해묵은 기교를 더 이상 알지 못한다 탓하지 마시라
나는 이제 아무것도 알지 못하며 다만 사랑할 뿐
꽃들은 내 시선을 받아 다시 불꽃이 된다 52
나는 신의 눈으로 관상하며
내가 창조한 것이 아닌 존재들을 비웃는다
그러나 마침내 굳건한 그림자가 늘어나고 늘어나
내 사랑의 가지가지 형식을 실현하는 시간이 오면 56
나는 내 작품을 찬미하리라

나는 일요일의 휴식을 살피며
게으름을 찬양한다
내 감관(感官)이 내게 떠맡기는
저 끝없이 사소한 지식을
어떻게 어떻게 누를 것인가
그 하나는 산과 하늘과
도시와 내 사랑과 흡사하다
그것은 사계절을 닮았다
그것은 목이 잘려 산다 그 머리는 태양이며
달은 그 잘린 목이다
나는 끝없는 뜨거움을 맛보고 싶다
내 청각의 괴물이여 너는 울부짖고 흐느낀다
천둥이 네 머리칼을 대신하며
네 발톱은 새들의 노래를 되풀이한다
괴물스러운 촉각이 나를 파고들어 와 나를 중독시킨다
눈은 내게서 멀리 떨어져 헤엄치며
손 타지 않은 별들은 시련을 주지 않는 나의 선생들
연기의 짐승은 꽃핀 머리를 지녔으며

그리고 가장 아름다운 괴물은
월계수의 맛을 지니고 한탄한다

마침내 나는 거짓말에 겁을 먹지 않는다
그것은 접시 위에 달걀 후라이처럼 구워지는 달이다
이 물방울 목걸이가 익사한 여자를 장식하리라
보라 이제 내 수난의 꽃다발이
가시관 두 개를 다정하게 바친다
거리는 방금 내린 비로 젖어 있다
부지런한 천사들이 나를 위해 집에서 일을 한다
달과 슬픔은 사라지리라
그 성스러운 날 내내
그 성스러운 날 내내 나는 노래하며 걸었다
한 여인이 창에 고개를 내밀고 오랫동안 나를 바라보았다
노래하며 멀어지는 나를

어느 길모퉁이에서 나는 수부들을 보았다
목덜미를 드러내고 아코디언 곡조 따라 수부들은 춤을 추었다
나는 모든 것을 태양에게 바쳤다 92
내 그림자만 남기고 모든 것을

준설선들을 봇짐들을 반쯤 죽어 가는 세이렌들을
안개 낀 수평선에 세 돛대 범선이 꺼져 내렸다
바람이 아네모네 화관을 쓰고 사그라졌다 96
오 처녀좌여 세 번째 달의 순결한 기호여

불타는 성당기사들이여 나는 그대들 가운데서 타오른다
함께 예언하자 오 위대한 스승이여 나는
그대를 위해 헌신하는 바람직한 불꽃 100
이제 꽃불이 돌고 돈다 오 아름다운 밤 오 아름다운 밤

자유로운 불길에 풀리는 사슬이여 내 숨결이
꺼버릴 뜨거움이여 오 사십 수에 죽은자들이여
나는 내 죽음으로 영광과 불행을 겨냥한다 104
마치 고리과녁의 새를 겨누기나 하듯이

망설임이여 색칠하여 그린 거짓 새여 그대가 떨어질 때
태양과 사랑이 마을에서 춤추었고
잘 입었건 못 입었건 우아한 네 아이들이 108
이 화형대를 내 용기의 보금자리를 지었다

달빛

미치광이들의 입술에 꿀맛 같은 달
과수원과 마을이 오늘 밤 단맛에 빠졌구나
별들은 포도넝쿨에서 방울 지어 내리는
저 빛나는 꿀의 꿀벌 노릇을 톡톡히 하는구나
달디 달게 하늘에서 저들에게 떨어지는 달빛은
한 줄기 한 줄기 모두 한 칸 벌집이 아닌가
그래서 나는 아주 달콤한 모험을 숨어서만 꿈꾼다
저 꿀벌 아르크투루스의 불침이 두려운 탓
내 손에는 허망한 빛줄기나 쏘고
바람의 장미에서 제 몫의 달빛 꿀을 거두어 갔지

1909

그 부인은 보랏빛 오토만으로 지은
드레스를 입었지
금실로 수놓은 그녀의 튜닉
두 조각 천을 잇대어
어깨에 걸쳤지 5

천사들처럼 춤추는 그 두 눈
그녀는 웃고 있었지 웃고 있었지
그녀의 얼굴은 프랑스의 삼색 얼굴이었지
푸른 눈 하얀 이 아주 붉은 입술
그녀의 얼굴은 프랑스의 삼색 얼굴이었지 10

그녀의 옷깃은 둥글게 파였고
레카미에식으로 머리를 땋았고
드러난 두 팔이 아름다웠지

자정을 알리는 종소리는 결코 들리지 않으리라

보랏빛 오토만 드레스와
금실로 수놓은 튜닉을 입고
가슴을 둥글게 드러낸 부인이
그 고수머리에
그 금빛 머리띠에
버클 달린 작은 신을 끌고 가고 있었지

그녀는 그리도 아름다워서
너는 감히 사랑할 수 없었으리

나는 거대한 동네의 악착스러운 여자들을 사랑했다
날마다 새로운 존재들이 몇 개씩 태어나는 동네
강철은 그들의 피 불꽃은 그들의 두뇌
나는 사랑했다 그 민첩한 기계 떼들을 사랑했다
사치와 미는 그들에게 거품일 뿐
그 여인은 그리도 아름다워서
나를 두렵게 했다

상태 감옥에서

I

감방으로 들어가기 전에
나는 알몸이 되어야 했으니
어느 불길한 밤새 소리 울부짖는다
기욤 너 이게 무슨 꼴이냐고

무덤에서 나오기는커녕
다시 들어가는 나자로
잘 있거라 노래하는 윤무여
오 나의 세월이여 오 젊은 처녀들이여

II

아니야 이제 나는 내 자신이
    아닌 것만 같아
나는 그냥 십일 동의
    십오 번

태양이 창살을 비집고
    걸어 들어와
빛살이 내 시구 위에서
    광대놀음을 벌이네

종이 위에서 춤을 추네
    귀 기울여 들어 봐야
누군가가 발로 둥근 천장을
    구르는 소리

III

한 마리 곰처럼 땅굴 속에서
아침마다 나는 어슬렁거리네
돌자 돌자 마냥 돌자
하늘은 수갑처럼 시퍼렇구나 24
한 마리 곰처럼 땅굴 속에서
아침마다 나는 어슬렁거리네

옆 감방에서는
수도꼭지를 틀어 놓았네 28
열쇠뭉치를 쩔렁대며
간수녀석이야 올 테면 오고 갈 테면 가라지
옆 감방에서는
수도꼭지를 틀어 놓았네 32

IV

얼마나 권태로운가 맨바닥에 페인트칠
    희끄무레한 이 벽들 속에서
종이 위에 파리 한 마리 잔걸음으로
    내 길고 짧은 시구를 밟고 가네   36

나는 어찌 되나요 오 내 고통을 아시는 신이시여
    그 고통을 주신 그대여
불쌍히 여기소서 눈물 없는 내 눈을 내 창백한 얼굴을
    사슬에 매인 내 의자 삐걱대는 소리를   40

그리고 감옥에서 고동치는 이 모든 가련한 심장들을
    나와 함께 가는 **사랑**이여
불쌍히 여기소서 무엇보다도 내 허약한 이성을
    그리고 이성을 이기는 이 절망을   44

V

시간은 어찌 이리 느리게 흘러가나
장의행렬이 이와 같을까

울고 있는 이 시간을 네 울며 한탄할 날 있으리
어느 시간이나 그렇듯이
너무나 빨리 지나갈 이 시간을

VI

거리의 웅성거림 귀 기울여 듣네
눈앞이 가려진 죄수
나에게는 험상궂은 하늘과
내 감옥의 벌거벗은 벽이 보일 뿐

낮이 가버렸다 이제 타오른다
감옥 속에 등불 하나
내 감방에는 우리들뿐
아름다운 빛 사랑스러운 이성이여

1911년 9월

병든 가을

병들어 사랑받는 가을아
장미밭에 삭풍 휘몰아치고 과수원에
눈 내릴 때
너는 죽으리라 4

불쌍한 가을
눈과 익은 과일의
백색을 덮고 풍요를 덮고 죽어라
하늘 한복판에 8
솔개들이 떠돈다
사랑 한 번 해본 적 없는
초록 머리 난쟁이 순진한 수정(水精)들의 머리 위로

멀리 숲 기슭에선 12
사슴이 운다

　나는 얼마나 사랑하는가 오 계절이여 얼마나 사랑하
는가 너의 웅성거림

따지 않아도 떨어지는 과일
가을에 한 잎 한 잎 저희 눈물을
끝까지 흘리며 우는 바람 그리고 숲
     밟히는
     낙엽
     굴러가는
     기차
     인생은
     흘러간다

호텔

방은 외로운 과부
저마다 따로따로
새 손님 들어오고
숙박비는 월불이다   4

주인은 불안하다
제대로 지불할까
나는 길거리에서
팽이처럼 돌고 돈다   8

삯마차 닿는 소리
못생긴 옆방 손님
냄새도 지독한
영국 담배 태운다   12

오 라 발리에르
절름거리며
내 기도 비웃는

나이트테이블 16

우리 모두 동시에
이 호텔에선
언어를 배워야지
바벨탑에서 그랬듯이 20

열쇠를 두 번 돌려
우리 문을 잠가야지
저마다 챙기는 것은
저 혼자만의 사랑 24

사냥의 뿔나팔

우리의 이야기는 고귀하고 비극적이다
어느 폭군의 가면처럼
아슬아슬하거나 신기하거나 그 어느 드라마도
하잘것없는 그 어떤 세부도
우리의 사랑을 비장하게 만들지는 않는다 5

그리하여 토머스 드퀸시는
그 아편 다정하고 정결한 독을 마시며
저의 불쌍한 안을 꿈꾸고 꿈꾸었다
가자 가자 모든 것이 지나가기에
나는 자주 뒤돌아보리라 10

추억은 사냥의 뿔나팔
그 소리 바람 속에 잦아든다

포도월

미래의 사람들이여 나를 기억해 다오
나는 왕들이 죽어 가는 시대에 살았더란다
차례차례 그들은 조용하고 슬프게 죽어 갔으며
세 곱절 용맹한 자들은 삼장거인(三丈巨人)이 되었더라   4

파리는 구월의 끝에 얼마나 아름다웠던가
밤은 밤마다 포도밭이 되어 그 우거진 가지들
도시에 광채를 뿌리고 저 높은 곳에서는
익은 별들이 취한 새들의 부리에 찍히며   8
새벽녘 내 영광의 포도수확을 기다렸지

어느 날 저녁 어둡고 적막한 강둑을 따라
오퇴유로 돌아가다가 나는 들었으니 목소리 하나
장중하게 노래하다 때로 침묵하여 길을 열면   12
해맑고 아련한 다른 목청들 수런거리는 소리
그것들도 센 강변에 와서 닿더구나

그리하여 나는 파리의 노래 따라 어둠 속에서 깨어 일어난

그 모든 노래와 함성에 오랫동안 귀 기울였더라 16

나는 목마르다 프랑스와 유럽과 세계의 도시들이여
오너라 모두 내 깊은 목구멍에 흘러라

나는 그때 보았으니 벌써 취한 파리가 포도밭에서
대지의 가장 달콤한 포도알들을 거두어들이더라 20
넝쿨에 달려 노래하는 그 기적의 열매들을

그러자 랜이 캉페르와 반을 이끌고 대답했지
여기 우리가 있노라 오 파리여 우리 집들 우리 주민들이 여기서
태양이 잉태한 우리 감각의 열매를 희생하여 24
너무도 목말라 하는 너의 기적을 해갈하련다
우리는 네게 두뇌와 묘지와 성벽을 모두 가져가노라
너는 듣지 못할 함성 가득한 이 요람들을
그리고 상류에서 하류로 흐르는 오 강들이로다 우리의 생각들을 28
학교의 귀들과 사이좋은 우리의 손들을
손가락 가지런한 우리의 손들 교회의 종탑들을
그리고 우리는 또 문이 집을 닫듯 신비가 닫아 놓은
이 유연한 이성도 네게 가져가노라 32
이 기품 높은 기사도 사랑의 신비
또 하나의 삶의 숙명적이고 숙명적인 이 신비
아름다움 너머에 있는 이 이중의 이성을
희랍도 동방도 알지 못했던 이 이중의 이성을 36

한 파도 한 파도 바다가 야금야금 구대륙을
거세하는 이곳 브르타뉴의 이중 이성을

그러자 북 프랑스의 도시들이 유쾌하게 대답하더라

오 파리여 살아 있는 술 우리가 여기 있다   40
우리 성스러운 공장들의 금속 성자(聖者)들이
떠들고 노래하는 씩씩한 도시들
우리 굴뚝들은 열린 하늘에서 먹구름을 임신시킨다
그 옛날 기계 익시온이 그리하였지   44
그리고 우리의 수많은 손들
우리 손가락처럼 벌거벗은 노동자들이
시간마다 그만한 양의 실제를 만드는
제조창들 공장들 공방들 손들   48
우리는 이 모든 것을 네게 주노라

그러자 리옹이 대답하더라 푸르비에르의 천사들이
기도의 명주실로 새로운 하늘을 짜는 동안

론과 손 내 두 입술이 속삭이는   52
신성한 말로 네 목마름을 풀어라 파리여
그의 부활하는 죽음에 드리는 동일한 예배가
여기서는 성자들의 사지를 갈라 피비를 내린단다
행복한 비여 오 따뜻한 물방울이여 오 고통이여   56
한 아이가 지켜보는데 창들이 열리고
넝쿨 꼭대기의 포도송이들이 취한 새들에게 바쳐지는구나

남 프랑스의 도시들이 이때 대답하더라

　고상한 파리여 아직까지 살아　　　　　　　　　　　　60
　우리 기질을 네 운명에 따라 안정시키는 단 하나의 이성이여
　그리고 너 물러가는 지중해여
　면병을 가르듯 우리 몸을 너희 둘이 나누라
　이 지극히 높은 사랑과 그 외로운 춤은　　　　　　　64
　오 파리여 네가 사랑하는 순수한 포도주가 되리라

　그리고 시칠리아로부터 날아온 끝없는 헐떡임이
　날개 퍼덕이며 이런 말을 전하였다

　우리 포도밭의 포도알을 거두었으니　　　　　　　　68
　이 죽은자들의 포도송이가 기름한 열매에
　피와 흙과 소금 맛을 담고
　오 파리여 너의 목마름을 위해 놓였구나
　엉큼한 창조자 익시온이 애무하는　　　　　　　　　72
　굶주린 구름에 어두워지는 하늘
　아프리카의 모든 까마귀들이 바다 위로 태어나는 그 하늘 아래
　오 포도알들이여 그리고 한 식구로 뭉친 이 희멀건 눈동자들
　미래와 삶이 이 포도넝쿨 속에서 번민한다　　　　　76

　그런데 세이레네스의 빛나는 시선은 어디에 있는가

시선은 이 새들이 사랑하던 수부들을 속였다
달콤하고 맑은 목소리 셋이 노래하던
스킬라의 암초 위에 시선은 이제 떠돌지 않으리라 80

해협은 갑자기 낯을 바꾸곤 하였지
육체의 얼굴 파도의 얼굴
상상할 수 있는 모든 것의 얼굴이여
너희들은 가면 쓴 얼굴의 가면일 뿐이로다 84

해안에서 해안으로 헤엄치는 젊은이 그가 미소를 지으니
그가 일으킨 새 물결 위에 떠돌던 익사자들은
그를 따라 한탄하는 여가수들을 피했다
그녀들은 작별을 고했다 심연에게 암초에게 88
해안의 단구에 눕혀진 그녀들의 창백한 남편들에게
그러곤 불타는 태양을 향해 비상하더니
별들이 침몰하는 파도 속으로 익사자들을 따라 사라졌다

그때 열린 눈동자들로 덮인 밤이 돌아와 92
이 겨울 히드라가 휘파람을 불었던 풍경을 방황할 때
나는 문득 위엄 어린 네 목소리를 들었느니
오 로마여
네 목소리는 일언지하에 내 낡은 생각들과 96
사랑이 숙명을 인도하는 저 하늘을 저주하였도다

십자가의 나무 위에 다시 돋아난 나뭇잎들과

바티칸에서 죽어 가는 백합꽃까지
내가 너에게 바치는 이 술 속에 담겨 있노라
그것이 바로 최고의 덕인데 너는 알지 못하는
또 하나의 식물의 자유에 정통하신
그분의 순수한 피의 맛을 지닌 이 포도주 속에

삼중관 하나가 포석 위에 떨어졌다
높으신 성직자들이 샌들로 짓밟는다
오 창백해지는 민주주의의 광채여
새끼양을 미끼로 암늑대를 비둘기를 미끼로 독수리를
저 야수들을 살해할 왕의 밤이 오면
적개심에 불탄 잔인한 왕의 무리는
영원한 포도밭에서 너처럼 목이 말라
땅을 박차고 대기 속에 나오리라
천년에 또 천년을 묵은 나의 포도주를 마시러

모젤 강과 라인 강이 조용히 만난다
그것은 코블렌츠에서 밤낮으로 기도하는 유럽
그래서 나는 오퇴유 강둑에 눌어붙어
때가 되어 줄기를 벗어나는 포도나무 잎처럼
시간이 시나브로 떨어져 나갈 때
이 강들의 맑은 물소리와 섞이는 기도를 들었다

오 파리여 네 나라의 포도주가 우리 강둑에서
 솟아나는 그것보다 더 훌륭하지만 북국의 우거진 넝쿨에서도

포도알들이 모두 그 무시무시한 목마름을 위해 익었구나
내 강한 인간 포도알들이 압착기 속에서 피를 흘린다
너는 이 유럽의 피를 송두리째 들이켜리라
너는 아름답고 너만 오직 고상하고
네 안에서 신이 생성진화할 수 있기에
그리고 밤이면 우리 두 줄기 물에 불빛 비치는
저 아름다운 집에서 포도밭 주인들은
검은빛 흰빛 뚜렷한 저 아름다운 집에서
네가 현실임을 알지 못하고 너의 영광을 노래한단다
그러나 기도를 위해 마주한 두 손 흘러가는 우리
우리는 저 소금을 향해 이 모험 어린 물을 데려가는데
가윗날에 끼이듯 우리 사이에 끼인 저 도시는
잠이 들어 그 두 줄기 물에 불빛 하나 비치지 않는구나
물의 먼 휘파람은 때로 날아가
졸음 겨운 코블렌츠의 처녀들을 괴롭히기도 하건만

도시들은 이제 수백 개씩 한꺼번에 대답하였더라
멀리 들리는 그들의 얘기 이제 구별해 들을 길이 없는데
고대도시 트리에르가
그들의 목소리에 자기 것을 섞고 있더구나
우주가 고스란히 이 포도주 속에 모아졌으니
바다들 짐승들 식물들
도시들 운명들 그리고 노래하는 별들
하늘가에 무릎 꿇은 인간들

우리들의 착한 동무 유순한 쇠
자신을 사랑하듯 사랑해야 할 불
내 두개골 속에서 하나로 합치는 저 모든 꿋꿋한 고인들
태어나는 생각처럼 빛나는 번개
여섯 개씩 여섯 개씩 모든 이름들과 하나하나의 숫자들
불길처럼 꼬인 몇 킬로의 종이
그리고 우리의 뼈를 하얗게 바래 버릴 그것들
끈질기게 권태로워하는 저 착한 불멸의 구더기들
전투대형으로 늘어선 군대
숲을 이룬 십자가와 내가 그토록 사랑하는 여자
그 눈언저리의 내 호상(湖上) 주택들
헐떡이며 소리 지르는 꽃들
내가 말할 수 없는 이 모든 것들을 술이 간직했으니
내가 끝내 알지 못할 이 모든 것들
파리가 갈망하던
순수한 포도주가 되어 이 모든 것들
그때 내 앞에 바쳐졌더라

행동이여 아름다운 날들이여 무서운 잠이여
초목이여 짝짓기여 영원한 음악이여
움직임이여 예배여 신성한 고통이여
너희들끼리 서로 닮고 우리를 닮은 세계들이여
나는 너희들을 마셨으며 갈증은 풀리지 않았다

그러나 그때부터 나는 우주가 어떤 맛인지 알았다

천지를 다 마시고 나는 취하였더라
물결이 흘러가고 너벅선이 잠든 강둑에서

내 말을 들으라 나는 파리의 목구멍이다
천지가 내 맘에 들면 나는 또 천지를 마시리라

내 우주적 주정(酒酊)의 노래를 들으라

구월의 밤은 느릿느릿 끝나가고
다리의 붉은 불빛들이 센 강 속에서 꺼져 가더라
별들이 죽어 가고 가까스로 새벽이 태어나고 있더라

주석

 이 주석은 시편 하나하나의 집필 상황, 참고 사항 등을 제시하고, 그 주제와 구성, 낯선 낱말들과 난해한 시구들을 설명하여 작품에 대한 전반적인 이해를 돕는 데 목적이 있다. 이를 위해 각 시편에 대한 주석은 그 첫 발표 연대와 발표지, 작품에 대한 전반적 설명, 개별 시구에 대한 설명의 순으로 작성되었다. 시구에 대한 설명은 필요에 따라, 예를 들어 〈5-10행〉, 또는 〈3연〉, 또는 〈2부〉 등의 구간 표시를 사용하여 일정 대목을 묶어 설명하고, 이어서 그 각각의 시구들을 설명하였다.

 이 주석을 작성하는 과정에서는 뒤의 참고 문헌에 나오는 많은 문헌들이 사용되었으나, 특별히 독창적인 내용이 아니면 주석의 내용과 관련된 출처를 밝히지 않았다. 이와 같은 조치는 서술의 편의를 위한 것이기도 하지만, 특수한 방법론에 따른 기이한 의견들이 끼어 들어와 시의 일반적 이해에 혼란을 주게 될 위험을 미리 방지하려는 뜻도 있다.

 시구의 행 표시는 번역문을 기준으로 하였다.

변두리(43면)

『파리의 야회』지 1912년 12월호에 처음 발표된 이 시는 시집 『알코올』에 수록된 시들 가운데 가장 늦게 쓰인 시이지만, 시집의 첫머리에 놓여 그 서시의 역할을 하고 있다. 아폴리네르는 군인으로 참전 중인 1915년 6월 30일 약혼녀 마들렌 파제스에게 보낸 편지에서 이 시를 〈사랑의 종말을 읊은 시〉라고 말하며 이렇게 설명하고 있다.

사랑의 종말을 읊은 이 시에 대해 당신에게 설명해야겠네요……. 나는 1907년에 화가인 한 처녀에게 찬탄을 넘어서지 않는 일종의 미학적 호감을 느꼈고, 아직도 여전히 그 감정을 지니고 있습니다. 그녀는 나를 사랑했고, 혹은 그렇다고 생각했고, 나도 그녀를 사랑한다고 생각했지요, 아니 차라리 그러려고 노력했다고 해야 마땅한데, 나는 당시 그녀를 사랑한 것이 아니었으니까요. 우리는 그 시절에 서로 잘 알지 못한 처지였고, 그때 시작한 내 미학적 명상과 저작이 유럽과 그리고 다른 곳에까지 영향을 미치게 되었지요. 나는 내 찬탄을 온 세계가 나누어 가질 수 있게 하려고 최선을 다했다고 말할 수 있습니다. 그녀는 우리가 결혼하기를 바랐으나 나는 바라지 않았고, 그 상태가 1913년까지 계속되다가 그때부터 그녀는 나를 더 이상 사랑하지 않았지요. 끝난 이야기지만 함께 보낸 수많은 시간, 함께 지닌 수많은 추억, 그게 모두 떠나 가니 나는 고뇌에 빠졌고, 나는 그것을 사랑이라고 여기며, 전쟁이 발발하는 순간까지 고통스러워했지요.

편지에서 말하는 〈그녀〉는 화가 마리 로랑생이다. 실패로 끝난 사랑의 주제와 그에 따른 어두운 음조가 이 긴 시 전체에 스미어 있는 것은 사실이지만, 그러나 또한 잃어버린 청춘과 죽어 버린 신앙심에 대한 향수, 시 쓰기와 생활 양면에 걸치는 시인의 깊은 좌절감이 교차, 반복되어 보다 큰 주제를 형성하고 있다. 실연의 고통은 사실상 시와 시인이 현대사회에서 겪는 고통의 한 부분에 지나지 않는다. 특히 이 시에서 주목하게 되는 바는 현대 생활의 고독과 소외감, 나날이 황폐화하는 창조적 재능에 대한 고통 등이 상징, 은유 체계나 장식적 시어가 거의 없는 생경하면서도 진솔한 자유시구를 통해 때로는 신음처럼, 때로는 독백처럼, 때로는 고함처럼 토로되고 있다는 점이다. 시인 자신이 1인칭이 되기도 하고 2인칭이 되기도 하는 시 자체가 또한 이 감정의 고조를 돕는다.

시인은 이 시에서 어느 날 아침부터 그 이튿날 새벽까지 파리 시내를 방황한다. 시는 첫머리에서, 현대 세계에 대한 권태를 고백한다. 에펠탑이나 철교는 현대가 자랑 삼는 문명의 승리이지만, 시인이 보기에 그것들은 여전히 이 현대적인 시도에도 불구하고 낡은 목가의 이미지를 벗어 버리지 못하고 있다. 이 낡은 세계는 물론 『알코올』의 시들에 그 배경이 되고 주제와 내용이 되었던 세계이다. 그 행불행은 곧 시의 행불행이다.

고통과 권태 속에서 시인은 동시대의 파리가 미래에 대한 낙관주의로 부풀어 있는 햇빛 밝은 아침에 그 희망을 함께 누리려 한다. 「변두리」의 그 유명한 상승 장면이 펼쳐지는 것이다. 시대의 총아 비행기를 둘러싸고 온갖 새들과 신화적 인물들이 날아오른다. 이 장엄한 상승은 그러나 갑자기 좌절되고,

시인은 〈외톨이가 되어 파리의 군중 사이〉에서 헤맨다. 이 방황 속에 시인의 어린 시절부터 지금까지 또 하나의 방황이었던 생애가 펼쳐진다. 이 떠도는 기억은 마침내 시인이 1911년 「모나리자」 절도 사건의 혐의자로 구속되고 그 여파로 마리 로랑생과 헤어지는 순간에서 한 고비를 넘기고, 그의 잃어버린 순진성과 낭비된 인생이 탐욕과 비열함과 비참함 등 현대 도시의 다른 얼굴로 투영되어 나타나는 밤거리의 방황으로 이어진다. 시인은 자신의 불행이 이 도시의 비참함과 같은 것임을 이해한다. 창녀들이 몸을 팔듯이 그는 자신의 육체적 감각과 불행을 팔고 있다. 시는 이 누추한 세계를 안아 들일 수 있어야 한다. 시는 비시적인 이 현실 앞에 주눅이 들 것이 아니라 그 거친 세계의 거친 감정을 이용하여 그와 같은 것이 되어야 한다. 마침내 시인은 새벽길을 밟고 자기 숙소로 돌아온다. 그 숙소에는 〈또 다른 형식 또 다른 신앙의 그리스도들〉이며 〈알 수 없는 희망의 열악한 그리스도들〉인 〈오세아니아와 기니의 물신들〉이 있다. 이 물신들은 말할 것도 없이 아폴리네르의 새로운 미학을 암시한다. 이방인들의 눈앞에 전시된 이 물신들이 그 최초의 신비로움을 잃은 가운데 주어진 현실을 벗어나고자 열망했던 사람들의 고통으로만 남아 있듯이, 시 또한 전통적 원칙에 기댈 것이 아니라 그 원칙 자체가 만들어지던 최초의 고통을 다시 살아야 한다.

앙드레 브르통은 『잃어버린 것만은 아닌 발자취』에서 아폴리네르의 시적 모험이 〈「변두리」가 지닌 특이한 힘〉에 이르기 위한 과정인 것처럼 논의를 이끌어 간다. 시공간의 연속성이 자주 끊기면서도 시인의 개성적인 목소리가 시의 주력선을 마련하고 있으며, 사용된 이미지의 폭이 넓고, 어조와 문체가 다양하여 강열한 주제를 더욱 부각시키고 있는 점이 그의 눈길을 끌었을 것이다.

「변두리」라고 옮긴 프랑스어 제목 〈Zone〉는 흔히 「지대」라고 번역되어 왔으나, 그 기원과 의미에 관해서는 세 가지 다른 가설이 있다. 첫째, 〈Zone〉는 1912년 아폴리네르가 잠시 체류한 적이 있는 에티발Etival 근교의 〈비관세 지역la zone franche〉을 암시한다(데코댕). 아폴리네르의 다른 시집 『상형시집』의 「연기」에서 시인이 〈나는 Zone의 담배를 피운다〉고 말할 때의 〈Zone〉도 〈비관세 지역〉을 뜻한다. 이 지리적 기호는 〈Zone〉가 인간들이 방황하는 내외 경계선의 시임을 의미한다(뒤리). 둘째, 파리의 외곽을 둘러친 성벽과 교외 사이에 개발제한구역이 있었는데 이를 〈la zone〉라 불렀다. 여기에는 각종의 오두막집, 판잣집, 부랑자들의 숙소가 있었으며, 이 상황은 1935년까지 계속되었다. 이 시의 비참한 모습은 빈민굴의 그것과 연결된다(뒤리). 아폴리네르는 그의 착취자들에게 무국적자로 취급되었던 탓에, 안정된 삶을 보장받지 못한 채 먼 곳에서 이주해 온 이 〈zone〉의 사람들과 그 비참한 형편에 눈을 돌리지 않을 수 없었다(파스칼 피아). 셋째, 〈Zone〉는 〈허리띠〉, 곧 〈벨트〉의 뜻이 있다. 아폴리네르의 시는 아침에서 시작하여 아침에 끝나며 도착점과 출발점이 맞닿아 있다. 아폴리네르는 이 제목을 통해 우리 현대인들이 사물의 중심, 어떤 중심적 진리, 어떤 확신에 머물러 있지 못하고 어떤 〈zone〉를 방황하며 그 주변에 있음을 의미하려 했다(뒤리). 아폴리네르는 이 낱말의 〈아우라〉, 즉 불확정, 비참한 생활에의 환기, 잠긴 허리띠의 버클, 출발점으로 되돌아가기의 이미지에 이끌리고 있지 않을까(데코댕). 이 세 가설은 모두 중심, 주변의 관계를 이야기한다. 〈Zone〉는 〈어디서나 모험을 하는〉 아폴리네르의 시가 그 모색을 계속하고 있는 상상력의 한계지대이다. 시는 이중으로 〈변두리〉에 있다. 현대사회에서 시는, 불안정한 삶을 살아가는 사람들처럼 〈변두리〉에 몰려 있지만, 그 곤경을 기회로 삼아 〈변두리〉를 확장함으로써 삶의 새로운 가능성을 창조한다.

1-24행 현대적인 삶의 형식으로 종교의 단순성과 도시의 기능적 단순성이 동시에 예찬된다. 이 단순성의 열망 뒤에는 시인이 병처럼 앓는 무거운 기억이 있다.

2행 단순한 구조로 현대건축의 상징이 되는 에펠탑을 목가 속의 양치기 처녀에, 센 강의 다리들을 양 떼에 비긴 이 시구는 특히 이 시가 고대와 현대를 대비하고 있기 때문에 더 큰 효과를 발휘한다.

5-6행 〈종교만이 새롭게 남아 있다〉 — 시인이 종교를 늘 새롭고, 따라서 현대적이라고 생각하는 것은 무엇보다도 종교가 인간의 열망을 단순하게 바꾸는 힘을 가졌기 때문이다. 종교 앞에서는 인간의 어떤 열망도, 어떤 고통의 표현도 기도로 바뀐다. 〈비행장〉이라고 번역한 〈Port-Aviation〉은 아폴리네르 시절의 파리 공항으로 당시로서는 놀랍도록 단순하고 기능적인 건축이었다.

8행 〈교황 비오 10세〉는 종교적으로 반(反)모더니스트였지만 1911년 5월, 파리와 로마 간 비행경주에서 우승한 비행사 보몽을 축복하였다는 점에서 현대적이다. 비오 10세를 모더니즘 속에 끌어들인 이 시구는 그리스도, 비행사, 20세기를 비행이라는 동일한 기능에서 서술하게 될 제40행 이하 일련의 시구들에 일종의 복선이 된다.

11행 〈광고지 카탈로그 포스터〉는 현대 회화의 파피에콜레를 생각나게 한다. 전위적 회화의 이론적 지지자였던 아폴리네르는 문학과 관련해서도 광고지 등의 음조가 이미 자기 시대의 시에 스며들어 있으며, 그 음조를 밖으로 분출시키는 것이 시인인 자신의 임무라고 말한 적이 있다. 이 생각은 1917년의 강연 「새로운 정신과 시인들」에서 하나의 실험 이론으로 개진된다.

15–24행 여기서 서술되는 공장가의 현대적이고 기능적인 도로는 그 새롭고 단순한 외양으로, 잃어버린 어린 시절의 소박한 삶을 시인에게 되돌려 줄 수 있을 것처럼 보인다. 그러나 이 단순성이 인간의 불행한 기억을 정리해 줄 수도, 인간 사회의 비참함을 구제해 줄 수도 없다는 것을 시인은 곧 알게 된다.

25–41행 종교적 향수에 대한 주제가 어린 시절의 추억에서부터 학생 시절의 신심을 거쳐 예수의 수난과 관련된 종교적 이미지로, 그에 대한 〈현대적 해석〉으로 이어진다.

26행 〈흰색 푸른색〉 — 성모 마리아에게 바쳐진 아이가 입는 옷의 색깔이다. 이 경건한 색조는 제31행의 〈자수정 빛〉을 거쳐 제35행에서 십자가 수난의 〈주홍빛〉으로 바뀐다.

27행 〈르네 달리즈〉는 생샤를르 학교 시절 아폴리네르의 동급생인 르네 뒤퓌의 필명. 두 사람은 1903년 파리에서 다시 만나 문단활동에서 서로 협조했다.

37행 〈영광과 영생의 이중 횡목〉 — 횡목은 십자가의 가로대를 말한다. 시인이 여기서 말하는 것은 평상의 십자가에 가로대 하나가 더 있는 이른바 대주교 십자가 croix patriarchal이다. 이 이중 횡목에서 위의 작은 횡목은 십자가 수난 당시 〈예수 그리스도, 유대의 왕〉이라고 써 붙였던 명패를 나타낸다. 이 이중 횡목에 대한 상징적 해석 가운데 하나는 위의 작은 가로대가 예수의 죽음을, 큰 가로대가 부활을 뜻한다고 본다. 아폴리네르가 이 이중 횡목에서 〈영광과 영생〉을 볼 때, 그는 바로 이 해석을 염두에 둔 것이다. 이 이중 횡목 십자가의 이미지는 다음 시구에서 다윗의 문장이자 유대의 상징인 〈여섯 모난 별〉이 되고, 뒤이어 초기 비행기의 간략한 모습이 된다. 아폴리네르에게 예수는 이 이중 횡목 십자가라는 비행기를 타고 하늘로 올랐던 최초의 비행사이다.

42-70행 상승 주제의 시구. 예수의 승천으로부터 시작되는 상승의 비행사와 사제들의 상승, 전설의 새들을 포함하여 세계 각지에서 모여든 새들의 비상으로 이어진다.

42행 〈눈동자여 눈의 그리스도여〉 — 가톨릭의 기도문 가운데 한 구절인 〈눈동자 같으신 주여, 우리를 보호하소서 *Custodi nos, Domine, ut pupillam oculi*〉를 변조한 말이라는 해석이 있다. 그러나 뒤리가 말하듯이 〈눈의 수정체 cristallin〉와 〈그리스도 Christe〉의 동음관계에 기초한 유희적 상상력이 〈주여 Domine〉를 〈그리스도여〉로 바꾸는 데 개입하였을 것으로 보인다.

43행 〈세기의 스무 번째 고아〉는 물론 20세기를 가리키는 말이다. 〈세기〉를 〈고아〉라고 부르는 말장난이 성립할 수 있는 것은 〈세기〉를 뜻하는 낱말 〈siècle〉이 중세불어에서 〈seule〉로 표기된 적이 있기 때문이다. 현대불어에서 〈seule〉은 〈홀로인, 외로운〉의 뜻을 지닌 낱말이다. 한편 〈고아〉라고 번역한 프랑스어 〈pupille〉는 앞 시구에서 〈눈동자〉라고 번역한 낱말과 철자와 발음이 같다. 이 〈눈동자/고아〉를 통해 그리스도는 20세기와 또다시 연결된다.

46행 〈유대 땅의 마술사 시몬〉 —— 신약의 사도행전에 나오는 사마리아의 마술사로, 신도들에게 성령을 내리게 하는 권능을 사도들에게서 돈을 주고 사려고 하였다. 성직, 성물매매를 뜻하는 〈simonie〉라는 말이 이 사람의 이름에서 연유한다. 한편 어떤 전설에 따르면 그는 하늘을 나는 마법을 익혔다고 한다. 시몬은 이 전설에 의해 상승의 주제와 연결된다.

47행 〈그가 날 수 있으니 그를 날치기라 불러야……〉 —— 〈날치기〉라고 번역한 프랑스어 〈voleur〉는 〈도둑〉이라는 뜻을 지닌 낱말이지만, 〈나는 자〉의 뜻으로 읽힐 수도 있다. 〈날치기〉는 이 두 뜻을 아우르기 위해 선택한 말이다.

49행 〈이카로스 에녹 엘리아 티아나의 아폴로니우스〉 —— 모두 하늘로 날아오르기와 관련된 전설적 인물들이다. 이카로스는 그리스 신화에서 밀랍으로 날개를 만들어 몸에 붙이고 하늘로 올라갔으나 태양열로 밀랍이 녹아내려 바다에 떨어졌다는 인물. 구약에서 카인의 아들인 에녹과 선지자 엘리아는 불마차를 타고 하늘로 휴거되었다고 한다. 티아나의 아폴로니우스는 신피타고라스학파의 철학자로, 전설에 의하면 동시에 두 장소에 나타나는 능력이 있었으며, 끝내는 하늘로 날아올라 지상에서 사라졌다.

51행 〈성체에 실려 가는 사제들〉 —— 가톨릭 미사에서 사제가 〈면병〉 곧 밀빵을 축성하여 그리스도의 몸인 성체로 변화시킨 후, 그 성체가 든 용기를 위로 들어 올리는 절차가 있다. 이를 성체거양(聖體擧揚, élévation)이라고 한다. 아폴리네르는 이 과정에서 비행사인 그리스도의 성체가 하늘로 올라가고 사제가 그 힘에 이끌리어 함께 따라 올라가는 모습을 상상하고 있다.

57행 〈록 새〉──『천일야화』에 나오는 거대한 상상의 새.

62행 〈비익조〉── 아폴리네르가 젊은 시절에 쓰던 수첩에는 다음과 같은 기록이 있다. 〈비목어(두 눈이 짝을 짓는다)는 눈이 하나밖에 없다. 비익조(두 날개가 짝을 짓는다)는 날개가 하나밖에 없다. 이 물고기와 새는 암수가 짝을 지어 다닌다(중국 시). 수컷 오른쪽, 암컷 왼쪽.〉

71-88행 사랑의 회한과 관련된 주제가 고독한 현대 도시를 배경으로 서술된다.

77-80행 〈네 웃음소리는 지옥의 불꽃처럼 파닥거린다〉── 자신에 대한 조소가 일으키는 고통의 불꽃은 〈그리스도의 불타는 후광〉과는 달리 어떤 아우라도 없다. 그 웃음의 불티가 〈삶의 밑바닥을 누렇게〉 물들이는 것은 당연하다. 삶은 살아야 할 이유를 잃는다. 이 삶은 자기연민의 시선이 아니라면 어떤 시선도 끌지 못하는 〈침침한 박물관에 걸린 한 장의 그림〉과 같다.

81-82행 〈여인들은 피에 젖어 있다〉── 이 피는 여자들의 월경이다. 시인이 사랑했던 여자들은 이제 어떤 고결한 정신의 화신이 아니라, 불투명한 육체를 지닌 생물체일 뿐이다. 이 생물체로서의 여자의 발견과 함께, 시인이 아름다움 그 자체에 걸었던 환상도 깨어진다.

83-84행 〈뜨거운 불길에 둘러싸여 노트르담이〉── 파리의 노트르담 성당 같은 종교적 건축에는 여전히 성스러운 정염이 있지만, 자기 조소의 불꽃을 체험한 시인에게는 그 종교적 아우라가 예전과 같지 않을 것이다. 〈노트르담〉 곧 성모 마

리아는 거의 한 여자가 되려 한다. 〈사크레쾨르〉도 파리의 교회 이름이지만 말뜻을 그대로 새긴다면 〈성스러운 심장〉이기에 그 〈피가 몽마르트르에서 나를 흠뻑 적셨다〉는 표현이 가능하다. 이 피도 역시 종교적 상징성을 온건히 누리지 못하고 〈여인들의 피〉로 표현되는 그 불결함에 오염되려 한다.

87-88행 〈너를 사로잡는 그 모습〉은 양가적이다. 그것은 그리스도의 모습일 수도, 그를 배반한 여자의 모습일 수도 있기 때문이다. 사랑의 실패를 통해 아름다움을 비롯한 고결한 가치를 회의하게 된 시인은 종교적 성스러움에 대해서도 동일한 마음의 상태를 지닐 수밖에 없다. 시인을 〈불면증과 고통 속에 살게〉 하는 〈그 모습〉은 일체의 정신적 가치에 대해 돌이킬 수 없는 회의와 동시에 강력한 회한과 아쉬움을 느끼게 하는 것들 일체의 이미지이다.

89-120행 어린 시절부터 상테 감옥에 투옥될 때까지의 생애 전체에 대한 일종의 역사적 성찰. 비교적 담담한 술회가 끝에 이르러서는 고통의 절규로 바뀐다.

89행 아폴리네르는 지중해변의 모나코와 칸에서 소년기를 보냈다.

94행 〈우리 구세주의 모습 물고기들이 헤엄친다〉—물고기는 초대 교회에서 그리스도의 상징이었다. 이 시에서 아폴리네르는 일종의 강박관념처럼 어디서나 그리스도의 모습을 본다.

96행 아폴리네르가 프라하에 갔던 것은 1902년 4월이다.

99행 〈상베트 성당의 마노에 그려진 너를 본다〉—프라하 상베트 성당의 벽을 장식하는 마노에는 광인의 얼굴처럼 보이는 무늬가 들어 있다. 이 무늬를 본 아폴리네르는 이 광기 어린 얼굴이 자신의 얼굴이며, 자신의 나쁜 운명을 예언하는 것이라고 생각했다. 이 이야기는 『이교시조회사』에 수록된 그의 단편소설 「프라하의 행인」에도 들어 있다.

102행 프라하의 유대인 구에 있는 시계탑의 시계는 시침과 분침이 시계 반대 방향으로 돌아간다.

104행 〈흐라친〉은 프라하의 옛 왕궁.

111행 〈쿠비쿨라 로칸타 cubicula locanda〉는 셋방이라는 뜻의 라틴어.

113행 〈너는 파리에서 예심판사의 손에 들어 있다〉 — 아폴리네르는 1911년 9월 7일, 루브르 박물관에서 사라진 「모나리자」 절도 혐의로 상테 감옥에 구속되었다가, 9월 12일 기소 각하로 일주일 만에 석방된다. 이 사건은 마리 로랑생과 결별하는 결정적 동기가 되며, 이 사건 후 시인은 국외 추방의 위협에 시달리게 된다(「상테 감옥에서」의 주석 참조).

116행 〈거짓과 나이를 깨닫기 전에〉 — 다시 말해서 사랑을 비롯한 고결한 가치에 대한 환멸을 맛보기 전에, 생애의 중요한 시간을 낭비하였음을 깨닫기 전에.

121-134행 외국 노동 이민들에 대한 연민을 나타내는 시구들. 자신이 한 사람의 떠돌이인 시인은 그들의 운명에서 자신의 운명을 볼 수밖에 없다.

125행 〈그들은 아르헨티나에서 돈을 벌어〉 — 〈돈〉 또는 〈은〉을 뜻하는 프랑스어 〈argent〉이 지명 〈아르헨티나 Argentine〉에도 들어 있다. 앞날이 불안한 이민들은 이 지명에까지 막연한 희망을 걸려고 한다. 이 점에서도 이민들은 자주 동음이의어로 언어유희를 하는 시인 아폴리네르를 닮았다.

135-155행   새벽까지 거리를 방황한 시인은 아침을 맞아 집으로 돌아간다.

146행   〈어느 아름다운 혼혈녀〉 — 마리 로랑생을 나타내는 것으로 흔히 해석된다. 로랑생은 자기 조상 중에 흑인이 있었다고 말한 적이 있다. 그러나 이 혼혈녀는 낮의 밝음과 밤의 어둠이 섞여 있는 새벽의 이미지이기도 하다.

151행   〈오세아니아와 기니의 물신들〉 — 아폴리네르의 침실에는 실제로 이 물신들이 있었다. 〈또 다른 형식 또 다른 신앙의 그리스도들〉이며 〈알 수 없는 희망의 열악한 그리스도들〉인 이 물신들은 인간의 비참함과 거친 희망을 그 자체로 형상화하고 있다는 점에서 현대예술의 일면을 나타낸다.

154행   〈안녕히 안녕히〉 — 시인을 불행하게 했던 시대, 그가 벗어나고자 하는 〈낡은 세계〉에 대한 작별 인사이다.

155행   〈태양 잘린 목〉 — 태양은 참수당한 사람의 머리처럼 하늘에 떠 있다. 시인은 이 자기 처형을 통해서만 하늘에 올라, 새 시대에 진입한다.

미라보 다리(52면)

아폴리네르의 시 작품 가운데 대중들에게 가장 널리 알려진 시이다. 이 시가 『파리의 야회』에 처음 발표된 1912년 2월, 다섯 해 동안 연인 관계를 유지해 왔던 아폴리네르와 마리 로랑생의 결별은 이미 돌이킬 수 없는 상태에 닿아 있었다. 시의 착상도 물론 이 불행한 사랑에 바탕을 두고 있다.

이 시는 음조와 리듬이 13세기 프랑스의 물레 잣기 노래를 닮고 있다고 지적된다. 낡은 민요의 음조가 주는 아련한 분위기 속에서, 시간의 덧없음과 사랑의 종말이라고 하는 낯익은 서정적 주제가 강물의 흐름과 감각적으로 연결되어 있어 매혹적인 울림을 주는 시이다. 첫 연에서, 벌써 지난날의 일이 되어 버린 〈우리 사랑〉은 시인의 의지와는 관계없이 억제할 수 없는 기억이 되어 그에게 떠오른다. 시인은 이 추억이 고통스럽지만, 한편으로는 그 달콤한 회상 속에 빠져들고 싶은 욕망이 있다. 이 아이러니컬한 기억과의 싸움은 시간의 어둠 속에 묻힌 삶과 그 삶의 복원이라고 하는 철학적인 문제와도 한 끈이 연결된다.

그런데 시인이 느끼게 될 가장 큰 고통은 추억 속에 빠져들어 그것을 응시하려 할 때, 그 기억의 낯선 분위기가 흔적 없이 사라진다는 점일 것이다. 희랍 신화에서 오르페우스가 지하세계에서 에우리디케를 데리고 어둠의 동굴을 빠져나올 때, 마지막 순간 고개를 돌려 그녀의 얼굴을 보려다 그녀를 잃게 된다는 이야기는 기억의 이 미묘한 현상에 대한 하나의 비유로 읽힐 수 있다. 이 시에서는 연마다 반복되는 후렴구와 첫 행과 마지막 행을 동일하게 장치한 특이한 구조가, 추억의 행복감 속에 부동하게 머물고자 하나 잃어버린 사랑으로부터 더욱 멀리 떨어져 나가는 시인의 고통을 잔잔하게 확산, 증폭시킨다.

사랑받지 못한 사내의 노래(54면)

『알코올』에서 가장 긴 시이자, 가장 유명한 시의 하나이다.

1909년 5월 『메르퀴르 드 프랑스』지에 처음 발표되었지만, 이 시의 재치 있는 제사(題詞)에 의하면 1903년에 쓰인 것으로 되어 있다. 이 1903년은 아폴리네르가 독일에서 알게 된 영국 처녀 애니 플레이든을 찾아 첫 번째 런던 여행을 했던 해이다. 그녀와의 사랑과 이별, 그리고 그에 대한 좌절감이 이 시의 주제인 것은 시인이 1915년 7월 30일 마들렌 파제스에게 보낸 편지에 의해서도 확인된다.

「새벽찬가」는 독립된 시가 아니라 1903년에 내 첫사랑을 기념하여 쓴 「사랑받지 못한 사내의 노래」에 삽입된 막간시의 하나지요. 스무 살에 독일에서 한 영국 여인을 만났는데, 그 만남이 1년 동안 지속되다가 우리는 각기 자기 나라로 돌아갔고 편지 왕래도 없었지요. 게다가 이 시의 여러 표현들은 한 처녀에게 너무 가혹하고 모욕적인데, 그 여자는 나를 이해하지 못한 채 나를 사랑하다가 환상적인 존재인 시인을 사랑한다는 사실에 혼란을 겪게 되었지요. 나는 그녀를 육체적으로 사랑했지만, 우리의 정신은 서로 멀리 떨어져 있었지요. 그렇지만 섬세하고 명랑한 여자였소. 나는 그녀에게 이유도 없이 강짜를 한 셈인데, 그렇더라도 결핍감으로 생생한 힘을 얻은 내 시는 당시의 내 정신 상태를 잘 그려 주고 있지요. 무명 시인인 나는 다른 여러 무명 시인에 싸여 있었고, 멀리 있는 그녀는 파리로 올 수 없었고. 나는 그녀를 만나러 두 번 런던에 갔으나 결혼이 불가능한 처지에서, 그녀가 미국으로 떠남으로써 모든 것이 정리됐지요. 그러나 내 고통이 컸던 것은 이 시가 증명하는 바입니다. 나는 이 시에서 사랑을 주지 못한 사람은 나인데 내가 사랑받지 못한 사람이라고 믿고 있었지요.「랜더 로드의 이민」도 같은 사랑을 기념하는 시이고…….

런던 거리에서 애인을 찾아 헤매다가 사랑의 감정도 죽음에 대한 유혹도 정리하지 못한 채 파리로 돌아와 그 도시적인 삶 속에서, 사랑은 실패해도 그 감정만은 진실하고 영원한 것임을 다시 확인하는 것으로 끝나는 「사랑받지 못한 사내의 노래」는 우선 그 구성이 매우 특이하다. 제사를 합쳐 3백 행에 이르는 이 시에는 각기 제목을 지니고 있는 3편의 독립된 시가 삽입되어 있고, 본문도 런던의 방황과 행복한 왕들의 장면, 변심과 미련의 장면, 불운과 저주 받은 운명의 장면, 익사한 왕의 장면과 현대 파리의 장면 등 여러 장경들이 뒤섞여 나타난다. 그것들을 연결해 주는 것은 정확하게 운을 밟은 8음절 5행연의 선율이며, 다음과 같은 반복구이다.

> 은하수 길이여 가나안의 하얀 시내와
> 연애하는 여자들의 하얀 육체의
> 오 빛나는 누이여
> 헤엄치다 기진한 우리는 헐떡이며
> 다른 성운으로 네 물줄기를 따라갈 것이냐

시인은 이 선율과 시구의 반복을 통해, 그리고 어느 장경에서나 동일하게 나타나는 감정의 깊이를 통해 시간을 제어하고 있다. 과거가 현재와 함께 떠올라 그 새로운 결합으로 미래에 힘을 미치며 전설적, 신화적 전거들이 일상적 경험과 결합하여 시인의 불행을 강력하게 환기시킴과 동시에, 시인과 그 개인적 경험의 고백 사이에 미학적 거리를 만들어 준다. 게다가 런던과 파리 사이에, 겨울과 여름이라는 두 계절 사이에, 역사적 시간과 현재 사이에, 넓게 걸쳐 있는 시공간은 그 감정의 크기와 진실성을 더욱 부각시키는 효과를 갖는다.

이 시는 아폴리네르와 애니의 연애 사건만으로 설명하기는 어렵다. 그 사건 뒤에 숨어 있는 더욱 의미심장한 주제는 〈행복한 왕들〉로 이상화된 시인의 사랑과 〈우연의 악마들〉로 표현되는 사랑의 실제 경험 간의 불일치이며, 그 결과로 나타나는 성실한 사랑과 변심, 희구와 좌절, 밝은 세계와 불건강한 세계, 미련과 복수심, 이해와 증오, 애정과 애욕 사이에서 갈피를 잃는 감정이 생생하게 현실성을 지닌다는 점이 중요하다. 현대사회와 그 인간관계 속에서 시인은 어쩔 수 없이 불행한 운명을 맞이해야 하는 존재이다. 시인이 불행하기 때문에 시는 그 불행을 노래하지만, 또한 그 불행을 하나의 힘으로 삼고 읊어진다. 또 하나의 반복구이자 이 장시의 마지막 절이 되는 5행연이 이 점을 잘 말해 준다.

> 여왕들에게 바칠 연애담시를
> 내 세월의 한탄가를
> 곰치에게 던져진 노예들의 찬가를
> 사랑받지 못한 사내의 연가를
> 세이레네스를 위한 노래를 아는 나

시인은 비참해도 그 불행의 모든 성격을 꿰뚫어 보는 시는 늘 승리한다. 시인은 자신이 불행하기 때문에 시인임을 확인한다. 〈사랑받지 못한 사내〉의 사랑은 곧 시인의 사랑이다.

시인은 이 시를 폴 레오토(1872-1956)에게 바쳤다. 작가이며 『메르퀴르 드 프랑스』의 편집자인 폴 레오토는 이 시를 발표하는 데 결정적인 역할을 했다.

제사에서 말하는 사랑의 〈재생〉은 시인이 1907년에 마리 로랑생을 만나 사랑하게 되었음을 암시한다. 지난날의 사랑을 고통스럽게 노래하는 시의 첫머리에서 새로운 사랑에 대한 희망과 기쁨을 말한다는 데 이 제사의 아이러니가 있다.

8-10행 〈홍해의 열린 바다〉 — 붉은 벽돌 사이에 깔려 있는 안개가 가로등의 붉은 빛을 받아 붉은 바다, 곧 홍해를 연상하게 한다. 〈불량소년〉과 화자는 이 바다를 사이에 두고 있다는 점에서, 출애굽기의 헤브라이족과 이집트 왕 파라오의 처지와 같은 처지가 된다.

14행 〈그의 누이-아내〉 — 이집트의 파라오는 자기 누이와 근친혼을 했다.

19행 〈벽이 통곡하던 그곳에〉 — 예루살렘의 〈통곡의 벽〉을 연상하게 하는 표현이다.

29행 〈수직 베틀에 융단 한 장 걸어 놓고〉 — 호메로스의 『오디세이아』에서 율리시스의 아내 페넬로페는 구혼자들을 물리치기 위해 낮에는 배를 짜고 밤에는 풀기를 반복했다. 그래서 융단은 〈한 장〉을 넘지 못했다. 〈수직(垂織)〉은 씨줄을 위에서 아래로 내려뜨리고 직조하는 방식. 고대에는 이 원시적인 〈수직 베틀〉이 널리 사용되었으며, 현대에도 고급 수공예 타피스리나 화문석은 수직으로 직조된다.

31행 〈사쿤탈라의 임금 남편〉 — 사쿤탈라는 인도의 한 전설의 여왕으로 남편 두시만타 왕에게 버림을 받았으나, 끝까지 정절을 지킴으로써 왕의 사랑을 다시 얻게 된다.

48행 〈세바스트의 40인〉 — 320년 아르메니아의 세바스토스에 주둔했던 로마병사 40인은 로마의 신을 부정하고 기독교로 개종한 탓에 언 호수에 던져져 순교했다.

61-65행 두 반복구 가운데 첫 번째 반복구. 〈빛나는 누이〉는 〈빛으로 본떠 만든 쌍둥이〉라는 말과 같은 말이다. 은하수는 시인에게 젖과 꿀이 흐르는 땅인 가나안의 냇물처럼 보이기도 하고, 사랑의 욕망을 불러일으키는 여자들의 육체를 연상하게도 한다. 생활의 안정과 사랑의 성취는 시인이 이 시를 쓸 때까지 사실상 이루지 못한 소망이었다. 시인은 다른 인간들과 마찬가지로 그 운명의 〈은하수 길〉에서 생명이 다 할 때까지 〈헐떡이며〉 헤엄치지만 약속된 땅에도 이르지 못하고 여자들의 사랑을 (또는 육체를) 얻는 데도 실패한다. 〈다른 성운으로 네 물줄기를 따라갈 것이냐〉고 묻는 것은 〈지상에서는 그 행복이 불가능한 것이냐〉고 묻는 것이며, 〈죽음 뒤에까지도 이 불행이 이어질 것이냐〉고 묻는 것이다. 이 주제는 뒤에 나오게 될 익사한 왕들의 주제로 이어진다.

71-85행 첫 번째 삽입시. 제목의 〈새벽찬가aubade〉는 존경하는 사람이나 사랑하는 사람의 창문 앞에서 새벽에 연주하거나 부르는 노래.

76행 〈마르스와 비너스〉 — 화성과 금성을 가리키는 말이기도 하다.

84행 〈판 신〉 — 목신. 신화나 전원시에서는 흔히 〈숲에서〉 시링크스라고 부르는 갈대피리를 부는 모습으로 그려진다.

88행 〈위대한 판 사랑 예수 그리스도〉 — 〈위대한 판〉은 앞의 목신 판과 다른 신이다. 플루타르크에 따르면, 로마의 티베리우스 황제 시대에, 에게 해를 항해하던 한 선원이 〈위대한 판이 죽었다〉고 허공에서 울려오는 외침 소리를 들었다고 한다. 신화학자들은 이 판이 고대의 신들 전체를 대표하는 신이며, 그의 죽음은 고대의 다신교 시대의 종언과 그리스도 시대의 도래를 예고하는 것이라고 해석한다. 그러나 자신의 개인적 체험에 의해 〈사랑〉의 신의 죽음을 확인하는 시인에게는 〈예수 그리스도〉까지도 부활의 신이 아니라 죽은 신으로 나타난다.

91-95행 두 반복구 가운데 두 번째 반복구. 이 반복구 마지막 행의 〈나〉는 제90행의 〈나는 파리에서 운다〉에서의 〈나〉와 동격이다. 시의 영역에서 박학하고 뛰어난 지식을 지니고 있는 화자가 나쁜 운명에 의해 파리에서 울어야 할 처지로 전락한 것이다. 그러나 한편으로는 그가 시에 뛰어난 지식을 지녔기 때문에 다시 말해서 서정의 이상을 추구했기 때문에, 나쁜 운명에 몰리게 된 것인지도 모른다. 화자는 사실상 시인의 운명과 그 시적 능력이 어떤 관계를 맺는가를 묻고 있는 것이다. 〈연애담시〉로 번역한 〈lais〉는 중세 시의 한 장르로 귀부인과 기사의 연애를 주제로 삼은 운문 형식의 짧은 이야기 시. 시인들은 이 시를 주로 왕비들을 비롯한 귀부인들에게 바쳤다. 〈한탄가〉로 번역한 〈complainte〉도 역시 중세 시의 한 장르로 가난한 시인들이 자신의 불운한 신세를 자탄하며 귀족들의 도움을 요청하는 시. 〈찬가〉 곧 〈hymne〉는 종교적 의례와 같은 특별한 자리에서 신이나 영웅의 영광을 장엄하게 찬양하는 시. 〈연가〉 곧 〈romance〉는 비교적 현대의 장르로 슬픈 사랑의 감정을 담아 주로 짧은 노래의 가사로 쓰이는 시. 〈노래〉로 번역한 〈chanson〉은 어떤 특별한 시 장르를 나

타내기보다는 위의 장르들을 다 아우를 수 있는 명칭이다.

93행 〈곰치에게 던져진 노예들의 찬가〉 — 아우구스티누스 황제 시대, 로마의 기병이며 식도락가인 베디우스 폴리온은 실수를 저지른 노예들을 양어장의 식인어 곰치에게 던져 그 밥이 되게 했다. 어느 날 황제를 초대한 자리에서 베디우스는 수정 그릇을 깨뜨린 한 노예 아이를 곰치에게 던지려 했다. 아이는 황제의 발치에 엎드려 탄원하였으며, 마음이 움직인 황제는 아이를 방면케 하고, 그 집의 모든 수정 그릇을 깨뜨려 양어장을 메우게 했다. 이 고사에 비추어 볼 때 〈노예들의 찬가〉는 불행에 처한 노예들이 자기를 구원해 줄 수 있는 권력자나 신에게 바치는 찬가로 이해된다.

95행 〈세이레네스를 위한 노래〉 — 〈세이레네스가 선원들을 미혹하기 위해 부를 만한 노래〉라는 뜻과, 아르고스 원정대에 참가하여 세이레네스를 노래로 물리친 오르페우스의 노래처럼 〈세이레네스를 방비할 수 있는 노래〉라는 뜻을 동시에 지닐 수 있다. 이 노래의 성질을 두 번째 뜻으로 이해할 때 그 방비의 힘은 아직 발휘되지 않은 상태이다.

99행 〈마우솔로스의 아내〉 — 기원전 350년경 소아시아 카리아의 왕 마우솔로스가 죽자 그의 누이이며 미망인인 아르테미스 2세는 남편을 기념하여 거대한 무덤을 짓게 했다. 이 무덤은 파괴되기 이전에 세계 7대 불가사의의 하나로 꼽혔다.

104행 〈코사크 자포로그족〉 — 우크라이나 남부의 초원에 자리 잡고 부족 자치 사회를 형성하였던 코사크의 한 종족으로 15세기부터 18세기 말까지, 터키의 이슬람 세력과 슬라브 민족의 기독교 세력 사이에서 일종의 방책 역할을 해왔다. 신앙심이 깊었다는 것은 그들이 이슬람 세계의 회유에 넘어

가지 않았다는 것을, 주정뱅이이며 도둑이었다는 것은 그들이 야만 상태의 용맹한 전사였음을 암시한다.

107행 〈반월을 멍에 삼아 둘러메어라〉 — 현재 일반적으로 이슬람 권역을 상징하는 〈반월〉이 오토만 제국의 문장으로 채택된 것은 1453년이다. 〈점성술사들이 살피는〉이라는 췌사는 그 반달이 본래 천체의 하나임을 상기시켜 시에 흥취를 주고, 〈멍에 삼아〉라는 표현은 반달의 구체적인 모습을 종교적 악덕과 연결시킨다.

116-130행 두 번째 삽입시. 17세기에 자포로그족과 술탄 간에 교환되었다는 편지가 현재 남아 있으며, 아폴리네르의 이 삽입시도 그 편지에서 몇 줄을 차용하고 있다. 그러나 역사학자들은 이 편지 자체를 위조된 문건으로 본다. 이 편지시의 과격한 욕설은 화자가 사랑을 배반한 자기 애인에게, 혹은 자신의 불운에 퍼붓고 싶은 저주의 말이기도 할 것이다. 바라바는 예수의 십자가 수난 직전 예수 대신 방면된 범죄자. 벨제붑은 구약에서 불레셋인들과 페니키아인들의 우상신. 데살로니가는 터키의 항구도시. 포돌리는 우크라이나 서남부의 땅으로 여러 차례 터키에 점령되었다가 후에 폴란드에 편입된 지역.

131-135행 첫 번째 반복구가 다시 반복된다. 이때 반복구는 뒤의 미련 주제의 시구와 연결되어 다른 성운으로까지 이어질 불행의 영속성을 강조한다.

153행 〈다나이데스의 물통〉 — 그리스 신화에서 다나오의 50명에 이르는 딸들인 다나이데스는 결혼 첫날밤에 남편을 죽인 죄로 지옥에서 밑 빠진 통에 물을 채우라는 형을 받았다. 시인의 공허한 정신 속에서도 세계 전체가 걷잡을 수 없이 무너져 내린다.

156-160행 〈결코 잊고 싶지〉 않은 여자를 시인은 여러 가지 다른 이름을 열거하여 부름으로써 자신의 사랑에 대한 회한의 강도를 표현한다. 〈비둘기〉는 순결의 새. 이 새에 해당하는 프랑스어 〈colombe〉는 신대륙의 발견자 콜럼버스의 프랑스식 이름이기도 하다. 〈하얀 정박지〉는 떠도는 배가 안착해야 할 순결한 항구. 〈마거릿〉도 역시 사랑의 순결을 나타내는 하얀 꽃으로, 특히 그 잎을 하나씩 떼며 사랑을 점치는 데 사용된다. 따라서 〈꽃잎 떨어진 마거릿〉은 그 자체로 사랑의 번민을 표현한다. 〈데지라드〉는 안틸 제도의 섬, 콜럼버스의 선원들이 〈기다리고 기다리던 육지〉라는 뜻에서 스페인어로 〈Desirada〉라는 이름을 처음 붙였다. 〈장미〉는 〈사랑〉이라는 꽃말을 가진 꽃. 〈정향나무〉는 고결함을 상징하는 열대관목.

161-165행 화자는 여러 귀신들과 정령들을 열거하여 사랑의 번민과 정신적 공황상태를 표시한다. 〈사티로스〉와 〈뿔 돋은 판〉은 모두 숲과 들판에 산다는 반인반수의 작은 정령들로 몸에 털이 덮여 있고, 머리에 뿔이 있으며, 염소 발굽을 지니고 있다. 〈불벌레〉로 번역한 〈pyrauste〉는 네 발에 두 날개를 지니고 불속에서만 산다는 왕파리 크기의 곤충. 〈도깨비불〉은 밤에 후미지고 습기 찬 곳에서 발견되는 불꽃으로, 우리에게서와 마찬가지로 서양의 민간에서도 어떤 귀신들의 작용으로 여겨졌다. 이 반인반수들과 불귀신들은 시인의 분열된 운명의 편린들이다. 이 운명들은 시인의 고통을 장작으로 삼고 스스로를 희생으로 삼아 번제를 올리려 한다. 길운과 악운을 가리지 않고 모든 운명을 불에 태워 버릴 이 번제가 자기정화의 성질을 지니는 것은 다음 연에서 밝혀진다. 한편 제

164행의 〈칼레의 시민들처럼 목에 밧줄을 걸고〉에 관해서는, 칼레와 관련된 백년전쟁 때의 고사가 있다. 1346년 영국의 에드워드 3세는 칼레를 점령한 후 여섯 사람의 시민이 목숨을 바치면 전 시민의 학살 계획을 철회하겠다고 약속했다. 이에 칼레의 여섯 유지들은 속옷 차림으로 목에 밧줄을 걸고 왕 앞에 나섰다. 왕은 이들을 사면했다. 로댕이 19세기 말에 제작한 조각상 「칼레의 시민들」은 이 고사를 주제로 한 것이다.

166-170행 사랑을 허위로 돌리고 저주하는 데서 오는 고통과, 사랑을 잊지 못하는 데서 오는 고통 사이에서 운명은 분열된다. 〈일각수좌〉와 〈마갈궁〉은 각기 〈내 마음〉과 〈갈팡질팡하는 내 몸〉에 대응한다. 일각수좌는 순결을 상징하는 상상 동물의 별자리라는 점에서 자기정화를 꾀하는 〈내 마음〉에 해당하며, 〈마갈궁〉은 염소 뿔과 물고기 꼬리를 지닌 혼합형 상상 동물의 별자리라는 점에서 〈갈팡질팡하는 내 몸〉에 해당한다. 마음은 새 아침의 〈신성한 화형장작〉으로 번제를 올려 운명을 정화하려 하지만, 여전히 욕망과 미련에 사로잡혀 있는 육체는 이를 거부한다. 〈사랑받지 못한 사내〉의 불행은 결단력의 상실에서도 온다.

171-195행 화자는 자신의 불행을 객관화하여 불행의 계절인 겨울을 청산하고 새로운 계절의 도래와 함께 자신의 운명을 쇄신하려 한다.

172행 〈너의 미친 사제들이 너를 장식했는가〉 ― 불행을 신으로 섬기는 것이 불행을 피하는 방법일 수는 없다. 불행의 제물이 된다는 것 또한 불행을 키우는 일일 뿐이다.

177행 〈가을에 죽은 내 신들 중의 신이여〉 ― 〈가을에 죽은 내 신들〉은 제88행에서 말한 〈위대한 판 사랑 예수 그리스도〉일 것이다. 그 신들은 죽었지만, 그 죽음과 화자의 불행을 객관화하는 형식으로 〈그림자-신〉은 남아 있다.

187행 〈그 하얀 벌집들〉 — 눈을 가리키는 말이다. 양봉 농가에서는 봄에 낡고 더러워진 벌집을 태워 버리거나 수거하고, 벌이 새집을 짓는 동안 짚이나 거적으로 덮어 둔다.

191행 〈죽음을 모르는 은보병대〉 — 〈은보병대〉로 번역한 〈argyraspide〉는 알렉산드로스 대왕의 3천 정예보병을 가리키는 말이다. 은제 갑옷을 입은 이 병사들은 전쟁 중 전사나 전상으로 결원이 생기면 즉시 대기 중인 다른 병사로 보충하여 그 수를 유지하였다고 한다. 이 불멸의 부대는 여기서 〈은빛 방패로 무장한 눈〉과 의미상 연결된다. 은보병대가 죽고, 또 하나의 은보병대인 눈이 사라지는 것처럼 해소되지 않는 불행은 없다고 시인은 믿고 싶어 한다.

193행 〈나뭇가지를 든 (……) 노예들〉로 번역한 〈dendrophores〉는 고대 그리스에서 새봄맞이 축제 시에 농경의 신 키벨레 여신을 찬양하기 위해 나뭇가지를 들고 행진하던, 주로 노예들로 구성된 사람들을 가리킨다.

196-205행 심장을 주제로 하는 이 시구들은 새로운 행복을 맞이하기 위해 먼저 치유되어야 할 정신적, 육체적 외상을 말함과 동시에 다음에 이어지게 될 세 번째 삽입시에 대한 서문의 구실을 한다.

197행 〈다마스쿠스 여인의 엉덩이만 하구나〉 — 〈다마스쿠스 여인〉에 대한 특별한 전거는 없다. 아폴리네르에게서 자주 보게 되는 이른바 〈눈물 흘리며 짓는 웃음〉의 하나로 이해해야 할 것이다.

202행 〈우울의 일곱 자루 칼〉이 〈심장〉에 박혀 있다는 표현은 예수의 탄생에서 죽음까지 일곱 번의 큰 고통을 겪었다는 〈일곱 고통의 성모〉를 연상하게 한다. 에피날 판화 등에는 심장에 일곱 자루의 칼을 박은 모습의 성모가 자주 나타난다.

206-240행 세 번째이자 마지막 삽입시. 일곱 자루 칼의 이름과 그 희생자의 전거를 밝히려는 시도를 비롯하여, 시구의 비유적 의미와 신조어 내지 애너그램을 찾아내어 사랑과 고통의 단계를 조합하려는 시도, 연금술과 점성술의 비의를 발견했다는 확신에 이르기까지 수많은 노력들이 있었으나 이런 해석들은 서로 연결되거나 참조되지 못한다. 그러나 이 칼들이 실패한 사랑에서 시인 화자가 겪은 개인적 고통의 여러 단계인 것만은 확실하다.

209행 〈그 운명이 지벨 산답다〉 — 지벨 산은 에트나 화산의 중세시대 이름. 아폴리네르의 시와 산문에 자주 나오는 요정 모르간은 이 산에 거주한다. 대장장이 신 불카누스도 이 산을 용광로로 삼아 문제의 칼을 벼린 것으로 풀이된다.

217행 〈시브리아프〉나 다음 시구의 〈륄 드 팔트냉〉이 남자의 성기를 말하는 것은 분명하다. 특히 〈륄 드 팔트냉〉은 이 시집에 수록된 다른 시의 제목이기도 하다.

231행 여섯 번째 칼과 일곱 번째 칼은 이름이 나타나지 않는다. 여섯 번째 칼인 〈영광의 금속〉은 두 연인의 운명을 가른다는 점에서 칼보다는 기차선로의 전철기에 더 가깝게 보인다.

238-239행 〈마지막에 온 사람은……〉 — 〈마지막에 온 사람이 문을 닫는다〉는 〈빈둥거리다가는 기회를 놓친다〉는 뜻의 프랑스 속담이며, 이 속담을 원용한 관용표현으로 〈이미 끝난 일이다, 너무 늦었다〉는 뜻으로 〈미안하지만 마지막에

온 사람이 문을 닫아 달라〉는 말이 흔히 사용된다. 시인이 이 표현으로 사랑했던 두 사람 사이에 단절된 관계가 다시 회복될 수 없음을 말하려 한 것임은 이어지는 시구 〈나는 그대를 결코 안 적이 없노라〉로 짐작할 수 있다.

241-245행 첫 번째 반복구가 다시 반복되어, 끝나지 않을 고통과 갈피를 잃은 운명을 다시 확인하면서 뒤이어질 〈익사한 왕들의 주제〉를 이끌어 들인다.

246-270행 익사한 왕들의 주제로 엮인 시구들이다. 이 시에서 익사한 왕들은 구체적으로 바이에른의 대공이었던 루트비히 2세와 그의 동생 오톤을 말한다. 루트비히 2세는 성년기부터 전설과 역사와 이국취미로 엮어진 비현실적인 공상 속에서 살았던 것으로 전해진다. 무엇보다도 여성혐오자였던 왕은 결혼식을 수일 앞두고 파혼을 선언한 이후 침실에 여자를 들이기보다 식탁에 루이 16세와 마리 앙투아네트의 혼령을 맞아들였다. 왕은 동정으로 죽었다. 호사스러운 야연과 하인들에게 내리는 잔인한 형벌이 여자를 대신했다고 흔히 말한다. 왕위에 오른 직후부터 그는 바그너를 뮌헨에 초대하고 그에게 거의 우상 숭배에 가까운 우정을 바쳤다. 이 열정이 국가의 재정과 왕의 정신에 미치는 영향을 두려워한 여론에 따라 바그너는 궁정에서 해고되었지만 왕은 여전히 그 후원자로 남았다. 음악에 대한 광적인 열정은 건축에 대한 열정으로 이어진다. 루트비히 2세는 바그너의 오페라로 재현되는 독일의 전설에 착상하여 환상적인 건축술로 수많은 성을 짓고, 스타른베르그 호수에는 오페라의 백조가 이끄는 황금빛 배를 띄웠다. 바로 이 호수와 환상의 성을 무대로 삼아 몇 차례「로엔그린」의 야간 공연이 이루어지기까지 했다. 왕은 1886년 6월, 아직

도 정확히 밝혀지지 않는 상황에서, 그를 만류했던 것으로 여겨지는 전의와 함께 이 호수에 빠져 죽었다. 이어서 그의 동생 오톤 역시 광기로 유폐된 후, 권력은 루트비히의 삼촌 〈루이트폴트 저 늙은 섭정왕〉(제256행)의 수중에 넘어갔다.

246-250행 〈창공의 노래〉는 점성술적인 의미에서 우리 인간의 운명을 인도하여 우리의 삶이 우주의 운행과 조화를 이루도록 도와주는 노래이겠지만, 〈우연〉이라는 이름의 〈마귀들〉이 그 노래에 나쁘게 간섭하여 우주의 조화와 인간의 운명을 이간한다. 〈놈들의 바이올린이 빗나간 소리〉는 그 조화를 깨뜨리는 이간질의 노랫소리. 인간은 이 〈빗나간 소리〉 때문에 〈뒷걸음쳐〉, 다시 말해서 제가 어디로 가는지도 모르고 〈내리막길을〉 따라 춤추며 불행한 구렁텅이 속으로 전락한다. 그 대표적인 희생자가 바로 〈익사한 왕들〉이며, 자신의 실패한 사랑에서 많은 신들의 죽음을 체험하는 시인 자신이다.

251행 〈운명 꿰뚫어 볼 수 없는 운명아〉 — 운명을 꿰뚫어 볼 수 없는 것은 무엇보다도 저 악귀들의 장난에 의해 운명이 우연으로 바뀌었기 때문이다.

254-255행 〈역사에 짓눌리는 황야〉는 저 익사한 왕들의 궁전이다. 루트비히 2세는 역사와 이야기 속의 위대하거나 아름다운 장면들과 현실의 삶을 혼동했다. 그의 궁전은 삶이 없다는 점에서 〈황야〉와 같다. 왕은 그의 침대에 〈거짓 여자들〉 곧 공상의 여자들을 끌어들였다. 아폴리네르는 루트비히 2세와 그 〈거짓 여자들〉의 주제로 일종의 공상과학소설인 단편소설 「달의 왕」을 썼다. 이 소설에서 화자는 티롤의 숲 속을 헤매다가 날이 저물어 한 동굴을 만나 은신하게 된다. 그가 먼 곳에서 들리는 음악 소리를 따라 들어간 동굴 안쪽에 루트

비히 2세가 그의 부하들을 거느리고 사는 지하궁전이 있었다. 환상적이지만 그러나 과학적 설명이 어느 정도 가능한 온갖 장치로 치장된 이 지하세계에서 왕과 그 일행은 기괴한 야연을 벌인 끝에 〈허공과 결혼〉한다. 음탕한 낙서와 누드 사진첩으로 불러낸, 클레오파트라로부터 퐁파두르 부인에 이르는 역사상의 모든 미녀들과 미소년들을 상대로 매우 음탕한 사랑을 나누는 것이다.

258행 〈성 요한의 금빛 파리〉 ─ 서구에서 〈반딧불〉은 늦봄부터 성 요한의 축일인 6월 24일 사이에 나타나기 때문에 민간에서 흔히 이런 이름으로 불린다. 특히 여기서 성 요한이 언급되는 것은 성 요한의 축일 전까지는 물에 들어가는 것이 위험하다고 알려져 있기 때문이다. 루트비히 2세가 물에 빠져 숨진 것은 6월 12일이다.

261행 〈여주인 없는 성을 끼고〉 ─ 루트비히 2세는 결혼하지 않았기 때문에 그의 성에는 여주인이 없다.

265행 〈죽어 가는 백조 세이레네스 되어〉 ─ 백조는 죽기 직전에만 노래를 부른다는 속설이 있으며, 세이레네스는 노래로 선원들을 미혹한다. 루트비히 2세가 스타른베르그 호수에 띄운, 오페라의 백조가 이끄는 황금빛 배를 일컫는 말이다. 그 배에서 울리는 노래는 문학과 예술의 여러 면 가운데 가장 불길한 측면, 즉 죽음과 광기의 측면을 대표한다.

270행 익사한 왕은 〈변전하는 하늘 향해 얼굴 돌리고〉 필경 이 시의 화자와 마찬가지로 〈다른 성운으로 네 물줄기를 따라갈 것이냐〉고 묻고 있을 것이다.

271-295행 파리를 방황하는 시인의 주제를 다루는 이 마지막 부분은 두 번째 반복구로 끝난다. 시인은 사랑받지 못한

자이면서 동시에 사랑의 노래를 부르는 자로서의 자신의 운명을 확인한다.

271-272행 〈유월〉 —— 1904년 6월, 아폴리네르는 두 번째 런던 여행을 끝내고 파리에 돌아와 있었다. 애니 플레이든은 5월에 미국으로 떠났다. 〈너의 태양 불타는 리라〉는 물론 아폴리네르 그 자신의 시정신이다. 그가 태양신 아폴론에서 자신의 이름 아폴리네르를 가져왔다는 점에서도, 여름날의 뜨거움과 사랑의 시를 쓰는 그의 열정이 같다는 점에서도 그렇다.

275행 〈내 여기서 죽을 용기도 없이〉는 〈내 여기서 살아야 할 용기를 얻고〉라는 말의 완곡한 표현이다. 익사한 왕은 6월에 죽었지만, 아폴리네르는 자신의 시적 열정을 부추기는 파리의 환경에서 새로운 용기를 얻는다.

276-280행 파리는 그의 슬픔에 무관심한 듯이 보이지만, 그 일상적 풍경 속에 그 슬픔이 넓게 스미어 있다.

281-285행 파리의 밤풍경은 훨씬 더 열정적이다. 술로 감정을 북돋우고, 〈전기〉와도 같은 특별한 힘으로 현대적 생명력을 발휘한다. 〈전차〉는 전선과 맞닿은 부위에서 〈푸른 불꽃〉의 쇼트를 일으키며, 자기 운명의 끝에 이를 때까지 광적인 사랑을 노래하려는 시인처럼, 그 궤도를 끝까지 따라가며 〈기계의 광기를 연주한다.〉 (여기서 〈끝까지 따라가며〉라고 번역한 프랑스어 〈au long des portées〉에서 〈portées〉가 어떤 물리력이나 영향력이 〈미치는 범위〉라는 뜻 외에 〈악보〉의 뜻도 지니고 있기 때문에 〈(레일의) 악보를 따라〉라는 번역도 가능하다. 그러나 이 번역은 이 시절의 격정적인 어조와 어울리지 않는다. 아폴리네르는 이 도시적인 전차의 운행에서 도

시 시인으로서의 자신의 운명을 본다.)

286-290행 낮의 일상적 풍경 속에 스미어 있던 슬픔이 밤에 사랑의 노래가 되어 터져 나온다. 낮에 억눌렸던 감정이 밤의 삶에서 일종의 몽환을 이루는 것은 현대 도시생활의 한 단면이기도 하다. 〈감기 걸린 사이펀들〉에서 사이펀은 일반적으로 실험실이나 상하수도 설비에서 사용하는 U자형 연통관을 말하지만, 여기서는 탄산수를 담는 표주박형 유리병을 가리킨다. 이 병의 입구에 달린 장치를 작동하면 샴페인 병이 열릴 때처럼 소리를 내며 탄산수가 밖으로 나온다.

291-295행 두 번째 반복구가 다시, 그리고 마지막으로 반복된다. 여기서 반복구의 불행한 어조는 자신의 임무와 재능을 확인한 시인의 씩씩한 어조로 바뀐다. 여기서 온갖 노래를 아는 〈나〉는 제290행의 〈내가 그토록 사랑했던 너를 향해〉의 〈내〉의 동격이다. 시인은 이제 모든 사랑 노래의 선도자이며, 따라서 시의 선도자이다. 무엇보다도 그는 〈세이레네스〉가 부르는 미혹의 노래에 맞설 노래를 알고 있다. 실패한 사랑을 포함한 모든 사랑은 그의 시에 원동력이 될 뿐이다.

콜히쿰(71면)

아폴리네르는 1901년에서 1902년에 걸쳐 약 1년 동안 독일 라인란트의 한 부잣집의 가정교사가 되어 그 집 딸에게 프랑스어를 가르쳤다. 그는 이때 같은 처지에 있었던 영국 처녀 애니 플레이든을 사랑하였으나 이 연애는 불행하게 끝났다. 아폴리네르는 이 슬픔을 「사랑받지 못한 사내의 노래」에서 매우 길고 절절하게 읊게 된다. 「콜히쿰」도 이 실패한 사랑에서 얻어진 시 가운데 하나로 꼽힌다.

아폴리네르는 이 시를 1907년 11월 『팔랑주』지에 처음 발표할 때 〈Neu-Gluck, 1902〉라고 꼬리표를 붙여 집필 장소와 시기를 밝혔으나, 1911년에 다시 발표되었을 때는 〈Neu-Gluck, septembre 1901〉이라고 고쳐 적고 있다. 연구자들은 대체로 이 두 번째 꼬리표에 더 신빙성이 있다고 본다.

콜히쿰은 백합과의 다년생 구근식물로 그 꽃과 뿌리와 잎에 알칼로이드 계열의 독이 들어 있다. 가을 목장이 아름다워지면서 동시에 독성을 띤다는 시인의 발상은 이 점에 착안한 것이다. 또한 콜히쿰은 우리의 상사화처럼 꽃이 먼저 피고 그 다음에 잎이 돋는다. 어머니보다 먼저 나온 딸, 〈제 딸의 딸/어머니 같은 꽃〉이라는 표현은 이를 염두에 둔 것이다.

더 설명할 것도 없이 이 시는 이루기 어려운 사랑 때문에 번민하는 남자의 심정을 농촌의 가을 풍경에 의탁하여 표현하고 있다. 제2연에서 이 조용하고 우울한 풍경 속에 떠들썩하게 끼어들어 콜히쿰을 꺾는 어린 학생들은 사랑의 번민을 모르던 시절의 순진성을 말하는 것이리라.

마지막 연에서 소들은 목장을 떠나는데 이는 겨울을 축사에서 보내야 하기 때문일 테지만, 시인은 〈영원히〉라는 말을 붙여 둠으로써 소들이 콜히쿰에 중독된 나머지 죽어 가고 있다는 뜻으로도 읽히게 하고 있다. 시인도 사랑의 중독으로 시들거나, 마음을 고쳐먹고 희망 없이 사랑하던 여자를 떠날 것이다. 시인은 이중으로 연인을 위협하고 있다.

궁전(72면)

이 시는 시집 『알코올』에 수록되기 전, 1905년과 1912년 두 차례 발표되었으며, 두 경우 모두 제목이 〈로즈몽드의 궁전에서Dans le Palais de Rosemonde〉였다.

〈로즈몽드Rosemonde〉는 영국 왕 헨리 2세의 정부인 로저먼드 클리퍼드Rosamond Clifford의 프랑스식 이름이며, 〈로즈몽드의 궁전〉은 왕이 그녀를 위해 우드스톡에 마련해 준 궁전이다. 아폴리네르는 그녀의 프랑스식 이름 〈Rosemonde〉를 제목으로 삼은 시에서 〈장밋빛 세상〉이란 뜻으로도, 〈세상의 장미〉 곧 보편적 사랑이라는 뜻으로도 이해하고 있다.

마리 뒤리는 이 시가 상징주의 문학에 대한 풍자라고 생각한다. 장미 숲에 싸여 있는 꿈의 궁전에 대한 상징파의 이미지는 시가 진행됨에 따라 점점 그 가치가 비하되며, 그와 평행하여 시의 서사적 내용도 기괴한 양상을 띤다. 마침내 시는 시의 주인공이자 화자인 시인이 제 자신의 신체를 절단하여 그 피와 살을 먹고 마시는 모습을 제시함으로써 시인 자신을 풍자의 대상으로 삼고, 더 나아가서는 시 쓰는 행위 자체를 조롱한다.

이 시는 현실적 전망도 문학적 전망도 어두웠던 한 시기에 시인이 겪었던 어두웠던 경험의 한 단면을 드러내기도 한다. 이 시를 쓸 때 스물다섯 살이었던 시인은, 수음하는 순간만 존재하는 이 장밋빛 세상의 여자와 아직 머릿속에만 존재하는 재산인 〈시〉가 같은 것이라고 생각하고 있으며, 그 생각에 절망한다.

이 시가 헌정된 막스 자콥(1876-1944)은 아폴리네르의 오랜 친구로 시집 『주사위 종지』를 펴낸 시인이자 소설가이며,

또한 아폴리네르의 초상화를 그리기도 한 화가였다. 제2차 대전 중 다랑시의 포로수용소에서 죽었다.

2행 〈꿈꾸는 생각〉이 꿈의 궁전을 찾아갈 때, 그 발이 〈맨발〉인 것은 육체적 감각의 전적인 활용을 암시한다. 랭보도 「감각」에서 맨발로 저녁 들길에 나선다.

6행 〈개구리들의 합주에 미소를 지으며〉 — 이솝 우화에서 개구리들이 왕을 보내 달라고 신에게 요청하듯, 문단 권력에 복종하려는 문인들을 아폴리네르는 경멸할 뿐이다.

7행 〈거대한 물렛가락〉 — 서구의 설화에서 물렛가락은 마녀들의 마술봉으로 사용된다. 「잠자는 숲 속의 미녀」도 이 물렛가락에 찔려 잠이 든다. 시인이 〈사이프러스〉처럼 커다란 물렛가락을 소유한다면 그는 창조의 마왕이 될 수 있을 것이다. 그러나 이 욕심이 일어나는 순간 〈장미의 거울 태양〉은 부서진다. 다시 말해서 전통적 상징체계가 파괴된다.

9행 〈창유리에 걸린 손들의 피 묻은 상처 자국〉 — 이 시구는 일차적으로 석양을 마주 보면서 창문에 댄 손의 이미지를 나타내지만 젊은 시절 아폴리네르의 문학적 이력도 표현한다. 아폴리네르의 새로운 시적 모험은 상징파의 〈완벽한〉 시 형식에 상처를 입히는 것으로 시작한다. 그러나 이 상처 입히기는 비난과 조롱의 형식으로 시인 그 자신에게 되돌아온다.

11행 〈키프로스의 포도주를 쓰게 만드는 송진〉에서 중요한 것은 〈송진〉이다. 시인은 〈순백 어린 양의 애찬에서〉, 다시 말해 당시 시단에서 막강한 위력을 발휘하던 발레리풍의 순수시에서, 송진의 쓴 맛을 볼 뿐이다.

13행 〈간통쟁이 임금님의 뾰족한 무릎 위에서〉 — 시인의 것이어야 할 아름다움은 엉뚱한 자의 무릎에 앉아 있다. 이 시구는 랭보의 『지옥에서 보낸 한 철』 가운데 그 첫머리에 나타나는 다음과 같은 구절을 생각나게 한다. 〈어느 날 저녁 나는 아름다움을 내 무릎에 앉혔다. 그러고 보니 그게 고약한 년임을 알았다. 그래서 욕을 퍼부어 주었다.〉 그러나 랭보는 아름다움을 체험한 뒤에 환멸을 느끼지만, 아폴리네르는 체험하기도 전에 환멸을 느낀다.

22행 〈톡톡 응접실로 들어오셔요〉 — 이 응접실은 사실상 시인이 글을 쓰는 방이다. 그는 야간작업을 시작하려 한다.

23행 〈구워진 황금빛 보석〉 — 아폴리네르가 젊은 날에 사용하던 노트에는 중세의 기사도 소설 『뒤르마르의 로망』에서 뽑은 〈토파즈는 구워진 황금빛〉이라는 구절이 들어 있다. 글 쓰는 자의 등불인 이 〈구워진 황금빛〉이 그에게 구워진 빵과 황금을 가져다줄지는 의문이다.

24행 〈당신의 머리통을 모자걸이에 머리타래로 묶어 두시죠〉 — 가난한 시인이 생활비를 벌기 위해 쓰는 글에는 머리가 필요 없다.

27-37행 글을 써서 생활비를 버는 일은 결국 제 육체를, 특히 골수를 저며 내어 파는 일이다. 아폴리네르는 제 자신의 글쓰기 작업을 비하하고 풍자한다.

40행 〈굶주린 배는 귀가 없다〉 — 젊은 날에 대필 작가로 푼돈을 벌고, 포르노 소설과 서푼짜리 기사를 써야 했던 아폴리네르 그 자신의 상황이 이 말로 요약된다.

44-45행 〈모든 나라 모든 시대의 내 생각들〉은 지역과 시대를 초월할 수 있는 사상, 또는 그에 대한 문학적 표현. 한편 이 시구는 사도행전 2장 3절과 4절의 다음과 같은 말에 전거

를 둔다: 〈그러자 혀 같은 것들이 나타나 불길처럼 갈라지며 각 사람 위에 내렸다. 그들의 마음은 성령으로 가득 차서 성령이 시키시는 대로 여러 가지 외국어로 말을 하기 시작하였다.〉 아폴리네르는 자신이 굶주리고 있는 한 이 〈성령강림절〉의 〈불꽃의 혀〉가 내리기를 기대하기는 어렵다고 생각한다.

가수(75면)

아폴리네르의 시 가운데 가장 짧은 시로, 시집 『알코올』의 인쇄를 준비하던 과정에서 교정쇄에서 추가되었다. 한 단어의 제목 다음에 단행으로 이루어진 시의 첫머리에는 접속사 〈그리고Et〉가 놓여 있어서, 그것이 제목의 명사와 시구의 명사문을 연결시킨다.

이태리어로 트롬바 마리나*tromba marina*, 프랑스어로 트롱페트 마린*trompette marine*이라고 불리는 악기는 상자 모양의 긴 공명통에 일반적으로 한 줄의 현이 장치되어 있다. 이 악기는 프랑스에서 전성기를 구가한 18세기까지 세속음악이나 종교음악의 반주용으로 사용되었으며, 그 후 급속히 쇠퇴한 것으로 알려져 있다. 트롬바 마리나는 〈바다의 트럼펫〉이라는 뜻인 바, 트롬바는 음색이 트럼펫과 비슷해서 붙인 이름이고, 마리나라는 형용사는 선원들이 이 악기를 신호용으로 사용한 데서 연유한다는 설이 있으나 확실치 않다.

데코댕은 「변두리」나 「사랑받지 못한 사내의 노래」 같은 장시로 너무 무거워진 이 시집의 첫머리 부분을 가볍게 할 목적에서 급조된 시라고 생각한다. 마리 잔느 뒤리는 아폴리네르의

〈창조적 신소리calembour créateur〉을 중시하며, cordeau(줄)가 cor d'eau(물 나팔)나 corps d'eau(물의 몸체)로 읽힐 수 있다는 점을 지적했다.

사실 이 단행시는 그 낱말들을 고립시키거나 분절할 때 나타나는 〈유일한〉, 〈줄〉, 〈트럼펫〉, 〈바다〉, 〈물〉, 〈나팔〉 등의 분석적 요소들과 그것들 상호간의 결합과 종합에서 발생하는 의미들로 다층의 환기력을 지닌다.

그러나 무엇보다도 트롬바 마리나의 〈외줄〉은 시집의 편집 과정에서 한 페이지를 늘리기 위해서 급히 추가된 이 외줄의 시를 그 자체로서 우의하는 것이 명백하며, 그 점에 이 시의 비밀이 있을 것이다.

저녁 어스름(76면)

『아르고노트』지 1909년 2월호에 동일한 소재의 시 「곡마단」과 함께 처음 발표되었다. 마리 로랑생(1883-1956)에게 헌정된 시이지만, 시인이 그녀를 처음 만난 해인 1908년 이전에 씌어졌을 것으로 추정된다(헌사는 시집 출간 시에 첨가되었다). 독일적인 정취과 막스 자콥이 좋아할 것 같은 꿈결 같은 분위기가 시를 감싸고 있으며, 전반적인 색조와 주제가 1904-1905년 무렵 청색시대의 피카소를 연상하게 한다. 이 시는 떠돌이 광대들의 생활을 그리고 있으나, 세부적인 상황 설명을 고의적으로 생략함으로써 어떤 환상적인 효과에 도달한다. 이 시의 주인공들인 곡예사들이 그들의 속임수 재주로 노리는 것도 이런 분위기일 것이다.

1연 낮과 밤이 교차할 무렵, 세상에 어떤 초현실적인 기운이 준동한다. 저녁 공연을 앞둔 여자 광대는 죽은자들의 〈그림자〉가, 어둠 속에 묻혀 있는 〈망령들〉이 살갗에 스멀거려, 다시 말해서 연희자 특유의 〈끼〉가 발동하여, 제 알몸을 연못에 비춰 본다. 물론 여기에는 무대 화장을 하기 위한 현실적인 이유도 없지 않다.

3연 손님들은 오지 않고 자기 차례를 기다리는 연희자들이 구경꾼의 역할을 대신하고 있다. 떠돌이 곡예사들이 삶에 대한 사실적인 진술이지만, 다른 점에서 현대 예술에 대한 통찰에 도달해 있다. 예술은 벌써 예술가 집단 내의 일이 되어 버렸다는 것이 그것이다.

4연 〈목매달린 놈〉, 악사, 여러 악기를 한꺼번에 다루고 있는 이 악사는 아마 북 치는 줄을 입에 물고 있을 것이다. 어쩌면 〈돈 받는 사람〉, 따라서 나중에 목을 매달게 되는 〈유다〉인지도 모르겠다. 그렇지 않더라도 시인은 그렇게 해석되기를 은근히 바랄 것 같다.

5연 예술은 삶에 작은 위로를 주고 그 소일거리로 기능할 수 있다. 그러나 난쟁이가 시와 예술에 열망하는 것은 〈세 곱절 키 커지는 광대〉의 그것처럼 인간의 한계를 뛰어넘게 해줄 어떤 특별한 능력이다.

스타로빈스키는 『곡예사로서의 예술가의 초상』(1970)에서 이 시에 대해 다음과 같이 쓰고 있다.

피카소의 광대들과 마리 로랑생의 그림에서 영감을 받은 『알코올』의 시편들에서 아폴리네르는 유랑하는 무리들을 어떤 몽롱한 장소에, 삶과 죽음 사이에, 낮과 밤 사이에, 거짓과 진실 사이에, 하늘과 땅 사이에 세운다. 시의 끝에서 〈세 곱절 키 큰 광대〉가 한 난쟁이의 처량한 시선을 받으며 커지고 있다. 우리는 다시 한 번 무서운 문턱, 그러나 상반되는 것들이 화해하기 쉬운 한 문턱에 선다. 「저녁 어스름」의 첫 시구에서는 〈죽은자들의 그림자들〉이 지나가는 반면, 마지막 절에서는 아름다운 아이가 나타난다.

아니(78면)

이 시는 1912년에 처음 발표되었으며, 그때 제목은 〈파니 Fanny〉였다. 고쳐 적은 제목 「아니Annie」는 독일 시절에 만났던 여자 애니 플레이든Annie Playden과 무관할 수 없을 것이다. 애니는 1904년에 미국으로 떠나고 이후 연락이 두절된 두 사람은 다시 만나지 못했다. 따라서 〈모빌과 갈베스톤 사이/텍사스의 해안〉은 애니의 실제 거처와는 아무 관계가 없다. 아폴리네르가 미국 지도를 펴놓고 무작정 선택한 한 지명일 뿐이리라.

이 시는 애니 플레이든과 관련된 다른 시들처럼 비극적인 요소가 겉에 드러나지 않지만, 가벼운 장난기 속에서 아련한 슬픔을 감지하기는 어렵지 않다. 미국의 별장 같은 시골집에 살고 있는 한 여자와 그 앞을 지나가는 방랑자는 〈같은 전례〉를 따르고 있다. 물론 이 〈같은〉은 말장난일 뿐이다. 우리가 〈단추〉라고 번역한 프랑스어 단어 bouton은 단추라는 뜻 외에도 아직 꽃피지 않은 〈봉오리〉라는 뜻을 지니고 있다. 그래서 그 정원의 장미나무에 〈단추〉가 없다는 것은 아직 꽃피지 않은 〈봉오리〉는 없다는 뜻. 여자의 옷에도 단추가 없는데(이 때는 정말 단추다), 메논교파 가운데에서도 가장 엄격한 고행자들의 모임인 애미시 교단에서는 의복에 장식적 성격이 있는 단추 대신에 후크를 달았다. 시인의 〈저고리에 단추 두 개〉가 모자라는 것은 그가 가난한 방랑자이기 때문이다.

시인이 사랑에 실패한 자신을 어디에도 안주하지 못하고 처량하게 떠도는 나그네로 여기는 것은 자연스럽다. 그는 한때 사랑했던 여자가 불행한 삶을 살기를 바라지는 않는다. 그러나 이 세상의 행복에 젖어 있기를 바라지도 않는다. 이렇게 해서라도 두 사람은 동일한 고통의 전례를 따라야 한다. 물론 아폴리네르는 장난스럽게만 그렇게 말할 뿐이다.

거의 아무것도 없이 읽을 만한 것을 만들어 내고, 묵은 기억이나 삶에 대한 의문 같은 것을 떠오르게 한다는 것, 그것이 아폴리네르의 재능 가운데 하나이다.

죽은자들의 집(79면)

이 시는 1907년 8월 「태양」지에 〈시체안치소 L'Obituaire〉라는 제목의 단편소설로 처음 발표되었다가 1909년 『운문과 산문』에 같은 제목으로, 그러나 자유시로 형태를 바꾸어 재수록 되었다. 「죽은자들의 집 La maison des morts」이라는 현재의 제목은 1913년 『새로운 시인들의 사화집 Anthologie des poètes nouveaux』에 수록될 때 처음 나타났다.

산문을 토막 내어 운문으로 급조한 이 시 때문에 아폴리네르는 한 잡지의 익명 필진으로부터 비판을 받았다. 아폴리네르는 그 필진(실은 그 자신도 거기 포함되어 있었다) 앞으로 긴 편지를 써서 자신을 변명했다. 이 작품이 〈산문으로서는 별로 산문적이 아닌 기이함〉을 지닌 반면, 〈소재가 뛰어나게 시적〉이라면서 다음과 같이 말한 것이다.

진상은 이렇습니다. 자유시에 대한 소양을 쌓고 있을 때 지은 이 시는, 나중에 제가 어떤 위기의 순간을 맞아 의심스러운 서정시의 형식을 거부하고 있을 무렵, 최소한 재미 가득한 시적 산문의 단장(短章)을 구성할 수 있을 것 같았지요. 저는 그것을 「태양」지에 기고했는데 이 신문의 편집자들에게 매우 기이하게 보였던지, 소설이 아니라 잡문으로 게제되었지요. 그러자 친구들은 제가 처음 지었던 그 형식으로 다시 복원하라고 권유를 했습니다. 요컨대 각 부분을 해체하고 보면(도입부와 결말부를 제외하고는) 리듬상으로 산문이 아니라 운문임을 알 수 있지요. 소재가 충분히 그렇지 않더라도 말입니다.

훌륭한 변명이라고 하기는 물론 어렵지만, 이 작품의 서정적 성격을 완전히 부인하기도 어렵다.

아폴리네르는 1902년 뮌헨을 방문했을 때, 그곳 공동묘지에서 매장을 기다리고 있는 시체들이 시체안치소의 유리창 속에 진열되어 있는 것을 보았다. 시의 내용은 잠시 생명을 다시 얻은 이 시체의 주인공들이 살아 있는 사람들과 합류하여 한나절을 즐겁게 보내고 나서 각자 자기 자리로 돌아간다는 이야기이다. 시체와 망령들에 대한 묘사는 흉측하지 않으며 전체적으로 동화적 발상에 의지하고 있지만, 결말부는 감동스럽다: 죽은자들과의 짧은 교류로 산자들은 마음이 고양되고, 차가운 추억과 자신을 혼동할 만큼 순결해졌으며, 다른 사람들을 필요로 하지 않을 만큼 강해졌다. 죽은 사람들과의 짧은 만남이라는 시인의 이 특별한 체험은 시와 교류한 한 젊은이의 체험이라는 관점에서 고찰하면 쉽게 이해가 간다. 젊은 시인은 죽은 사람들과의 짧은 교류라는 가상을 통해 순결하고 부동하며, 지상적 가치를 초월한 어떤 세계에 대한 관념을 얻게 된 것이다. 이 관념이 한 사람의 정신에 추억으로 간직될 때 그는 저녁거리를 위해 〈개고기〉를 사야 하는 현실에 몸을 두면서도 이 삶에 붙잡히지 않을 수 있다. 아폴리네르는 이 시를 쓸 무렵, 죽음 너머의 순결한 빛을 걸고 이 고통스럽고 외로운 삶과 대면할 준비가 되어 있었던 것이 분명하다.

이 시를 헌정 받은 모리스 레날(1884-1954)은 시와 소설과 비평을 쓴 프랑스 작가로 1903년부터 아폴리네르와 교우를 시작했다. 그는 아폴리네르 사후인 1922년에 피카소와 관련된 첫 단독 저작인 『피카소』를 발간하였다. 그는 현대의 화가들에 관해 여러 권의 책을 썼을 뿐만 아니라 새로운 문학과 회화를 위해 물질적으로도 많은 지원을 한 것으로 알려져 있다.

클로틸드(89면)

이 시는 『파리의 야회』지 1912년 7월호에 다른 두 편의 시와 함께 처음 발표되었다. 연구자들은 꽃말에 의지하고 있는 첫 연이 아폴리네르의 젊은 시절에 씌어졌고 나머지 부분이 1905년 이후에 완성되었으리라고 생각한다.

첫 연은 소박하다. 〈아네모네〉와 〈매발톱꽃〉이 각기 〈사랑〉과 〈멸시〉에 대응하는 〈상징의 꽃〉으로 등장하고 있다. 이 갈등하는 두 감정 사이에 슬픔, 곧 〈우울〉이 있다. 그러나 이어서 찾아오는 밤의 어둠은 이 꽃들과 함께 이런 감정들도 지워버린다. 시가 하려는 말은 분명하다. 일상의 작은 정이나 미움, 또는 거기서 비롯되는 슬픔 따위는 덧없는 것이며, 우리가 거기에 크게 구애될 필요는 없다. 그것들은 곧 흔적도 없이 사라질 것이다. 중요한 것은 물속에 검은 그림자가 되어 흘러가는 여신의 머리칼처럼 붙잡을 수 없는 어떤 것이다. 「미라보 다리」에서도 시인은 흘러가는 물을 보고 마음의 상처를 되새기면서 붙잡을 수 없는 어떤 것을 생각하고 있었다.

시의 제목이 되고 있는 여자의 이름 〈클로틸드〉에 관해서는 알려진 바가 없다. 함께 발표된 다른 두 시의 제목이 「마리지빌」과 「로즈몽드」였던 점을 염두에 두면, 3편의 시에 일관성을 주기 위해 이 시에서도 여자 이름을 제목으로 선택했으리라고 짐작되지만, 그렇더라도 클로틸드가 이 시에서 그 시적 감정의 주체임은 말할 것도 없다.

행렬(90면)

이 장시는 아폴리네르의 시 가운데 가장 아름다운 시에 속한다는 평가를 받는다. 로망파 내지 상징파의 〈투시(透視)〉 개념에 대한 현대적 해석이라고 할 수 있는 이 시는 브르통,

아라공, 엘뤼아르 등 초현실주의 제일세대들에게 크게 영감을 주었다. 〈나는 누구인가〉라는 질문과 그에 대한 대답의 모색이 이 시의 주제라고 할 수 있을 터인데, 시인에게 그의 〈자아〉는 인류와 종족의 역사를 구성하는 모든 요소들과 현상들, 한 개인을 모든 다른 개인들과 공시적/통시적으로 묶어 놓고 있는 거대한 그물망의 총체적 〈행렬〉로 파악된다. 이 행렬은 마침내 〈해저의 도시〉를 지나가는 〈해초에 덮인 거인들〉이 된다. 이 해저와 거인들은 초현실주의자들에게서 그 미학적 이론의 바탕이 되는 무의식의 개념으로부터 결코 멀리 떨어져 있지 않다.

시의 첫대목 3연을 구성하는 16줄의 시구에서 시인은 자기 자신을 투시하고 파악할 수 있는 거리와 시간과 방법을 강구하고 싶어 한다. 이어 48줄에 달하는 제4연에서 시인은 자신의 내적 외적 경험을 분석하고 그것을 정리 종합하여 바로 자신의 〈자아〉인 시간과 〈노력〉의 한 덩어리를, 즉 〈모든 인간의 육체와 인간사들이 형성한 나〉를 발견한다. 마지막 2연은 이에 입각한 아폴리네르의 시간론이다. 〈과거〉는 자아 속에서 〈노력과 효과를 동시에 완성〉하면서 성장을 계속하고 있는 것인 반면, 〈미래〉는 〈형체와 색깔이 없는 것〉으로 파악된다. 미래가 비어 있는 것으로 무형으로만 존재하며, 미리 결정되어 있는 것은 아무것도 없다는 이 생각은 새로운 종류의 무신론이며, 인간의 자유에 대한 또 한 번의 선언이다.

1행 〈조용한 새 뒤집혀 나는 새〉는 하늘을 땅으로 여기고 거기에 보금자리를 가지고 있는 새이다. 이 새에게는 지구가 하늘의 별이다. 아폴리네르는 이 새를 설정함으로써 자신과 자신의 지상적 삶 전체를 투시할 수 있는 거리를 얻게 된다.

18행 〈이 길쭉한 불〉은 물론 시인 자신이다. 그 불이 길쭉한 것은 날아가는 불이기 때문이다. 운동하는 것만이 자체 발광의 힘을 지닌다.

36-39행 〈코르넬리우스 아그리파〉는 중세 퀼른의 신비철학자. 전설에 의하면 그는 검은 개 한 마리를 데리고 살았는데, 사람들은 그 개가 메피스토펠레스의 화신이라고 믿었다. 이 철학자는 1509년에 쓴 그의 저서 『De Nobilitas et Praecellantia foemini sexus』에서 여성이 남성보다 도덕적으로 우월하다고 주장했다. 다른 전설에 의하면, 제39행에 등장하는 성녀 우르술라는 퀼른의 수녀원장으로 일만 일천 명의 처녀들과 함께 훈족에게 저항하던 끝에 살해되었다. 이는 코르넬리우스의 주장에 대한 강력한 증거가 될 수 있다. 실연의 경험이 있는 아폴리네르는 코르넬리우스의 이 주장을 믿지 않는다.

71-73행 이 두 행의 〈곁에서〉는 〈비교하여〉의 뜻이지만, 정확하게 말한다면 미래는 무색, 무형이기 때문에 비교의 대상이 되기 어렵다. 미래는 인간적 노력의 효과에 의해 현재의 시점을 경계로 삼아 유형, 유색의 과거 속으로 편입된다.

마리지빌(94면)

1912년에 「클로틸드」, 「로즈몽드」와 함께 처음 발표된 시. 창녀들과 도시 건달들의 세계는 떠돌이 곡예사들의 삶과 함께 자주 아폴리네르의 주제가 되었다.

11행 〈나는 별의별 인간을 다 안다〉 ─ 아폴리네르는 앞의 시 「행렬」에서도 〈다른 사람을 알고 있는 나〉라고 썼던 것처럼, 온갖 종류의 인간들과 접촉했을 뿐만 아니라 그들에게서 속내 이야기를 끌어내는 재능이 있었다.

15행 마지막 행인 제15행은 두 개의 이미지를 교묘하게 중첩시킨다. 마리지빌과 그녀의 동료인 〈별의별 인간들〉은 그들의 〈심장〉과 문을 늘 열어 놓고 산다.

나그네(95면)

1912년 9월 『파리의 야회』지에 처음 발표되었던 이 시 「나그네 Le voyageur」는 평생을 거의 무국적자로 살았던 시인의 심정적 자전이라고 부를 만하다. 아폴리네르는 제1차 대전 참전 당시 그의 애인이었던 마들렌 파제스에게 보낸 편지에서 시집 『알코올』의 시 가운데 가장 좋아하는 시로 「포도월 Vendémiaire」과 함께 이 「나그네」를 꼽았다.

이 시는 시인이자 비평가였으며 1909년 이후 아폴리네르의 친구였던 페르낭 플뢰레(1844-1943)에게 헌정되었다. 플뢰레는 어느 날 저녁 그들 두 사람이 국립도서관의 열람 금지 서적들을 뒤지고 나와 파리 시내를 어정거리던 중에 〈꼬리도 머리도 없는 민중적 한탄가〉의 일종인 이 시를 즉흥적으로 읊었다고 증언하고 있다. 이 시에는 여러 이미지들이 즉흥적으로 병치되어 있는 것이 사실이지만, 제32행부터 제47행까지 12음절 시구로 된 4개의 4행연 정형시는 즉흥적으로 얻어진 것이라고 보기 어렵다. 쓰다 둔 시를 새 시 속에 뒤섞어 넣기는 아폴리네르의 창작 방법 가운데 하나이다.

　이 시를 꼼꼼하고 명민하게 분석한 록커비는 시인이 탐색과 방랑이라고 하는 상징주의의 전통적 주제에 천착하면서도, 그 탐색의 공간을 근대 도시로 옮겨 놓고 〈자신의 불안과 근심에 대한 성찰, 내면탐구〉를 그 탐색의 대상으로 삼고 있다고 말한다. 그러나 이 탐색의 가장 중요한 특색은 시인 그 자신인 〈나그네〉가 뚫고 들어가지 못하는 도시들의 그 외곽과 그 연결선들, 그리고 때로는 따돌림을 당하는 자만이 표류하게 되는 도시의 가장 내밀한 장소들에 있을 것이다. 이 점에서 이 탐색은 의도된 것이라기보다 차라리 운명 지어진 것이다.

　시의 제1행이자 시의 마지막 대목에서 다시 반복되는 〈울면서 두드리는 이 문을 열어 주오〉라는 시구가 생각나게 하는 것은 많다. 우선 〈두드려라, 그러면 열릴 것이다〉라는 성경 구절이 있다. 성경에는 또한 혼례의 저녁에 등불을 준비하지 못한 어리석은 처녀들 앞에 닫혀 있는 성문처럼 두드려도 열리지 않는 문들도 많다. 〈주여, 그대의 문 앞에 서서 그대의 긍휼을 기다립니다〉로 시작하는 낡은 찬송가도 있다. 이런 성서적 비유를 떠나서도 문을 두드리는 일은 걸인과 방랑자들, 모든 〈한탄가〉의 저자들이 겪는 일상사이다. 아폴리네르도 떠돌이로서 생애 내내 열리지 않는 문 앞에 자주 서 있었으며, 시 창작자와 예술이론가로서 온갖 문을 안타깝게 두드렸다.

2행　〈에우리포스〉는 그리스 반도와 에우보이아 사이의 해협. 하루에 열두 번 내지 열네 번 물길의 방향이 바뀐다.
4행　〈미래의 열기〉 — 구체적으로는 수평선의 황혼. 수평선에서 붉게 타오르는 불길이 문밖의 나그네를 덥혀 주지는 않는다. 나그네는 그 열기를 미래의 어느 시간에 누리게 될 터이나 그 미래는 기약이 없다.

11-12행 1901년 8월 24일, 밀호 부인을 따라 독일로 가던 아폴리네르는 벨기에 룩셈부르크 주에 속한 항구 도시 그레벤마허Grevenmacher에서 하룻밤을 보냈다.

13행 〈홀 안쪽에 그리스도 하나가 날고 있었지〉 — 아폴리네르는 시 「변두리」에서도 십자가의 그리스도상에서 비행기와 비행사의 이미지를 본다. 그에게서 그리스도는 최초로 하늘을 난 비행사이다.

14-15행 〈족제비〉와 〈고슴도치〉 — 프랑스에는 족제비나 고슴도치를 사육하는 농가들이 많았다. 족제비는 우리의 매처럼 사냥을 하는 데 이용된다. 고슴도치를 기르는 것은 그것이 행운을 가져온다는 민간신앙 때문이다. 족제비를 갖는다는 것이 현실적이고 영악한 처세를 뜻한다면, 고슴도치는 비현실적, 몽상적으로 세상을 살아가는 태도와 관련된다. 그러나 다른 해석도 가능하다. 프랑스에서는 우리의 〈수건돌리기〉와 비슷한 범인 찾기 놀이를 〈족제비 찾기〉라고 부른다. 족제비를 가진 사람은 곧 횡액을 만나는 사람이 되며, 이 관점에서 행운의 고슴도치를 기르는 사람과 대비된다.

18-20행 스타블로에서 야반도주하며 기차를 타고 지난 공장지대의 이야기일 것으로 추정된다. 낮에는 기계를 돌리고 밤에는 연기를 뿜어내는 도시들을 말하고 있지만, 하루 종일 빙빙 돈 나머지 밤에 어지럼증으로 구토를 한다는 표현이 독창적이다.

23-25행 〈두 뱃사람〉 — 아폴리네르가 어린 시절 동생 알

베르와 함께 세일러복을 입고 찍은 사진이 있다. 이 점을 염두에 둔다면 이 시구는 스타블로에서 도망쳐 오던 날의 기억이 투영되어 있을 것이라고 생각할 수 있다.

마리(99면)

『파리의 야회』지 1912년 10월호에 처음 발표되었다. 거의 같은 시기에 『운문과 산문』지 1912년 10-11월호에 다시 발표되었으며, 이때 현행의 텍스트처럼 구두점이 모두 삭제되었다. 아폴리네르가 그의 시에서 구두점을 모두 삭제하기 시작한 것은 바로 이 무렵부터이다.

아폴리네르는 마들렌 파제스에게 보낸 1915년 7월 30일자 편지에서, 마리 로랑생과 결별하며 그 〈통렬한 추억을 기념한 시〉 가운데 이 시가 〈가장 통렬한 시〉라고 썼다.

그러나 이 시에는 시인이 마리 로랑생을 만나기 이전에 썼을 것으로 확인되거나 짐작되는 시구들이 들어 있다. 제3행의 〈마클로트maclotte〉는 스타블로 지방에서 깡충거리며 추는 춤이다. 아폴리네르는 열아홉 살이 되던 해인 1898년 여름을 스타블로에서 보내며 그곳의 마을 처녀 마리 뒤부아 Marie Dubois(또는 Mareye Dubois)에게 순정을 느끼고 여러 편의 시를 썼으나 후에 모두 파기한 것으로 알려져 있다. 특히 이 시에서 유일하게 12음절로 되어 있는 제9행은 스타블로 시절의 아폴리네르가 사용하던 공책에 적혀 있는 시구이다. 이 시에는 두 사람의 마리에 대한 추억이 외로움과 비탄의 음조 속에 녹아 있다.

6행 〈가면들masques〉은 춤출 때 쓰는 가면들이겠지만, 이 말없는 가면들이 현실을 현실 아닌 것으로 느끼게 한다.

13행 〈내겐 왜 없는가〉로 옮긴 〈que n'ai-je〉는 두 행 앞의 〈la neige(눈)〉와 발음상 동일한 음을 공유하고 있다. 이 구절은 동음을 이용한 신소리calembour이다. 비탄의 어조 속에 들어 있는 이 말장난은 감정의 강도와 격조를 떨어뜨리기보다는 오히려 생생한 현장감을 부여한다. (아폴리네르는 똑같은 신소리를 다른 방식으로「흰 눈 공주La Blanche Neige」에도 끼워 넣고 있다.)

23-25행 이 마지막 3행은 아폴리네르의 절창이라고 흔히 말한다. 그런데 이들 시구는 우리에게 낯설지 않다. 아폴리네르가 1897년부터 1899년까지 사용하던 두 권의 공책에는 시작(詩作)과 언어습득에 필요한 각종 메모들과 함께 〈한국의 시〉가 적혀 있었던 것으로 알려져 있지만 현재 이 공책은 행방불명인 상태여서 그 시가 어떤 시인지 알 길이 없다. 그러나 나는 그 시 가운데 적어도 한 편은 〈천만리 머나먼 길에 고운 님 여의옵고〉로 시작하는 왕방연의 시조였을 것이라고 추측한다.

　　나는 센 강변을 걸었네
　　강물은 내 고통과 같아
　　흘러흘러 마르지 않네

이 3행은 왕방연의 다음 시조에서 그 중장과 종장을 번안한 것이 분명하기 때문이다.

천만리 머나먼 길에 고운 님 여의옵고
내 마음 둘 곳 없어 냇가에 앉았으니
저 물도 내 안 같아야 울어 밤길 예놓다.

흰 눈 공주(101면)

시집 『알코올』에 처음 발표된 시이다. 아폴리네르의 연구자들은 대개 시인과 애니 플레이든의 관계가 돌이킬 수 없는 지경에 이른 상황에서 이 시가 쓰였을 것이라고 말하지만, 자신이 사랑받지 못한 사람이라는 생각은 생애 내내 아폴리네르를 지배한 감정이었다.

시의 원제목 La Blanche Neige는 알다시피 안데르센의 동화 『백설공주』, 즉 『흰 눈 공주』의 제목이자 주인공 이름이다. 이 제목은 시의 동화적 상상력과 연결된다.

이 시는 ciel/ciel(하늘), soleil/soleil(태양), ange/ange(천사)처럼 반복되는 낱말들의 리듬과 neige(눈)와 n'ai-je(없다니) 같은 동음이의어 효과를 기교의 바탕으로 삼고 있다(앞의 시 「마리」 참조).

바우러는 이 시를 아폴리네르의 걸작 소품의 하나로 치면서, 시인이 아무 연관성도 없이 흩어져 있는 사물들 사이에서 그 내적 관계를 발견하고, 거기서 시적 충격을 받는 과정을 이 시를 통해 분석한다.

앙드레 살몽의 결혼식에서 읊은 시(102면)

제목에서 말했듯이 1909년, 시인의 친구인 앙드레 살몽의 결혼식에서 낭독된 이 시는 1911년 『운문과 산문』지에 처음 발표되었다.

앙드레 살몽은 그해 7월 13일, 즉 프랑스 대혁명 기념일 전야에 결혼식을 올렸다. 이 택일에는 특별한 의도가 있었다. 「국경일 전날 결혼식을 갖는다는 것은 가난한 자의 풍요로운 아이디어였다. 공화국이 불을 밝혀 줄 것이며, 오케스트라의 비용을 지불할 것이다. 우리는 거리에서 무도회를 열 수 있을 것이다. 나는 곰곰이 생각한 뒤에 화급히 결정하였다.」(앙드레 살몽, 『끝없는 추억』 II)

과연 그의 결혼식 날 프랑스에는 온통 깃발이 내걸렸고 거리에서는 축제가 벌어졌으며, 아폴리네르는 결혼 축시에 〈파리가 깃발로 장식된 것은 내 친구 앙드레 살몽이 여기서 결혼하기 때문〉이라고 쓸 수 있었다.

아폴리네르는 이 시에 경탄하는 필립 수포에게, 살몽의 결혼식장으로 가는 합승마차에서, 그것도 친구 달리즈가 계속 말을 걸고 있는 상태에서 자신이 이 축시를 즉흥적으로 썼다고 말한 것으로 전해진다. 그러나 글쓰기와 독서에 관련하여 늘 과장하는 버릇이 있는 아폴리네르의 말을 액면 그대로 받아들이기는 어렵다.

12행 〈어느 저주 받은 동굴〉 — 무명 시절의 아폴리네르가 역시 무명 시인인 앙드레 살몽을 자주 만났던 데파르 카페 café de Départ를 말하는 것이겠지만, 당시 이 카페의 홀은 매우 밝고 편안한 장소였다고 한다. 그러나 문학에 의지를 걸고 있는 젊은이들이 그 가난밖에는 전시할 것이 없는 자리는 어느 자리나 모두 저주 받은 동굴일 것이며, 앙드레 살몽 자신의 말을 빌리자면 〈위험한 앙가주망〉의 동굴일 것이다.

17행 〈식탁과 술잔 두 개가 오르페우스의 마지막 시선을……〉 — 도취의 술잔이 깨어지는 순간 문학청년들은 문학의 낭만적 신비주의에서 해방된다. 이제 그들에게 오르페우스처럼 이승과 저승을 넘나드는 일은 없을 것이다.

40행 〈별들과 행성들 사이 단단한 공간〉 — 우주의 공간은 〈사랑〉으로 가득 채워졌기 때문에 결과적으로 단단하고 충실하다.

고별(105면)

이 짧은 시는 1903년, 아폴리네르가 창간한 잡지 『이솝의 향연』에 처음 발표되었다. 그러나 이 시는 그 전에 썼던 길고 지루한 시 「열쇠 La Clef」에서 한 대목을 발췌한 것이다.

「열쇠」는 애인의 감긴 눈을 열기 위해 열쇠를 찾아 먼 길을 떠난 여자가 고생 끝에 목표물을 손에 넣었으나, 돌아와 보니 애인은 벌써 죽은 사람이었다는 내용의 시이다. 아폴리네르는 이 시에서 「고별」과 「귀부인」 등 『알코올』에 수록된 두 편의 시를 끌어내고 나머지를 방치해 두었으나, 그의 사후에 전문이 시집 『우울한 파수병』(1952)에 수록되었다. 「열쇠」에서 문제의 대목은 다음과 같다.

J'ai cueilli ce brin de bruyère
Mets le sur ton coeur pour longtemps
Il me faut la clef des paupières

J'ai mis sur mon coeur les bruyères
Et souviens toi que je t'attends

내 히스나무 이 가녀린 가지를 꺾어 두었지요
이제 오랫동안 당신 가슴에 꽂아 두세요
내겐 눈까풀을 열 열쇠가 필요해요

히스 가지를 내 가슴에 꽂아 두었소
그리고 내 당신을 기다리니 잊지 말아요

『우울한 파수병』의 편집자들에 의해 구두점은 생략되었으나, 이 내용이 두 사람의 대화인 것은 확실하다. 1903년 이 구절이 발췌되어 한 편의 시로 발표될 때도 그것은 두 사람의 대화였다. 그러나 제3행이 바뀌고 실없는 이야기가 미묘한 여운을 얻게 되었다.

⟨J'ai cueilli ce brin de bruyère.
Mets le sur ton coeur plus longtemps
Nous ne nous verrons plus sur terre.⟩
⟨J'ai mis sur mon coeur la bruyère,
Et souviens-toi que je t'attends.⟩

〈내 히스나무 이 가녀린 가지를 꺾어 두었다.
이제 오랫동안 네 가슴에 꽂아 두어라
우리는 이 땅에서 다시 보지 못할 거야.〉
〈히스 가지를 내 가슴에 꽂았다,
그리고 내 너를 기다리니 잊지 말아라.〉

   이 시는 다시 시집『알코올』에서 현재의 상태와 같이 제2행과 제4행이 바뀌었다. 또한 구두점이 사라져 전체가 한 사람의 독백으로 이해되면서 높은 서정성을 얻는다. 가을은 죽었으나 그 가을에 꺾어 둔 히스나무의 마른 가지에는 그 사라진 시간을 말해 주는 향기가 여전히 남아 있다. 마찬가지로 사람과 사람 사이에 이별은 영원한 것이 되었으나 시간의 향기처럼 추억이 잊히지는 않는다.

살로메(106면)

   이 기이한 시는『산문과 운문』지 1905년 겨울호에 처음 발표되었다.
   성서의 살로메 이야기는 상징주의자들이 애용했던 소재이다. 아폴리네르도 〈세례 요한에 대한 살로메의 광적인 사랑〉이라는 문학적 창안을 이용하고 있으나 그것을 취급하는 태도는 매우 다르다. 무엇보다도 아폴리네르는 고의적으로 시대착오적 표현을 쓰고 있다.
   백작부인comtesse도, 왕의 광대fou도, 그의 인두장식 지팡이marotte도, 창병trabants도 성서 시대의 중동보다는 유럽의 역사와 관련된다. 〈Dauphin〉은 프랑스의 황태자이며, 〈infante〉는 에스파냐의 공주이다. 사제와 로사리오와 기도서는 가톨릭의 그것들이며, 스타킹 밴드jarretière는 아폴리네르 시대의 풍속과 관계된다. 성서 시대에 코담배갑tabatière이 있을 리 없다. 이것은 어떤 민속판화가가 생각해 낼 만한 역사화이며, 하나의 이야기가 말하려는 것에 대한 직접적인 감수성으로 고증을 대신하는 역사 서술이다. 시대착오의 낱말들이 무책임한 상상력 속에서 전설의 춤에 구체적인 모습을 주고 그 춤의 어지러움을 만든다. 문학이 너무 많이 이용했던 살로메의 낡은 춤이 이렇게, 툴루즈 로트렉Toulouse-Lautrec 같은 사람이 느꼈을 프렌치 캉캉의 매혹을 얻는다.

문(108면)

시인과 어머니의 대화로 엮어진 이 시는 1912년 11-12월호의 『운문과 산문』에 처음 발표되었다. 연구자들은 아폴리네르가 독일 체류(1901-1902)를 전후한 곤궁한 시절에 자신을 압박했던 정신 상태를 표현한 시라고 흔히 추정하지만, 마리 잔느 뒤리는 〈이 시는 나의 시대에 속한다〉는 마리 로랑생의 말에 따라 그 창작 시기를 늦춰 잡는다. 사실 아폴리네르의 생애에서 어머니와 아들이 이런 종류의 대화를 나눌 수 있는 정황은 어느 한 시기로 국한되지 않는다. 가족의 가난은 쉽게 풀리지 않았으며, 어머니와 아들은 자주 서로를 원망했다.

4-5행 〈비목어〉는 「변두리」에 나오는 〈비익조〉와 마찬가

지로 중국인들이 상상해 낸 동물이며, 제5행에서 〈천사어〉로 번역된 프랑스어 〈ange〉는 〈전자리상어 ange de la mer〉를 뜻할 수도 있다. 공상과 말장난으로만 존재하는 이 시적인 것들에 대한 시인의 생각은 양가적이다. 사무원으로 고용되는 자는 이 시적인 것들을 누릴 수 없기에 〈그에게만은 아무것도 존재하질 않는〉다고 말하게 되지만, 그러나 그것들은 시인의 생활에 실재적인 가치를 지닐 수 없기에 〈아무짝에도 쓸모없는 나처럼〉 초라하다는 평가를 받게 된다. 시인은 가난 속에서 자신의 시정신이 죽어가는 모습을 목도한다. 마지막 시구에 나타나는 어머니의 대답도 양의적이다. 어머니는 아들에게 자기가 지닌 것을 물려주었다지만, 사실 어머니는 지닌 것이 없었으며, 따라서 물려준 것이 없다. 그러나 어머니는 아들에게 보람 없는 일을 하지 않을 수 없는 형편, 그래서 더욱 시적인 것들을 꿈꾸고 상상해야 하는 형편을 물려주었다.

메를랭과 노파(109면)

『새로운 지면』지 1912년 6월호에 처음 발표되었다. 「도둑」, 「은둔고행자」와 더불어 『알코올』의 수록작 가운데 가장 먼저 쓰인 시편에 해당한다. 이들 3편의 시는 각 편마다 신화적이고 상징적인 주인공이 등장하며, 그 서사의 내용은 모두 젊은 날의 아폴리네르가 중세의 기사도 로망이나 신비서를 읽으며 모색하였던 시 쓰기에 대한 성찰을 우의적으로 표현한다.

이 시의 주인공 메를랭은 〈아더왕 이야기〉에 나오는 마법사 멀린Merlin의 프랑스식 이름이다. 아폴리네르가 1909년에 발간한 소설 『썩어 가는 마법사』에서, 악마 아버지와 인간 어머니 사이에서 태어난 마법사 메를랭은 사랑하는 여자 비비안에게 자신의 마법을 전수하지만, 그 마법을 역이용한 그녀에게 제압된 나머지 산 채로 무덤 속에 갇힌다. 육체가 썩고 정신으로만 존재하는 메를랭은 그를 찾아온 원탁의 기사들, 전설상의 인물들과 동물들을 차례로 접견하여 무덤의 흙을 사이에 두고 자연계와 인간계에 두루 걸치는 잡다한 주제들을 놓고 이야기를 나눈다.

이 시 「메를랭과 노파」에서, 시인을 우의하는 메를랭은 그의 기억을 우의하는 선녀 모르간을 만나 사랑을 나눈 끝에 그 사랑에서 탄생할 아들, 곧 〈시〉를 축수하며 〈꽃핀 산사나무 아래〉 무덤 속에 영원히 갇히기로 결심한다. 그의 육체는 죽을 것이나 그의 시는 살아남아 그 정신의 영원한 삶을 증명할 것이다. 일상을 사는 육체의 시인은 기억을 통해 존재의 깊이를 확보하며, 기억은 육체의 삶을 통해 생명을 얻는다. 이 젊은 날의 시론에서 시에 대한 심도 있는 통찰력을 발견하기는 어렵지만, 한 젊은이가 시와 문학에 거는 순결하고 신비로운 기대와 결의는 그 행간에서 읽을 수 있다. 그러나 또한 생존의 발판이 될 수 없는 문학을 두려운 마음으로 바라보는 한 젊은 문인의 고뇌도 함께 읽게 된다.

1-4행 시의 시간 배경은 해가 지는 저녁이다. 서쪽 하늘로 지는 붉은 해는 피 흘리는 태반과 같은 모습을 지녔다. 이 시각적 이미지가 〈빛은 나의 어머니 오 피 흘리는 빛〉이라는 표현으로 발전하지만, 여기에는 물론 태양이 모든 생명의 근

원이라는 사고가 있다.

5-8행 시의 공간 배경은 황량한 네거리이다. 〈바람의 장미〉는 풍향계의 방향반을 뜻하는 말이지만, 여기에서는 〈네거리〉 자체가 그 방향반 구실을 하고 있다. 메를랭으로 은유되는 시인은 아직 어떤 재능도 꽃피워 내지 못한 채 〈바람의 장미〉 또는 〈네거리〉로 표현되는 선택의 기로에 서 있다. 그러나 그는 〈삶〉이란 말로 표현되는 현실 원리와 〈영원한 원인〉이란 말로 표현되는 우주창조의 형이상학적 원리를 동시에 규명하려 하고 있다. 젊은 시인이 시에 거는 기대가 이와 같다.

9-16행 모르간 선녀가 노새를 타고 산에서 강 하류로 내려온다. 그때 메를랭은 그녀를 만나서 실천하게 될 행동에 대한 결의와 열망을 〈라이벌〉에게 예고하는 방식으로 표현한다. 이 〈라이벌〉은 다음 연의 〈내 얼어붙은 존재〉와 동격이다. 늙은 메를랭에게는 서로 라이벌이 되어 맞서는 두 개의 존재가 있다. 그 한쪽인 죽음과 불모의 얼어붙은 존재가 다른 한쪽인 사랑과 창조의 존재를 위협한다. 제14행의 〈육체의 태양〉은 심장. 제16행의 〈불행하고도 아름다운 아들〉은 시인 메를랭이 쓰게 될 시. 시 쓰기는 불행한 체험과 그 기억을 바탕으로 아름다운 언어를 창출하는 행위이다.

17-20행 늙은 메를랭은 마지막 남은 힘을 불태워 잠시 젊은 날의 원기를 회복하려 한다.

21-24행 이 을씨년스러운 풍경의 묘사에는 습작 시절 시인이 겪은 온갖 불행이 함축되어 있다. 제24행의 〈바람이 그때 털과 불행을 실어 오고〉라는 시구는 〈털 깎은 양에게는 신도 함부로 바람을 보내지 않는다〉는 서양 속담에 대한 불신을

은근히 드러낸다. 시인이 보기에 불행은 또 다른 불행을 몰고 올 뿐이다.

25-28행 선녀 모르간과 메를랭이 사랑을 나눈다. 그들의 애정행위는 서로 손가락을 얽어 잡는 것으로 끝난다. 이 시에 자주 나타나는 손과 관련된 표현은, 일부 해석자들에게, 이 시가 수음에 관한 시라고 주장할 수 있는 근거가 된다. 이런 주장의 진위를 떠나서, 젊은 시절의 아폴리네르에게서는 예술행위가 자주 수음행위로 나타난다. 이 속된 예술관은 그러나 상징주의의 관념적, 형이상학적 시를 현실 세계로 복귀시킬 수 있게 한 새로운 감수성의 기초가 된다.

29-32행 선녀 모르간은 (손가락의 얽힘으로) 메를랭과 사랑을 나누는 동안 춤을 추며 자신의 정체와 운명에 대해 이야기한다. 그녀는 과거의 기억이며 온갖 공상의 산물일 뿐이기에, 메를랭이 그녀를 머릿속에 떠올려 주기 전까지는 실제의 삶을 알지 못했다. 시인 메를랭의 역할은 허깨비인 그녀에게 실제 삶의 리듬을 부여하는 것이다. 그녀 모르간이 〈지벨산 꼭대기에서〉 이 순간을 기다린 것은 그 때문이다.

33-40행 선녀 모르간의 말이 계속된다. 춤추는 행위, 곧 예술행위는 신기루를 만들어 현실 세계의 두려움과 나쁜 미래에 대한 예감을 감출 수 있다. 그러나 고독 속에서 시작하여 고독에서 끝나는 이런 행위는 결국 〈하얀 몸짓〉, 곧 아무런 결실도 얻지 못하는 〈빈 몸짓〉에 불과하다. 생명을 지닌 인간들이 아닌 〈망령〉들을 불러 〈악몽〉을 점령하게 하는 선녀 모르간의 춤은 그렇더라도 일단 〈더할 수 없는 기쁨들〉의 표현이 될 수 있다. 그녀는 이 기쁨의 표현을 〈예술의 순수효과〉와 동일시하는데, 이 순수효과가 반드시 긍정적인 뜻을 지니는

것은 아니다. 그것은 〈아무런 실제적 효력도 없는 효과〉일 수 있기 때문이다.

41-48행 선녀 모르간의 말이 계속된다. 예술의 뮤즈이자 창조적 상상력 그 자체이기도 한 그녀는 자신이 소외되어 있음을 고백한다. 그녀가 꺾는 것은 오직 하얀 산사나무 꽃이지만, 그 꽃은 곧 시들게 마련이며 현실에서 어떤 비극이 벌어지더라도 그녀는 대처할 능력이 없다. 실제의 고통도 없이 고통을 시늉할 뿐인 그녀에게는 그 소외를 고백할 말동무로, 사월에 잠시 꽃피는 산수나무가 있을 뿐이다.

49-56행 손가락 얽어 잡기로 이루어지는 두 존재의 사랑 행위가 〈비상〉으로 끝난다. 그러나 이 비상은 독수리의 습격을 받은 비둘기들이 하늘로 도망치듯이, 그들의 손이 어두운 현실의 습격을 피해 빛이 되어 날아오르는 것이라는 점에서 비극적 성격을 지닌다. 이 정황에서도 시인 메를랭이 기대를 걸 수 있는 것은 그 자신이 쓰게 될 작품밖에 없다. 그는 자신의 작품에 대해 고난과 영광의 운명을 동시에 예견한다. 젊은 시인은 현실의 고난 대신 어떤 추상적 고난을 짊어지려 하는 것처럼 보인다.

57-60행 메를랭은 비비안을 찾아가 그녀의 희생자가 되기로 결심한다. 〈호수의 여인〉이라고도 불리는 비비안은 〈아더 왕의 이야기〉에서, 그리고 아폴리네르의 『썩어 가는 마술사』에서, 메를랭의 마법을 역이용하여 그를 마법의 무덤 속에 가두어 버린 여인이다. 이 시에서 메를랭은 그 운명을 자진해서 선택한다. 이제 그의 육체는 무덤에 갇혀 썩겠지만, 그의 정신은 〈꽃핀 산사나무 아래 영원하리라〉. 메를랭은 문학적 허깨비인 선녀 모르간을 만나 그녀에게 삶을 부여하려 하였

으나, 끝내는 그 자신이 오히려 허깨비가 되기로 결심한다는 점에 이 시의 아이러니가 있다.

곡마단(113면)

『아르고노트』지 1909년 2월호에 광대들의 삶을 다룬 다른 시 「저녁 어스름」과 함께 처음 발표되었다. 이 시도 「저녁 어스름」과 마찬가지로 청색시대의 피카소를 연상하게 하지만, 한편으로는 라인란트의 풍경이 배어 있는 시이다.

제2연에서 광대패들의 기척에 과일나무들이 〈저마다 체념〉을 하는 것은 이 떠돌이들이 또한 과일서리꾼들이기 때문이다.

이 시는 스위스 출신의 소설가이자 『메르퀴르 드 프랑스』지의 창립멤버인 루이 드뮈르에게 헌정되었다. 아폴리네르는 이 잡지의 기고자였으며, 시집 『알코올』도 이 잡지사에서 출간되었다.

도둑(114면)

1903년 8월 반월간 문학잡지 『펜』에 처음 발표되었다. 『알코올』에 수록된 세 편의 초기 장시 가운데 하나로, 〈혼란스럽고 신비로운〉(데코댕) 시편이라는 점에서는 다른 두 편의 초기 장시 「메를랭과 노파」, 「은둔고행자」와 다르지 않다. 게다가 이 시는 처음 발표되었을 때 대화와 지문으로 구성되어 있던 담시였으나 『알코올』에 수록하면서 인용부호를 비롯한 모든 문장부호가 삭제되고 대화와 지문이 모두 등장인물들의 대사로 배분되어 극시의 형식을 갖추는 과정에서 도리어 그 혼란과 신비가 가중되었다.

시는 이야기 하나를 담고 있다. 소아시아의 한 바닷가 마을에 젊고 아름다운 한 사나이가 〈스키티아의 바람을 따라〉 표류했다. 그 마을의 주민들인 〈무르익은 과일의 소유자들〉이 그를 과일 도둑이라고 비난할 때 그는 이를 당당히 인정하지만 그의 정체는 불확실하며, 그 도둑질의 동기 역시 불확실하다. 마을 주민들은 그의 순결하고 애처로운 모습에 그를 일단 용서하고 식사에 초대한다. 주인공은 음식에 까다로움을 부리지만 초대자들은 빈정거릴 뿐 화를 내지 않는다. 과일 도둑은 누구에게도, 또는 어느 신에게도 기구하지 않는다. 과일의 주인들은 이 지역을 이미 지나간 적이 있는 정복자들, 예언자들, 시인들을 상기하며 끊임없이 이 젊은이의 신원을 추궁한다. 그는 마침내 말한다 — 〈나는 기독교도이다〉. 이 대답이 불행을 불러온다. 그는 웃음거리가 되고, 주민들로부터 받았거나 받게 될 모든 것을 빼앗긴 채 추방된다. 그리고 계속해서 이어지는 시구, 무려 32행에 걸쳐 이 시를 결말짓는 〈코러스〉의 대사는 그들이 쫓아내는 주인공에 대한 비난, 충고, 그 비범한 특징에 대한 아쉬움을 담고 있다.

마리 테레즈 고스는 에르네스트 르낭의 『기독교 기원사: 마르쿠스 아우렐리우스와 고대 세계의 종말』의 마지막 권에서 이 시의 전거를 찾아낸다. 르낭은 이 책에서 기원후 2세기경에 이교도들의 관점에서 본 기독교 사회의 특징을 묘사하고 있는데, 이교도들이 보기에 기독교도는 도둑의 일종이었다. 로마의 반기독교 이론가들은 기독교도들이 기존 사회의 풍속, 구조, 신앙을 거부하면서도 그 재산의 분배에 참가하려 한다고 비난한다. 아폴리네르의 도둑도 마찬가지로 그가 이끌려 들어간 잔치에서 〈어느 신에게도 기구하지 않는다〉. 기독교도들이, 한 사회의 성원들이 치러야 할 갖가지 행위들을 거부하면서도 그 사회의 사람들이 누리는 권리를, 즉 〈지상의 과일〉을 함께 나누려 한다면 부당하다. 아폴리네르의 〈도둑〉도 이 점에서 비난을 받는다. 추방은 기독교도에게도, 〈도둑〉에게도 피할 수 없는 운명이다. 반기독교 철학자들은 기독교도의 국적에 관해서도 언급한다. 기독교도들은 지상에 살지만 실제로는 하늘에 조국을 두고 있다는 증거로 순교자들에게 그 조국을 물으면, 〈나는 기독교도다〉라고 대답한다는 것이다.「도둑」의 과일 도둑도 그의 신원을 캐묻는 주민들에게 같은 말로 대답한다. 전통사회의 반기독교 이론가들은 또한 기독교도들의 행색과 나쁜 영향에 관해서도 말한다. 기독교도들은 창백한 얼굴을 지녔으며, 정신이 병든 여자들과 어리석은 아이들을 유혹한다는 것이다. 이 특징은 과일 도둑에게서도 발견된다. 〈코러스〉는 그에게 〈과일을 훔칠 때 너는 배고픈 척했던 것이냐〉고 힐난하며, 그는 창백하며, 〈여자〉가 그에게 특별한 관심을 보인다. 그러나 무엇보다도 반기독교 이론가인 루키아노스는 초기 기독교도들에게서 과일 도둑의 특징일 뿐만 아니라, 시작 행위라는 관점에서 볼 때 아폴리네르 그 자신의 특징일 하나의 성격을 발견한다: 〈말에 엄격한 그들은 뮤즈의 적이다〉. 아폴리네르의 도둑은 〈오르페우스의 목소리와 치마를〉 갖지 않았으며, 아폴리네르 그 자신도 자주 말의 엄격한 의미에 따라 관용어법을 해체한다. 아폴리네르는 「도둑」에서 이미 기독교가 새로운 사상일 수 없는 시대에, 혁명적 사상의 수난자로서 기독교도를 묘사함으로써 자신의 문학적 상황을 묘사하고 있다.

4행 〈놈이 울고 있네요〉 이하는 앞의 시구와 달리 주민들에게 하는 말이다.

5-8행 이론을 따지는 식의 〈도둑〉의 말투는 나중에 주민들로부터 〈도둑아 사람들을 무시하고 네가 율법을 더 잘 안다는 말이냐〉(제47행)는 힐난을 초래하게 된다.

10행 〈너는 미소년이니 순순히 따르거라〉 — 동성애의 요구에 따르라는 뜻이며, 제11행의 〈소크라테스의 몸짓〉도 동성애의 몸짓을 말한다.

15행 〈자킨토스와 키클라데스〉 — 이 에게 해의 섬들이 의미하는 바를 정확히 알 수는 없지만, 제14행과 더불어 사생아로서의 아폴리네르의 처지 내지 모호한 부계와 관련이 있을 것으로 해석된다. 주민들에게 〈도둑〉은 그의 신원이 불분명하기 때문에 더욱더 모욕의 대상이 된다.

17-20행 제17행은 도둑이 주민들에게 하는 말. 제18행은 어머니에게 하는 말. 이 모욕에 어머니도 슬퍼할 것이라는 뜻의 말이다. 제19-20행도 어머니에게 하는 말이지만 자신의 사생아적 처지에 대해 어머니에게 원망하는 감정을 담고 있다.

29-56행 이 〈배우〉의 대사에는 독자(또는 관객)에게 전하는 해설과 〈도둑〉에게 하는 말이 섞여 있다. 번역에서 높임말은 〈배우〉가 독자에게 하는 말이며, 낮춤말은 〈배우〉가 〈도둑〉에게, 또는 주민 가운데 한 사람이 〈도둑〉에게 하는 말이다.

29-30행 〈배우〉가 묘사하는 연회실의 분위기는 육욕에

따라 사는 사람들의 삶을 암시한다.

34행 〈늙은 타나그라 수탉〉의 간에서 꺼낸 돌은 주민들이 물신 숭배자들임을 암시한다.

41행 〈죽〉으로 번역한 〈brouet〉는 곡물 가루를 넣은 진한 스프로 고대 스파르타에서 상용했다는 음식.

43-44행 〈빈정거리는 말투〉는 〈배우〉의 해설이며, 〈잠두〉 이하는 주민 중의 한 사람이 〈도둑〉에게 하는 말이다. 〈잠두〉는 피타고라스가 종교적인 이유에서 식용을 금지한 곡물이다. 주민의 한 사람이 빈정거리는 말로 잠두를 언급한다는 것은 주민들과 〈도둑〉의 종교가 다름을 암시한다. 〈금빛 꿀에 절인 꽃튀김〉은 〈도둑〉에게 너무 과분한 요리이다.

45-52행 주민 가운데 〈한 여자〉만이 〈도둑〉을 동정하며 그를 높이 평가한다. 전설에 따르면, 피타고라스는 자신이 전생에 〈공작〉으로 태어난 적이 있다고 말했다. 〈살무사 수컷이나 황소〉도 지중해의 고대 사회에서 신성하게 여기던 동물이다.

56행 〈눈 깜빡임 종대〉는 〈열을 지어 행진하는 사람들〉을 뜻하는 일종의 제유법적 표현. 첫 발표 당시 아폴리네르는 〈눈 깜빡임 종대〉 대신 〈무리들bandes〉이라고 썼다.

57-83행 〈코러스〉의 이 대사는 주로 성서에 나타나는 인물들을 헐뜯는 방식으로 묘사하며, 이와 관련하여 〈도둑〉에게 자신의 신원을 밝히라고 채근한다.

57-60행 「출애굽기」의 모세의 행적이 문제된다. 모세가 〈말더듬이 사내〉로 폄하되는 것은 그가 야훼를 처음 만났을 때 자기에게 주어진 과업을 피하기 위해 〈저는 워낙 입이 둔하고 혀가 굳은 사람입니다〉(출애굽기 4장 10절)라고 말했기 때문이다.

61-64행 바빌론 유수 시절의 유대인들을 미신에 젖은 자들로, 혹은 요행수를 노리는 자들도 묘사한다.

65-68행 죽음을 맞기 위해 숲을 찾아온 이 〈야만스러운 시인〉은 『알코올』의 다른 시 「메를랭과 노파」의 메를랭을 생각나게 한다. 이 시에서도, 아폴리네르의 다른 작품 『썩어 가는 마술사』에서도 메를랭은 숲에서 죽기를 결심하는 환시자이다.

69-72행 〈개선 행렬〉이 어느 개선 행렬인지는 알 수 없다. 〈땀 흘리는 조각상들〉은 엄숙한 행사를 위해 조각처럼 무표정한 얼굴을 하고 있지만 솟아나는 땀을 막지는 못하는 개선 병사들. 주민들은 이 개선 행렬을 일종의 재난처럼 묘사하고 있다.

73-76행 솔로몬 왕이 에티오피아의 왕녀를 맞아들이는 장면. 〈이등변삼각형〉은 사제들의 법의 자락이 열려 드러나게 된 체모. 〈팔라스 여신〉은 생식의 여신이기 때문에 성기를 드러내는 행위는 이 여신에 대한 경배가 된다. 주민들은 이렇듯 〈솔로몬 왕의 가장 아름다운 노래〉인 「아가」에서 음란함을 볼 뿐이다.

77-80행 〈말 탄 자들〉은 「요한계시록」의 네 사람의 기사와 관련된다. 이 기사들은 기독교도에게는 재앙을 가져오는 사람들로 이해되지만, 주민들에게는 축제의 공 〈재나 꽃이 가득한 오자미〉를 던지는 사람들일 뿐이다. 미래를 낙관하는 주민들에게 최후의 심판 따위의 언설은 아무런 위협도 되지 않는다.

82-83행 지중해 연안, 소아시아, 중동 등에서 믿고 있던 다양한 종교의 음탕한 측면이 열거된다. 〈베페고르〉는 구약 시대에 모아브인들이 믿던 신. 주민들이 야훼의 종교와 관련 없는 종파들의 〈음탕한 표지〉를 열거하는 것은 〈도둑〉을 격분

케 하여 그의 고백을 얻어 내려는 데 목적이 있을 것이다. 실재로 〈도둑〉은 이 말에 화를 내며 〈나는 기독교도요〉(제84행)라고 외치게 된다.

85-88행 주민들은 스스로 〈기독교도〉라고 말하는 주인공을 비웃는다. 〈왼편의 도둑〉은 예수의 십자가 수난 당시 함께 처형된 두 도둑 가운데 예수를 부인하고 비난했던 도둑. 주민들은 이 〈왼편의 도둑〉의 관점에서 이 시의 주인공을 비난한다.

89-92행 〈도둑〉에게 유일하게 동조하는 〈여자〉의 대사. 제49-52행의 반복이다.

93-124행 〈코러스〉에게 배당된 이 마지막 대사에는 〈도둑〉을 힐난하며 내쫓는 말과 그가 자신들의 세계에 합류될 수 없었음을 아쉬워하는 말이 섞여 있다.

93행 〈시스트럼〉은 고대 이집트에서 사용하던 타악기. 주민들이 이 악기를 흔드는 것은 불길한 존재를 추방하기 위해서이다.

97-100행 〈절대가 몰락했으니 그 몰락이 바로 증거다〉─〈절대가 몰락〉했다는 것은 신의 아들을 자처했던 예수가 십자가에서 죽었다는 점을 말한다. 주민들은 이 점을 증거로 삼아 절대적 유일신의 존재를 부인한다. 이어서 주민들은 〈두 몸〉과 〈세 몸〉을 언급하여 예수가 성령으로 잉태했다는 이야기와 삼위일체설을 비하하고 부인한다. 〈임신한 여자들〉, 〈태반〉 등은 모두 성모무염시태설과 〈스스로 있는 자〉로서의 야훼를 부인하는 말이다.

101행 〈항아리〉는 임신한 여자들의 배, 〈마음의 꽃〉은 태중의 아이.

103행 〈들어라 바람의 코러스가 부르는 변격종지를〉─

〈변격종지〉가 특히 종교음악에서 〈아멘〉으로 끝나는 종지를 뜻한다는 점을 염두에 둔다면, 이 시구는 밖에서 부는 〈바람〉도 자신들의 말에 동의하고 있다는 뜻으로 이해된다. 한편 고즈는 위의 논문에서 변격종지를 뜻하는 〈cadence plagale〉에서 〈plagale〉이 어원적으로 〈상처〉를 뜻하는 〈plaga〉에서 유래한다는 점을 들어, 주민들이 〈도둑〉을 자기 스스로 입힌 상처의 희생자로 여긴다고 생각한다.

104행 〈일각수〉는 순결을 상징하며, 〈그누〉는 우둔함을 상징한다. 주민들은 기독교도들이 어리석게도 엄혹한 윤리를 스스로에게 강요하여 헛고생을 하고 있다고 생각한다.

105행 〈모호하고 부드러운 그림자〉는 〈도둑〉이 현실을 무시하고 추구하는 모호한 이상. 주민들도 그 가치를 어느 정도 인정하지만, 그것이 〈도둑〉에게 죽음을 불러올 것이라는 점을 더 강조한다.

109행 〈팡토르〉는 금을 끌어당긴다는 돌, 티아나의 아폴로니우스가 발견하였다는 전설이 있다.

110행 〈오르페우스의 목소리와 치마〉 — 주민들은 〈도둑〉이 자기들에게 적합한 선지자나 예언자가 아닌 것을 아쉬워한다.

115행 〈처량한 갈대와 불길한 짐〉 — 〈처량한 갈대〉는 십자가 수난 시에 예수에게 쓸개즙을 마시게 했던 갈대, 〈불길한 짐〉은 물론 십자가. 주민들이 보기에 기독교도가 된다는 것은 우둔한 자기희생의 길에 들어서는 것이다.

117행 〈에데사 왕의 궁전〉 — 에데사의 왕 아브가르가 예수를 초청하여 자기 왕궁의 악귀를 쫓아내려 하였다는 전설이 있다. 예수는 십자가 수난을 피하는 기회가 될 수도 있었을 이 초청을 거절하고 대신 제자를 보냈다고 한다.

122행 〈삼신은 남성인데 너는 동정이며 차갑다〉 — 〈삼신〉, 곧 삼위일체는 남성이기에 여성과 관계를 맺는 것이 당연할 터인데 그 신을 믿는다는 〈도둑〉이 여성에게 냉정한 것은 이해할 수 없는 일이라고 주민들은 말한다.

123행 〈촉각은 상대가 있어야 하나 시각은 기름하다〉 — 삼위일체의 신이 여자와 접촉하지 않고, 길고 순결한 시각으로만 마리아를 잉태시켜 지상에 현현하였다는 이야기를 비판하는 말이라고 마르크 푸퐁은 해석한다.

124행 〈네가 지닌 표지라곤 십자가밖에 없다〉 — 〈십자가〉는 물론 기독교의 표지이지만, 그것은 또한 순결한 정신과 섬세한 감정으로 이제 문학의 길에 들어서려는 한 젊은이가 져야 할 고난의 표지이기도 하다.

밤바람(121면)

『주홍의 돛폭』, 1909년 5월호에 처음 발표될 때 〈노이그뤽 Neu Glück, 1901〉이라는 날짜 표시가 있었다. 아폴리네르의 독일 시대에 그의 구애를 받았던 애니 플레이든의 증언에 의하면, 이 시는 노이그뤽의 창문에서 다른 두 방향으로 바라본 숲과 마을의 정경을 묘사한다. 그러나 시의 풍경은 예사롭지 않다. 시의 야경에는 북구적 상상력과 슬라브적 분위기가 한데 섞여 있으며, 전체적으로는 마법사 메를랭(또는 멀린)의 고향인 마법의 숲 브로셀리앙드를 생각나게 한다. 북구의 신화에서 불과 물의 요정인 엘프와 그리스의 목동 아티스의 혼령이 라인란트의 숲에 함께 출몰하는 점도 특이하다. 그러나 몽환적 풍경의 실제 내용을 이루는 〈불 꺼진 마을들〉은 인간의 삶을 직접적으로 드러낸다. 이 시의 초자연적 괴물들은 라인란트의 낯선 환경에 적응하려는 아폴리네르의 고통에 대한 알레고리이겠지만, 경이로운 것들이 일상적인 것들과 혼재하는 것이 아폴리네르적 상상력의 특징이기도 하다.

5행 아티스는 키벨레 여신의 사랑을 받았던 그리스의 목동. 그는 여신과 결혼할 수 없게 되자 자신의 성기를 잘라 냈다. 그가 죽은 후 제우스신은 그의 영을 소나무 속에 넣었다. 그를 〈음탕하다〉고 말하는 것은 키벨레 여신과 그를 함께 경배하는 제사의 광란적 분위기 때문인 것으로 이해된다.

7행 〈고딕 바람〉 — 귀기를 띤 바람. 18세기와 19세기에 유행했던 대중 소설의 한 유형으로, 주로 중세의 고딕식 건물에 유령들이 출현하는 괴기공포 소설을 〈고딕 소설 roman gothique〉이라고 불렀다. 이 시에서도 형용사 gothique는 같은 뜻으로 사용되었다.

8행 〈숲이 옛날 어느 군대처럼 저 멀리 달아나니〉 — 시인은 이 구절을 쓰면서, 셰익스피어의 『맥베스』에서 셔우드 숲의 나뭇가지로 위장한 멜컴의 군대를 생각했을 것이다.

륄 드 팔트냉(122면)

『팔랑주』지 1907년 11월호에 처음 발표되었다. 발표 당시이 시는 루이 드 공자크 프릭(1883-1959)에게 헌정되었으며, 루이 드 공자크 프릭 역시 같은 잡지에서 시 한 편을 아폴리네르에게 헌정하였다. 이 상호 헌정은 아폴리네르가 이 잡지의 편집진에 영입되었음을 기념하기 위한 것으로 보인다. 루이 드 공자크 프릭과 아폴리네르는 생샤를르 학교의 동급생이었다. 아폴리네르와 같은 시기에 시단에 등단한 그는 증권잡지로 돈을 번 아버지 덕택에 문인들을 후원할 수 있었으며, 증권잡지를 물려받은 후 이를 문인들에게 개방하기도 하였다.

「뢸 드 팔트냉」은 『알코올』의 시 가운데 압축과 생략이 가장 심한, 따라서 가장 난해한 시이다. 연구자들은 이 시를 신화적 배경, 바다에 지는 태양의 이미지, 수음의 주제 등 여러 차원에서 설명해 왔다. 신화적으로는, 아르고스 원정대와 세이레네스의 만남이 문제된다. 원정대가 세이레네스의 동굴과 암초 앞을 지날 때 대원 가운데 한 사람인 보우테스는 그녀들의 노래에 미혹된 나머지 바다에 뛰어들어 익사의 위험에 처한다(제1-2행 〈세이레네스들아 너희들의 동굴을 향해/나는 기어갔다〉). 반면, 이 원정에 참가한 오르페우스는 리라 연주와 노래로 세이레네스와 맞서(제5행 〈그 대결의 합창〉) 승리함으로써 저 나쁜 노래의 마력을 무너뜨리고 대원들을 위험에서 구한다. 이 신화의 에피소드와 평행하여, 이 시에는 수음하는 사람의 행동거지(제7행 〈나는 꽃이 진 나뭇가지 하나를 흔들어〉)와 정신 상태(제14-15행 〈나는 내 두 겹 자부심(自負心)의/살해를 고백하노라〉)에 대한 암시가 있다. 사실상 수음하고 있는 사람은 세이레네스의 노래에 매혹된 사람과 다를 바 없다. 한편 이 시는 태양이 수평선 아래로 잠기는 시간에 온통 핏빛으로 물드는 바다(제33행 〈바다여 태양이 목을 가신다〉, 제42행 〈어제의 태양이 나를 따라잡았구나〉)를 배경으로 삼고 있다. 물에 잠기는 태양과 핏빛 바다는 노래에 매혹된 보우테스의 절망과 수음하는 화자의 상처를 나타낸다는 점에서 앞의 두 주제와 연결된다.

아폴리네르는 이 시에서 시인으로서 자신의 창조적 무능을 고백하고, 문학이 사실상 자위행위의 일종이 아닌가를 고통스럽게 묻고 있다. 아폴리네르, 곧 태양의 신 아폴론의 밝은 지혜와 뜨거운 열정을 기치로 내걸고 있는 이 시인은 이 상처에서 새로운 영광의 길을 발견해 내야 한다는 숙제를 앞에 놓고 있다.

제목 〈륄 드 팔트냉〉은 「사랑받지 못한 사내의 노래」에 나오는 〈일곱 자루 칼〉 가운데 세 번째 칼이다. 흔히 남성의 성기, 특히 손으로 잡고 있는 성기를 나타내는 것으로 풀이된다.

1연 보우테스가 세이레네스에 매혹되어 그녀들의 동굴로 헤엄쳐 간다. 세이레네스는 자신들이 선원들을 익사케 하는 일에서 파도(해신 넵튠의 〈말 떼〉)보다 더 유능하다고 자부하며 바다를 조롱한다. 보우테스에게는 그녀들의 날개가 〈천사의 날개〉로 보인다. 그는 세이레네스와 오르페우스가 맞서 부르는 〈대결의 합창〉을 들으며, 미혹된 자로서의 인간적 무능과 쓸모없는 대원으로서의 죄책감을 동시에 느끼게 될 것이다.

2연 화자는 수음을 하고 있다. 그는 헛된 색욕에서 벗어나지 못할 것이라는 불안과 절망에서 〈꽃이 진 나뭇가지〉 곧 성기를 흔든다. 그러나 〈너희 무서운 벙어리 입들〉 곧 여성 성기가 뿜어내는 음기를 날려 버리지는 못할 것이다.

3연 〈경이〉는 성적 환상을 넘어서는 예술적 성취를 말할 것이다. 세이레네스에 대한 오르페우스의 승리가 거기에 해당한다. 〈내 상처에서 내 용모로 피가〉 솟아오른다는 화자의 말은 그가 색욕 속에서도 수치심을 느끼고 얼굴이 붉어지고 있다는 뜻이다. 그는 창조적 〈경이〉를 이루지 못한 무능한 시인으로서, 또한 색욕에 저항하지 못한 배덕의 인간으로서 이중으로 〈자부심〉에 상처를 입는다.

4연 오르페우스와 아르고스 원정대는 멀리 노 저어 가는 반면, 물에 빠진 보우테스는 육식 어류들의 공격을 받을 위험에 처해 있다. 〈파도에 잠길 듯 말 듯 한 입술〉은 원정대의 관점에서는 암초이겠지만, 수음하는 사람에게는 여성 성기일 것이다. 두 사람은 똑같은 운명에 사로잡혀 있다.

5연 해가 지기 시작하는 하늘에는 별이 떠오르고, 바다에서는 물에 빠진 선원의 피를 탐하는 육식 어류들의 눈빛이 별처럼 빛나며, 그 가련한 처지를 비춰 준다. 따지고 보면 지혜롭지 못한 그의 지혜가 어두워지는 바다에 이 빛을 불러왔다. 승리한 자들이 다른 세계에 진입한 반면 실패자들은 이 어두운 세계에 남아, 그나마 이 〈밤〉에 〈별빛 비추는 건〉 자기들뿐이라는 생각을 위안으로 삼는다.

6연 물에 빠진 보우테스는 세이레네스의 동굴로 내려가고, 수음하는 사람은 성적 환상 속에서 사정을 한다. 그 순간 보우테스에게도, 수음하는 자에게도 여자들은 사라진다. 보우테스에게는 노래 시합에 패배한 세이레네스가 물에 몸을 던져 자살했기 때문이며, 수음하는 자에게는 그의 성적 환상이 사정과 함께 깨어졌기 때문이다. 이제 그들을 매혹하는 일은 없다(〈다시는 어느 나그네도 유인하지 않는구나〉).

7연 수음 속에서 성적 대상이었던 〈주의 깊고 교양 있는 여자〉는 사라지고, 〈우리의 숲이 우거지는 것〉도 과거의 일이 되었다. 〈태양이 목을 가신다〉는 것은 태양이 바다에 잠겨 들어, 익사하기 직전의 사람처럼 물을 삼키고 내뱉는다는 뜻이다. 〈활대와 돛이 다시 녹음 우거지기〉는 수음하는 사람에게 〈성욕이 다시 되살아나기〉이겠지만, 신화적 관점에서는 또 다른 해석이 가능하다. 해적 떼에 납치당한 디오니소스가 그의 신통력으로 돛대에서 포도넝쿨이 솟아나게 하고 노가 뱀으로 변하게 하자, 놀란 해적들이 바다에 뛰어들어 돌고래가 되었다는 전설이 있다. 이 전설에 따른다면 〈수부〉들의 열망은 죽음 뒤에 다른 생명으로 태어나기에 대한 열망으로 받아들일 수 있다. 사실 신화에서 세이레네스에 미혹되어 물에 빠진 보우테스는 아프로디테에게 구조되어 이 여신의 연인이 된다. 마찬가지로 수음하는 시인은 그의 헛된 성적 환상이 창조적 상상력으로 바뀌기를 기원할 것이다.

8연 그러나 아직 그 기원은 성취되지 않았다. 보우테스는 세이레네스의 동굴로 내려가지만, 세이레네스는 무서운 메두사의 얼굴을 보고 경악하여 돌로 변한 사람들처럼, 바위가 되고 말았다. 신화에서, 노래 시합에서 오르페우스에게 패배한 세이레네스의 일부는 물에 뛰어들어 익사하고 일부는 바위가 되었다고 한다. 수음하는 시인의 처지에서도 그의 욕망은 대상도 없이 타오를 뿐이며, 수음하는 그의 팔만 오직 그의 고통을 증명해 주고 설명해 줄 뿐이다.

9연 오르페우스에게는 패배하였지만 보우테스와 시인에게는 승리한 세이레네스는 바다에 자신들의 성공을 자랑한다. 바다에 대한 조롱은 물론 두 사람에게도 해당된다. 〈어제의 태양이 나를 따라잡았구나〉라는 말은 보우테스 태양, 시인 태양이 바다 밑으로 잠겨 이미 하루를 끝냈으므로 〈어제의 태양〉이 되었다는 뜻이다. 이 태양은 치명적인 상처를 입고, 여전히 세이레네스의 동굴에 잡혀 있다. 그러나 승리한 오르페우스와 아르고스 원정대, 다시 말해서 유능한 창조자들은 속도를 내서 달리는 별, 곧 〈길쯤한 별 무리〉가 되어 다른 세계를 향하고 있다.

아폴리네르는 이 시에서 자신의 창조적 무능을 고백하고 있다. 그러나 시 「행렬」에 이르러 그 자신이 〈길쯤한 별〉이 되며, 「포도월」에서는 그 자신이 세이레네스에게 승리하는 오르페우스가 된다.

집시여인(125면)

이해가 쉽지 않은 이 소품 시는 1907년 11월 5일자 『팔랑주』지에 처음 실릴 때 〈호네프Honnef 1902〉라는 날짜 표시가 있었다. 아폴리네르가 독일 체류기에 만난 영국 처녀 애니 플레이든과의 사랑을 주제로 삼은 시이다.

아폴리네르가 사망한 후 30년도 더 지난 1952년에 브루닉은 미국에 거주하는 애니를 찾아내어 인터뷰에 성공했다. 그녀는 아폴리네르의 사랑에 일방적인 성격이 없지 않았으며, 그의 거친 애정공세가 두렵기도 했다고 이야기한다. 애니는 아폴리네르에게 인간적으로는 매혹을 느꼈지만 그가 시인이라는 점에 불안을 떨쳐 버릴 수 없었다. 그러나 브루닉은 애니가 완전히 매정하지는 않았다고 판단한다. 두 사람 사이에 육체관계가 있었다는 암시를 그녀에게서 얻어 낸 것이다. 마리 뒤리는 이 암시에 의지하여 〈집시여인〉의 예언을 해석한다. 두 연인은 자신들의 사랑과 그 미래에 확신을 가질 수는 없었지만, 부족한 사랑을 육체로 보충할 수는 있었다. 그러나 〈밤과 밤les nuits〉으로 표현되는 육체관계는 진정한 사랑을 가로막기도 한다. 벌써 신선한 기운을 잃은 그들의 사랑은 서커스의 곰처럼 어떤 욕망에 의해서만 〈일어서서 춤추고〉, 파랑새가 깃털을 잃듯이 그들의 사랑은 행복한 미래를 잃었으며, 거지들이 〈아베 마리아〉를 잃은 것처럼 두 연인은 비유적으로건 실제적으로건 미래의 수태를 잃었다. 거지들이 구걸할 때 부르는 노래 〈아베 마리아〉는 원래 성모수태고지의 노래이기 때문이다. 그들의 사랑은 영벌을 받았다. 그러나 두 연인은 그 〈무거운 사랑〉을 계속하다 보면 진정한 사랑이 솟아오를 수도 있다고 생각한다. 이 희망이 집시여인의 불길한 예언과 맞물릴 수밖에 없다는 점에 이 시의 아이러니가 있다. 육체가 가는 길은 밤의 장벽을 더 많이 늘이는 길이기 때문이다.

3-4행 〈그래서〉와 〈샘〉 — 〈그래서〉로 번역한 프랑스어 〈et puis〉의 puis는 〈샘〉을 뜻하는 puits와 발음이 같다. 아폴리네르는 이 신소리를 통해 결단해야 하는, 그러나 결단할 수 없는 처지를 〈희망의 샘〉으로 삼는다.

5행 〈길들여진 곰〉으로 번역한 〈ours privé〉의 〈privé〉는 〈본성을 잃고 길들여졌다〉는 뜻과 〈박탈되었다〉는 뜻을 겸하고 있다. 두 연인의 육체적 사랑은 사랑의 진정성이 〈박탈된〉 사랑이다.

은둔고행자(126면)

1902년 12월 『백색평론』에 처음 발표된 시. 「메를랭과 노파」, 「도둑」과 더불어 『알코올』의 시편들 가운데 가장 먼저 쓰인 시에 해당한다. 「메를랭과 노파」가 중세의 기사도 로망에서, 「도둑」이 원시 기독교 시대의 문헌에서 영감을 얻었다면 이 시는 아나톨 프랑스의 소설 『무희 타이스』에 연원을 두고 있는 것으로 보이나, 아폴리네르 자신은 이를 부인했다. 아나톨 프랑스의 소설은 1890년에 발간되었으며, 아폴리네르는 『메르퀴르 드 프랑스』 1904년 7월호에 이 소설의 기원을 연구한 평문을 썼다.

아나톨 프랑스의 소설에서, 사막의 은둔고행자 파프누스는 이집트의 창녀 타이스의 영혼을 구하기 위해 알렉산드리아로 찾아간다. 은자는 타이스를 기독교도로 개종시키기에 성공했으나, 그 자신은 벌써 성녀가 된 타이스의 영상을 뇌리에서 떨쳐 버리지 못한다. 그는 자신이 성스러운 욕망에 고양되어 있다고 여기지만 실제로는 육욕에 시달리고 있을 뿐이었다. 타이스가 거룩하고 화평하게 죽음을 맞을 때, 파프누스는 뒤늦게 자신이 저주 받았음을 알게 된다. 아폴리네르의 시 「은둔고행자」에서도 주인공 은자는 색욕에 시달리는 고행자이다. 그는 황무지에서 기아와 고독을 이기지 못하고 보람 없는 수도고행에 좌절하여, 〈손길 살결 말과 약속에 싸여〉 죽지 않고는 〈동정〉을 지킬 수 없을 도시를 향해 떠난다. 그러나 정작 도시에서 만난 여인들은 그를 성자로 떠받들며 자신들의 〈피처럼 붉은〉 죄를 사해 달라고 호소한다. 간음하는 여자들의 서원에 따라 억지 성자가 된 그는 도시에서 채우려 했던 자신의 갈망이 모두 사라져 버렸음을 알게 된다.

두 작품에는 모두 색욕에 시달리는 고행수도자와 그 정념의 극적인 변화가 있다. 그러나 아폴리네르의 시에서는 이 정념의 변화를 설명하는 일이 쉽지 않다. 필경 사춘기를 전후한 나이의 정신적 혼란을 말해야 할 것이다. 그는 자신에게서 어쩔 수 없이 인정해야 하는 온갖 욕망에 대해 윤리적인 질문을 하고 있으며, 인간 정신의 구원과 욕망의 세속적 해결이라고 하는 문학의 두 길 앞에서 갈등을 겪고 있다. 젊은 시인의 시는 이에 대해 분명한 해답을 제시하지는 못하지만, 억지 수난자가 되는 길과 세속에 함몰하는 길, 그 양쪽이 모두 옳은 길이 아니라는 것만은 분명하게 말한다.

이 시가 펠릭스 페네옹(1861-1944)에게 헌정된 것은 시집 『알코올』에서부터다. 펠릭스 페네옹은 프랑스의 문학비평가이자 『독립평론』을 창간한 상징주의의 후원자로 자신이 주관하던 『백색평론』에 아폴리네르를 소개했다.

이 시는 제1행과 제2행의 일부를 제외한 모든 시구가 은둔고행자의 독백으로 이루어져 있다.

1행 〈맨발파〉── 갈멜 수도회의 수사들을 지칭하는 말이다. 그러나 또한 〈맨발〉을 뜻하는 프랑스어의 〈déchaux〉에는 〈석회〉를 뜻하는 chaux가 포함되어 있으며, 이 〈석회〉는 〈하얗게 바랜 두개골〉과 연결된다. 이 말장난에 따르면 〈맨발파 은둔고행자〉는 〈하얀 두개골에 싸여 있는 고행자〉가 된다.

4행 〈달의 유혹 헛된 말씨름의 유혹〉── 〈달의 유혹〉은 〈헛된 유혹〉이겠지만, 〈lune(달)〉을 〈l'une(한 여자)〉로 읽으면, 〈헛된 몽상으로 끝나게 될 여자에 대한 유혹〉이 된다. 〈헛된 말씨름〉으로 번역한 프랑스어 〈logomachie〉는 〈말꼬리잡기식의 논쟁〉, 〈연설이나 추론에서 내용 없는 말들〉을 뜻한다. 메마른 은둔지에서 정신마저 메말라 있는 고행자는 어떤 정신적 이상을 추구하는 대신 손쉽게 말장난에 빠지려는 유혹에 시달린다. 젊은 시인 역시 이 유혹에서 벗어나기 어려웠을 것이다.

6행 〈죽은 여자의 우두머리〉 — 죽은 여자의 해골. 시인이 〈머리 tête〉나 〈해골 crâne〉 대신 〈우두머리 chef〉라고 쓴 것은 〈chef〉가 고어에서 〈tête〉와 같은 뜻으로 쓰인 데도 이유가 있지만, 고행자를 압도하는 해골의 위력을 암시하기 위한 목적도 있다. 고행자는 그를 공포에 떨게 하는 해골의 형식으로만 여자를 만난다.

8행 〈그뤼에르 치즈〉 — 구멍이 뚫린 해골은 역시 구멍이 많은 스위스의 그뤼에르 치즈를 연상하게 한다.

13행 〈사랑 라 무르〉 — 〈사랑〉을 뜻하는 프랑스어 〈l'amour〉와, 마주 선 두 사람이 동시에 손가락을 내밀고 상대방이 내민 손가락의 수효를 먼저 말하는 쪽이 이기는 게임인 〈la mourre〉, 즉 〈어른대는 손가락 수효 놀이〉는 발음이 같다. 한편 〈거위 놀이〉는 주사위 게임의 일종이지만, 속어에서 〈거위〉는 남성의 성기를 뜻하기도 한다.

21행 〈유니콘〉 — 순결을 상징하는 외뿔의 상상 동물. 그러나 여기서 유니콘의 외뿔은 수도자의 외로운 성기이기도 하다.

22행 〈그 음란하고 예쁜 공포〉 — 수도자가 공포와 함께 느끼게 마련인 〈색욕〉.

32행 〈혈한〉 — 그리스도가 겟세마네 동산에서 기도할 때

흘렸다는 피땀. 주인공 수도자는 외로운 고행도 보람 없이 이런 종류의 이적을 체험하지 못한다.

37-38행 이 두 행에 구두점을 찍으면 다음과 같을 것이다.

한 방울 떨어졌다. 땀인가? 그런데 색깔은? 등불을 비춰 보자!
이토록 붉은 피가! 나는 지옥에 떨어질 녀석들을 비웃었더니라!

53행 〈릴리트〉—— 히브리의 신비철학에 따르면, 릴리트는 아담과 함께 진흙으로 만들어진 최초의 여자로 아담의 첫 아내였다. 릴리트는 남자의 갈비뼈로 만들어진 이브와 달리 특히 성생활에서 남자와 동등한 권리를 주장하였다. 그녀는 복종을 요구하는 아담을 버리고 떠났으며, 신의 중재에도 응하지 않았다. 분노한 신은 릴리트에게 벌을 내려, 그녀가 낳은 아이들이 모두 탄생과 동시에 죽음을 맞게 하였다. 그녀가 절망하여 자살을 결심하자, 천사들은 그녀에게 영아 살해의 권리를 주어 그녀를 달랬다. 그래서 유대 지역 사람들은 아이가 태어날 때 릴리트의 침입을 막기 위해 산모의 방 네 벽에 부적을 붙였다고 한다. 릴리트는 중동과 기독교 권역에서 최초의 여성 악마로 통하지만, 민간에서는 흔히 올빼미의 모습과 울음소리로 나타나는 밤 귀신으로 알려져 있다. 아폴리네르는 습작기의 시에 릴리트를 몇 차례 언급했으며, 소설 『학살당한 시인』에도 〈아담의 영원한 첫 부인이 홍해를 건너면서 내지르는 울음소리〉 같은 구절이 있다.

68행 〈죽은 부엉이를 못 박아 놓은〉—— 프랑스에서는 밀밭에 날아드는 새들을 쫓기 위해 농가의 지붕에 부엉이를 못 박아 놓는다.

80행 〈향약 넣은 두건〉으로 번역한 〈cucuphe〉는 두 겹 천 사이에 향약을 넣은 모자로 옛날 편두통 치료에 효험이 있는 것으로 여겨졌다.

89행 〈벌거벗은 여류 시인들 선녀들 빵집여자들〉 — 예부터 이름난 그림에 요염한 자태로 그려진 여자들. 특히 〈빵집여자fornarine〉는 라파엘로(1483-1520)의 애인이자 모델로 유명한 〈포르나리나〉와 관련된다.

95행 (숨이 가쁜) 〈과원〉 — 아폴리네르의 시에서 〈과원〉은 자주 성숙한 여자의 육체를 나타낸다. 그러나 여기서 이 육체를 헐떡이게 하는 〈까치밥나무의 허세 부리는 헐떡임〉과 〈꽃시계덩굴의 성스러운 학대〉는 그리스도의 가시관과 십자가 수난을 상기시킨다. 특히 〈꽃시계덩굴〉을 뜻하는 프랑스어 〈passiflore〉는 그 이름 자체가 〈수난의 꽃fleur de la passion〉이라는 뜻이다. 육체의 정념은 수난의 다른 이름일 뿐이기에 수도자는 거기에 자신을 바칠 수 없다.

가을(132면)

1905년 6월 『펜』지에 발표된 시. 아폴리네르가 독일의 드밀호 자작 부인의 집에서 그녀의 딸 가브리엘을 위해 가정교사로 일할 당시, 부인의 별장이 있던 베너샤이트의 가을 풍경을 읊은 것으로 추정되는 시이지만, 〈가난하고 누추한 동네들〉이라는 표현에는 특정한 장소에 국한되지 않는 정서적 울림이 있다. 서정적인 풍경 묘사에 나직한 음조를 결합하여 한 농부가 읊을 법한 소박한 노래를 미메시스하는 이 시는 아폴리네르의 걸작 소품 가운데 하나이다.

5행 〈깨어진 반지〉── 독일 로망파 시인 아이헨도르프의 시 제목(Das zerbrochene Ringlein). 한 사내가 사랑하는 여자에게 배반 당할 때 그녀에게서 받은 반지가 두 동강 난다는 내용의 시이다. 아폴리네르는 이 깨어진 반지에 상처 입은 〈가슴〉을 덧붙였다.

랜더로드의 이민(133면)

『운문과 산문』 1905-1906년 겨울호에 발표된 시. 랜더로드는 애니 플레이든이 가족과 함께 살던 런던의 거리이다. 아폴리네르는 그녀를 찾아 두 차례 런던을 방문했다. 두 사람의 관계는 애니가 1904년 초여름 이민선을 타고 미국으로 떠남으로써 결정적으로 끝이 났다. 이 시는 한 이민의 운명을 다루고 있지만, 시가 실제로 표현하고 있는 것은 삶에 튼튼하게 자리 잡지 못한 처지에서, 이민선에 사랑하는 여자를 실어 보낸 아폴리네르 자신의 비애와 절망이라고 말할 수 있다.

이 시는 시집의 발간을 앞두고 교정을 보는 과정에서 앙드레 비이에게 헌정되었다. 비평가 앙드레 비이(1882-1971)는 1903년 이후 아폴리네르와 교우관계를 유지해 왔으며, 시인의 사후 그에 관해 여러 편의 책을 썼다.

시는 런던의 고급 양복점에서 납품에 실패한 양복을 헐값에 사 입고 이민선에 오른 한 사내가 실패한 인생의 나쁜 기억에 시달린 끝에 바다에 몸을 던져 자살한다는 이야기를 담고 있다. 아폴리네르의 폭넓은 독서를 실감하게 하는 이 시는 속담과 민간 풍속, 미신과 전설, 민중적 표현법, 역사적 사실과 신화를 한데 얽어 짜고, 다양한 형식의 시구들을 뒤섞어 파란 많은 한 인간의 운명을 효과적으로 구성해 낸다.

1행 〈오른발로 들어왔다〉— 어떤 장소에 들어설 때 오른발이 먼저 들어가면 불행한 일이 일어난다는 서양의 미신이 있다.

4행 〈마네킹들의 머리 몇 개를 잘라 낸 참이었다〉— 양복점 주인이 마네킹들을 다시 조립하는 장면을 재치 있게 표현한 말이지만, 주인공 사내는 이 〈참수 당한〉 마네킹들의 옷이자 〈옷값도 치르기 전에 죽어 버린 어느 각하의 옷〉(제19행)인 불길한 옷을 입고 이민선에 오르게 된다.

7행 〈빛의 호수로 가득한 하늘 향해 손들이〉— 이 손들은 물론 바람에 날아오르는 낙엽이거나 휴지이겠지만, 아폴리네르 자신처럼 잡았던 손을 놓아 버린 사람들의 손, 즉 사랑을 배반하였거나 배반 당한 사람들의 쓸쓸한 손을 암시하기도 한다.

14행 〈증권쟁이들이 내 순금 훈장을 모두 팔아 버렸죠〉— 주인공은 한때 인도에 파견되어 훈장을 받고 돌아온 병사였으나, 증권에 실패하여 그 훈장까지 경매에 넘겨야 하는 신세로 전락했다. 한편 아폴리네르는 1901년 『파리 증권』이라는 증권잡지의 기자로 일한 적이 있다.

21행 〈밖에서는 세월들이〉— 양복점 진열대의 유리창을

〈밖에서〉 들여다보고 있는 이 〈세월들〉은 주인공처럼 삶에 실패하여 가난하고 무료하고 활기 없는 나날을 보내고 있는 사람들의 세월. 이 세월의 불행하고 비극적인 성격은 다음 연에서 더욱 자세하게 서술된다.

27행 〈악마의 여편네가 제 샛서방을〉 때린다는 말은 해가 비치면서 동시에 비가 오는 날씨를 가리키는 〈호랑이 장가간다〉는 말의 서양식 표현. 궂은비와 좋은 햇빛이 함께 섞여 있는, 〈흰 구름 먹구름〉 사이를 오락가락하는 이 날씨는 마침내 〈비 쏟아지는 하늘의 패배한 날들〉로 끝난다.

39행 〈아주 작은 꽃다발 하나가 되는대로 떠돌아다니며〉 ─ 작은 꽃다발은 저물기 직전 바다에 비친 태양. 이 태양이 수평선 아래로 사라지는 순간 그 노을빛은 〈광막한 꽃밭〉이 되어 바다를 온통 뒤덮는다.

41행 〈사내는 이 꽃다발이〉 ─ 이민선의 사내는 바다에 빠지는 이 〈태양 꽃다발〉과 멀지 않아 바다에 뛰어들게 될 자신을 동일시하고 있다. 다음 시구의 〈돌고래들〉은 희랍신화에서 태양신인 아폴론의 화신이기도 하다. 물에 잠긴 태양 아폴론이 돌고래로 변신하듯 사내도 물에 뛰어들어 다시 소생하기를 바란다.

47행 〈이 집요한 직조공들을 이로 바꾸어 물에 빠뜨리기 위해〉 ─ 〈집요한 직조공들〉은 물론 그의 기억이다. 나쁜 기억에 시달리고 있는 사내는, 여우가 몸의 이를 쫓아내기 위해 자기 몸을 꼬리부터 머리까지 서서히 물에 담그는 것처럼, 자기 몸을 물에 빠뜨려 기억을 몰아내려 한다.

48행 〈사내는 베네치아의 총독처럼 결혼하였다〉 ─ 항구도시인 베네치아를 총독이 통치하던 시절, 총독은 매년 정월 초하루 바다와의 혼례식을 가졌다. 반지를 물에 던져 바다를 온순한 아내로 삼는다는 상징적인 행사였다. 그러나 이 이민은 반지가 아니라 제 몸을 물에 던져 바다와 결혼한다.

로즈몽드(136면)

1912년 7월 『파리의 야회』지에 발표되었다. 함께 발표된 「클로틸드」, 「마리지빌」과 마찬가지로 이 시도 여자의 이름을 제목으로 삼는다. 이 시가 헌정된 화가 앙드레 드랭(1880-1954)은 당시 야수파의 선도자 가운데 한 사람이었으며, 아폴리네르의 『썩어 가는 마술사』에 삽화를 그리기도 했다. 드랭은 또한 아폴리네르와 교우관계를 맺은 최초의 화가로 알려져 있다.

시의 제목 〈로즈몽드 Rosemond〉는, 시 「궁전」의 주해에서 이미 말했듯이, 〈장미 rose〉와 〈세계 monde〉를 이어 붙인 말로, 직역하자면 〈장미세계〉가 된다. 아폴리네르는 이 시의 마지막 연에서 이 두 낱말을 이용하여 이중의 말장난을 한다. 우선 〈꽃핀 그 입〉이 〈로즈몽드〉와 연결되는 것은 프랑스어 Rosemonde와 비슷한 형태를 지닌 독일어 Rosamund가 〈장미같이 붉고 부드러운 입〉을 뜻하기 때문이다. 또한 이 〈장미세계〉는 시의 마지막 행에서 두 의미 단위 사이에 전치사 de가 삽입되어 〈세계의 장미 Rose du Monde〉가 된다. 시인은 말이 지닌 힘을 이렇게 모든 층위에서 성찰하고 있다. 시인이 손가락으로 날려 보낸 키스가 〈그 여인〉 로즈몽드를 다시 만날 수는 없었지만, 시인은 적어도 말의 힘을 통해 나타나는

⟨세계의 신비⟩를 탐구함으로써, 다시 말해서 세계를 다른 방식으로 바라보는 시적 시선을 통해서 그녀를 기념할 수는 있었으리라.

잉걸불(137면)

1908년 5월초 『질 브라스』지에 ⟨화충 Le Pyrée⟩이라는 제목으로 산문시 「해몽」, 장 루아예르에 대한 평문과 함께 발표된 시. 아폴리네르는 이 시를 매우 높이 평가하였다. 그는 1915년 7월 30일 마들렌 파제스에게 보낸 편지에서 「약혼 시절」과 더불어 이 시가 ⟨곧바로 접근할 수 있는 시는 아닐망정 나의 가장 훌륭한 시라는 점은 누구도 의심하지 않는다⟩고 썼다. 이 시가 발표된 직후인 5월 11일 친구 투생 뤼카에게 보낸 편지에서도 이 시를 거론하면서 자신이 ⟨동시에 새롭고 인간적인 서정성만을 추구한다⟩고 자랑스러운 어조로 말한다. 연구자들은 이 시가 랭보의 『일뤼미나시옹』과 말라르메의 시편들에서 상당한 영향을 받았을 것으로 본다. 이 시와 함께 발표된 평문의 대상이 된 장 루아예르는 신말라르메주의자를 자처하는 시인이자 문학이론가였다.

불 또는 불꽃은 아폴리네르의 시에서 특별한 상징성을 지닌다. 그는 미술평론집 『입체파 화가들』에서, 불꽃은 현대 조형예술의 세 가지 미덕을 아우르고 있다고 말한다. 불꽃은 모든 것을 불꽃으로 만드는 ⟨순수성⟩, 분리되어도 그 분리된 조각들이 항상 동일한 불꽃이 되는 ⟨통일성⟩, ⟨누구도 부인할 수 없는 그 빛⟩에 의한 ⟨진리성⟩을 지니고 있다는 것이다. 「잉걸불」은 이 예술적 사변에 대한 시적 형상화라고 할 만하다. 불에 의한 자기 정화와 존재의 통일, 그리고 끝없는 진리에 대한 갈구는 세 개의 시편으로 되어 있는 이 시의 주제이기도 하다. 불은 아폴리네르에게 절대적으로 명증한 이성일 뿐만 아니라 감정이 가장 높이 고양된 상태인 것이다.

1-5행 시인은 자신의 과거를 불꽃에 태워 정화한다. 그러나 이 불꽃은 시인 자신의 내적 에너지와 다른 것이 아니며, 시인 자신의 정화 의지와 불꽃의 통일 의지는 구분되지 않는다. 시인은 타는 자이면서 동시에 태우는 자이다.

6-10행 불은 생명을 지닌 모든 존재의 탄생과 생성과 성장을 관장하여 그것들을 미래에 투사하는 힘이다. 〈별〉은 이 힘의 우주론적 성격을 암시한다.

11-20행 불꽃은 과거의 타락하였거나 약화된 생명을 정화하여 새로운 〈사랑〉, 새로운 생명으로 소생시킨다. 시인은 자신의 맨몸을 그 불꽃 태양에 내맡긴다. 과거의 불행과 실패한 사랑은 불꽃의 순결한 힘 안에서 새 생명과 새 결실에 대한 전망이 된다. 이 새로운 사랑은 개인적인 동시에 우주적일 것이다.

21-25행 이 시에서 〈너〉는 모두 불꽃을 부르는 말이다. 그러나 이 불꽃이 이성적으로 명증한 상태에 이르고 감정적으로 고양된 시인 자신의 정신임은 말할 것도 없다. 강이 핀에 꽂혀 있다는 것은 하늘의 총총한 별들이 물에 비쳐 강에 빈틈없이 박아 놓은 금속 핀처럼 보인다는 뜻이다. 이렇게 빈틈없이 별이 박혀 있는 강이 불꽃의 옷을 입은 듯 보이는 것은 당연하다. 그리스 신화에서 제우스신의 아들이기도 한 음

유시인 암피온은 피리와 리라의 곡조만으로 돌들을 움직여 테베 성을 쌓았다고 한다. 여기서 보통명사처럼 쓰인 〈암피온〉은 우주적 율려의 힘, 곧 시적 창조력과 다른 것이 아니다. 지상의 불꽃이 하늘의 별과 유연관계를 갖는다는 것은 그 우주적 율려의 힘을 받아들여 공유한다는 뜻이다.

26-42행 불꽃에 의한 정화행위의 구체적 과정이 서술된다. 시인은 여기서 하나의 원리를 위해 자기희생을 감수하는 순교자와 동일시될 뿐만 아니라 〈환희의 불길〉로 끝없이 타오름으로써 그 원리 자체가 된다.

28행 〈절단 순교자들 intercis〉 — 이교도들에게 사지가 잘려 죽은 순교자들.

32-33행 〈틴다리데스〉 — 그리스 신화에서 스파르타의 왕 틴다루스의 아내 레다가 백조로 둔갑한 제우스신과 교합하여 낳은 두 딸, 헬레나와 클리템네스트라. 그녀들은 모두 남편을 배반한 불충한 아내였다. 혈통이 〈불순한 가지를 친다 forligner〉는 것은 핏줄이 대를 물리면서 약화되거나 그 순수성을 잃는다는 뜻. 시인은 자신의 순수한 자질이 일상의 현실에서 타락하고 부정을 탔다고 생각하고 있다. 따라서 그는 정화되어야 한다.

34-35행 백조는 죽음에 임해 마지막 한 번 노래를 부른다는 전설이 있다. 죽음과도 같은 자기정화의 모험에 투신하지 않는 자는 끝내 노래를 부를 수 없는 뱀의 처지를 벗어나지 못한다. 아폴리네르에게서 자기정화는 시적 창조에 대한 실천으로 이어진다.

37-38행 〈대양〉은 불꽃에 의해 통합된 세계에 대한 다른 표현. 시인은 불꽃에 의한 자유정화를 통해 우주적 유연관계

를 회복하였다.

41-42행 〈화상을 두려워하는〉 보통 사람들과 새로운 인간으로 태어날 시인 사이에는 아무런 공통점이 없다. 그는, 또는 일반적으로 시인은, 다른 차원의 인간이다.

43-67행 시의 마지막 부분이자 결말부. 불꽃의 정화를 거쳐 새로운 인간으로 태어난 시인이 마침내 만나게 될 세계가 서술된다. 그 세계의 가장 중요한 관심사는 진리에 대한 끝없는 탐구이다.

43-45행 몇몇 연구자들은 이 새로운 세계의 시상(視像)이 단테의 『신곡』에 나타나는 〈천국〉과 매우 비슷하다고 말한다.

46행 〈나의 여자mon amie〉 — 시인이 제 안에 지니고 있는, 그러나 시인을 태우는 불꽃을 달리 이르는 말이다. 이 표현은 불꽃이 시인의 여성성임을, 다시 말해서 서정성의 근원임을 말해 준다.

48행 〈데지라드〉 — 서인도 제도의 한 섬. 「사랑받지 못한 사내의 노래」156-160행 주석 참조.

50행 〈벌레 자미르〉 — 철을 사용하지 않고 성전을 지으라는 신의 명령을 받은 솔로몬은 돌을 녹이는 힘을 지닌 자미르를 이용하여 석제를 다루었다는 전설이 있다.

54-54행 〈스핑크스 떼〉 — 오이디푸스 왕의 전설에서, 스핑크스는 지나가는 나그네에게 수수께끼를 제시하고 그 답을 맞추지 못한 불행한 나그네를 잡아먹는다. 이 시에서 스핑크스의 무리는 자신의 생명을 모험에 걸고 새로운 지식을 탐구하려는 시인에게 그 의지의 촉매자로 나타난다. 스핑크스들이 〈평생 목자의 노래를〉 듣게 된다는 말은 스핑크스 떼의 〈목자〉인 시인이 그 수수께끼에 응하여 늘 새로운 지식을 창

안할 것이라는 뜻이다. 지식은 스핑크스의 먹이가 된다.

60행 〈빈 오각형〉 — 시인의 몸이 신비철학자들의 성스러운 기호인 오각형별을 비어 있는 형식으로 연출하는 것은 그가 한편으로는 창조력의 높은 단계에 도달하였고, 다른 한편으로는 그의 정화의식이 끝나 그가 순수상태에 이르렀음을 암시한다.

62-65행 〈인간이 아닌 배우들 빛 밝은 새로운 짐승들〉은 물론 시인들이다. 새로운 창조력을 지닌 이 존재들은 〈길들여진 인간들〉인 보통 인간들보다 우월하다. 새로운 존재들의 높은 창조력은 그만큼 절대적인 소통력이 되어 찢긴 〈대지〉, 곧 현실의 분열된 지식들을 통합시킬 수 있다.

66-67행 시인이 스핑크스에게 잡아먹힌다 하더라도 그것이 그의 패배를 나타내는 것은 아니다. 수수께끼의 답을 알아내는 것이 일차적으로 시인의 사명이지만, 풀 수 없는 새로운 수수께끼를 제기하는 것도 사실상 시인의 사명이기 때문이다.

라인 강 시편(141면)

이미 여러 번 언급했듯이, 아폴리네르는 1901년 8월부터 1902년 8월까지 독일의 라인란트에서 드 밀호 자작 부인의 딸 가브리엘의 프랑스어 가정교사로 일한다. 한 해를 꼬박 채운 이 독일 체류 기간 동안 아폴리네르의 시작 역량은 괄목할 만한 진전을 이루었으며, 『알코올』에 수록된 상당수의 시가 이 시기에, 또는 이 시기의 경험을 바탕으로 창작된다. 아폴리네르는 여러 번 〈라인 강의 바람Le Vent du Rhin〉이라는 제목으로 시집의 발간을 예고했으나, 그 계획은 시집 『알코올』에서 〈라인 강 시편Rhénanes〉이라는 이름 아래 아홉 편의 시를 묶어 특별한 지위를 부여하는 것으로 축소된다. 시인은 또한 이 〈라인 강 시편〉 시리즈에 〈1901년 9월-1902년 5월〉이라고 부기하는 것을 잊지 않았다. 아폴리네르는 독일과 관련하여 갖가지 문학적 잔영과 개인적인 인상, 이국의 생활정경이 한데 녹아 있는 이 시편들을 독자들이 특별한 시선으로 읽어 주기를 바란 것이다.

시집 『알코올』은 이들 아홉 편의 시 이외에도 아폴리네르의 독일 체험에서 비롯한 여러 편의 시를 수록하고 있다. 「콜히쿰」, 「밤바람」, 「집시여인」, 「가을」, 「병든 가을」, 「마리지빌」이 명백하게 거기 해당하며 「저녁 어스름」과 「곡마단」에도 독일의 정취가 스미어 있고, 「죽은자들의 집」은 그의 짧은 뮌헨 체류의 기억을 담고 있다.

라인 강의 밤(141면)

이 시는 1911년 『현대 시인들의 비평적 사화집』에 처음 발표되었으며, 〈1902년 5월〉이라고 날짜 표시가 있었다.

사공이 노래하는 〈달빛 아래 일곱 여자〉는 독일의 지방도시 오버베셀의 전설에 등장하는 마녀들로 흔히 로렐라이의 변형으로 해석된다. 이 시에는 바로 이 마녀들로 대표되는 전설적 마법의 세계와 〈금발의 처녀들〉로 대표되는 현실 세계가 서로 길항한다. 초월적 세계의 환상에 미혹되지 않으면서 동시에 현실에서 그 현실을 뛰어넘는 시적 힘을 발견해 내는 것이 아폴리네르 평생의 과제였다. 마지막 시구에서 도취와 마법의 술잔이 깨어지는 순간은 시인의 시적 창조력이 승리하는 순간이다.

오월(142면)

『운문과 산문』 1905-1906년 겨울호에 발표된 시로 〈로이테스도르프 1902〉라는 날짜 표시가 있었다.

〈오월 아름다운 오월Mai, schöne Mai〉은 독일의 리트에서 자주 다뤄 온 주제이다. 아폴리네르는 이 문학적 전형의 오월을 〈오월 그 아름다운 오월〉이라는 말로 상기하면서 그 낯익은 이미지에 한 나그네로서 자신의 감상을 덧붙여, 그림 같은 풍경에 애상을 깔고 있다.

제5행의 〈뒤로 얼어붙〉는 풍경은 오르페우스의 전설을 연상하게 한다. 문학적 오월의 풍경은 시인인 자신에게 친숙한 풍경이지만, 현실적으로 이방인인 그에게 이 풍경은 죽음의 형식으로 얼어붙어 다른 세계로 소실된다. 시인은 지극히 낯익은 것들로부터 소외된다.

유대교회당(143면)

『이솝의 향연』 1904년 1월호에 처음 발표될 때 〈운켈, 1901년 9월〉이라는 날짜 표시가 있었다.

라인란트 유대인들의 생활 단면을 한 여행자의 정취로, 그러나 또한 희화적으로 그리고 있는 시다. 〈초막절(草幕節)〉은 유대교에서 가장 중요하게 여기는 연중행사이다. 초가을에 열려 여러 날 동안 계속되는 이 축제는 유대인들이 애급에서 탈출할 때 광야에 임시거처로 초막을 지었던 날들을 기념하지만 한편으로는 추수를 경축하는 성격도 지니고 있어서 기독교에서는 이를 〈수장절(收藏節)〉이라고 부른다. 축제가 시작하는 날 유대인들은 회당과 각 가정에 잎이 우거진 나뭇가지로 초막을 짓고, 〈룰라빔〉이라고 부르는 종려가지를 흔든다. 이 시가 쓰인 1901년, 초막절이 시작된 9월 28일은 토요일, 곧 안식일이었다. 이 시가 안식일과 초막절을 함께 말하는 것은 이 때문이다.

17행 〈박자도 없이 디스칸투스를 부를 것이며〉 — 디스칸투스 기법에서 중요한 〈박절〉도 아랑곳하지 않고 디스칸투스를 부를 것이며.

20행 마지막 행의 〈하노텐 네 카모트 바고임 톨라호트 바레오우밈〉은 헤브라이 성서구절을 옮겨 적은 것이지만, 정확한 인용이 아닌 것으로 밝혀졌다. 아폴리네르는 〈뭇 나라에 복수하고 뭇 백성들을 벌하려고〉의 뜻인 시편의 한 구절 〈Lahasoth ne kamah bagoïm thokhehote baleouim〉과 〈내 이름을 걸고 복수하는 자〉의 뜻으로 성서에 자주 등장하는 〈hanoten ne kamoth li〉를 통사법을 무시한 채 엮어 놓고 있다.

종소리(145면)

『운문과 산문』 1905-1906년 겨울호에 발표된 시로 〈오베르플라이스, 1902년 5월〉이라는 날짜 표시가 있었다.

사랑과 버림받은 여자의 주제를 슬프면서도 흥취 높은 어조로 읊고 있다. 종탑의 종이 사랑의 장면을 엿보고 고자질을 한다는 발상, 속도감 있게 열거되는 이름들, 〈빵집여자와 그 남편〉 같은 소란스러운 표현은 시의 화자가 몰려 있는 안쓰러운 처지에도 불구하고 읽는 사람에게 미소를 짓게 한다. 호기심이 많으면서도 자유로운 여행객의 시선을 십분 활용한 걸작 소품이다.

로렐라이(146면)

『이솝의 향연』 1904년 2월호에 처음 발표되었다. 날짜 표시는 〈바카라흐, 1902년 5월〉.

라인란트의 풍물과 생활에 발상을 둔 시들 가운데 가장 〈문학적〉이라는 평가를 받는 이 작품은 아폴리네르의 시적 착상이 얼마나 다양한 근원에서 출발하는가를 보여 주는 좋은 예가 된다. 이 시에서는 라인 강의 아름다운 풍광과 매혹적인 전설이 한데 녹아 독특한 배경을 이루고 그 위에 여러 가지 개인적 체험과 이런저런 문학의 잔영이 때로는 깊고 때로는 옅게 깔려 있다. 독일의 로망파 시인 클레멘스 브렌타노의 작품 「로레 라이」가 이 시에 결정적인 영향을 준 것이 사실이지만, 아폴리네르 그 자신이 품었던 사랑의 열정과 그 고통이 로렐라이의 전설에 생기와 현실감을 다시 부여하고 있는 것도 사실이다. 독일 시절에 아폴리네르의 마음을 빼앗았던 애니 플레이든은 1950년대 초 르로이 부루닉과의 대담에서, 독실한 청교도였던 가족들이 자신의 미모와 강렬한 눈빛 때문에 윤리적인 삶을 저버리게 될 것을 염려했다고 고백한다. 아폴리네르는 다른 시 「콜히쿰」에서도 한 남자의 〈인생〉을 〈서서히 중독〉시키는 이 눈에 대해 이야기하고 있다.

아폴리네르는 이 시를 칸의 스타니슬라 중학교 동급생인 장 세브에게 바쳤다. 부잣집 아들이었던 장 세브는 아폴리네르가 파리 문단에 등단할 당시 그의 후원자 중 한 사람이었다.

신더하네스(149면)

지면으로는 『이솝의 향연』 1904년 6월호에 처음 발표된 시이지만, 아폴리네르는 이미 1904년 초 『펜』지가 주최한 한 야회에서 이 시를 낭독하여 크게 주목을 끈 바 있다.

신더하네스는 야곱 보른, 벤젤, 슐츠, 율리에테 브레지우스 등 그를 따르던 산적 부하들과 함께 1803년 마인츠에서 처형되었다. 독일의 민요와 설화에서는 이 산적이 민중의 영웅으로 찬양을 받는다. 아폴리네르는 1903년에 발표한 수필 「모조품에 대해서」에서 이렇게 쓰고 있다.

> 이 모조꾼은 무슨 모조품을 조작해 낸 날에만 지극히 행복한 모습이었다. 그는 이어서 미소를 지으며 말했다. 「신을 하나 꾸며 냈어, 가짜 신, 정말로 멋진 가짜 신.」 그러고는 기타를 집어 들고 이빨 빠진 입을 쥐어짜, 카이트헨 드 헤일브론이나 신더하네스를 찬양하는 오래된 독일 민요를 부르는 것이었다.

28행 〈오월의 꽃 그건 바로 금화 플로린이지〉 — 그 자체가 〈꽃〉이라는 뜻을 지닌 〈플로린〉은 한 면에 백합을 새긴 피렌체의 금화.

31행 〈독일식으로 마음을 눅이네〉는 일종의 모순어법에 해당한다.

가을의 라인란트(151면)

『주홍의 돛』 1909년 5월호에 〈호네프, 1901년 11월〉이라는 날짜 표시를 달고 발표되었다.

가톨릭교의 위령의 날(11월 2일)에 독일인들의 성묘 풍경을 소재로 삼은 이 시는 단순한 인상의 서경적 나열이 죽음에 대한 성찰로 확대되며, 이와 함께 서술의 시점이 바뀐다. 서술은 3인칭으로 시작하여 복수 이인칭으로, 이어 단수 일인칭과 이인칭으로 옮겨 가서, 풍경 외곽에 서 있던 관찰자를 포함한 복수 일인칭의 시점으로 끝난다.

1-2행 애니 플레이든은 부루닉과의 대담에서 〈이날 묘지는 피크닉으로 바뀌었다〉는 표현을 썼다.
4행 〈키키리키〉는 수탉의 울음소리를 나타내는 독일어식 의성어이다.
11행 〈모든 영혼의 날〉이라고 번역한 〈le jour de toute leurs âmes〉는 〈위령의 날le jour des morts〉의 독일어식 표현이다.

이 시는 시집의 교정 과정에서 투생 뤼카에게 헌정되었다. 뤼카는 1897년 니스의 리세에서 아폴리네르와 동급생으로 평생에 걸친 그의 친구이자 후원자였다. 투생 루카는 두 사람의 우정에 얽힌 추억을 기록하고 아폴리네르가 학창 시절에 썼던 시편들을 곁들여 1954년 『한 친구의 추억』을 발간했다.

전나무들(154면)
『주홍의 돛』 1909년 5월호에 처음 발표될 때 〈로이 그뤽, 1901년 11월〉이라는 꼬리표가 붙어 있었다.
『알코올』에서는 보기 드문 묘사시 가운데 하나이다. 전나무는 상록수이지만 계절에 따라 그것들이 입는 옷은 다르다.

그들은 생명의 변전, 기쁨과 슬픔, 죽음과 탄생에 간여한다. 크리스마스 때 크리스마스 트리로 쓰이는 전나무들은 그들 스스로 성탄을 알리는 별이 되면서, 어느 정도는 동방박사의 역할을 대신한다. 전나무는 여러 면에서 종교적인 나무이다.

4행 〈잘려 넘어진 저희 형제들〉 —— 전나무 목재로 지어진 배들.

24행 〈여름날 그들은 위대한 랍비〉 —— 여름날 햇빛을 받아 하얗게 빛나는 전나무들의 꼭대기가 초록 모자를 둘러싸고 흰빛으로 너울거리는 유대교 랍비들의, 혹은 노처녀들의 머리칼처럼 보인다.

28행 〈효험 좋은 몰약을 바치러 가네〉 —— 전나무의 수액은 약제로 사용된다. 몰약은 동방박사들이 아기 예수에게 바친 선물 가운데 하나이다.

아낙네들(156면)
『이솝의 향연』지 1904년 2월호에 〈호네프, 1901년 12월〉이라는 날짜 표시를 달고 처음 발표되었다.

라인란트 시골 아낙들의 대화가 주 내용을 이루고 있는 이 시는 아폴리네르가 주창한 〈대화시poème-conversation〉의 초기 형태로 흔히 평가된다. 그러나 『상형시집』의 「월요일 크리스틴로」 같은 본격적인 대화시가 적어도 형식상으로는 일정한 공간에서 들을 수 있는 대화들을 무작위로 채집하여 어떤 〈동시적〉 효과를 표현하는 반면, 「아낙네들」은 일정한 서사적 목표를 향해 대화들을 체계적으로 조직하고 있다. 〈포도밭 집〉이라는 분명한 장소에서 시작한 시는 사랑과 죽음의 이야기를 거쳐 〈흐릿한 어둠 속〉이라는 불확정의 공간에서 끝난다. 아폴리네르의 다른 시에서와 마찬가지로 이 시에서도 인간의 현실은 인간을 넘어선 세계와 맞닿아 있다.

5행 〈눈먼 밤꾀꼬리〉—— 밤꾀꼬리는 밤에만 우는 특성이 있기 때문에 이 새를 기르는 농가에서는 빛이 들지 않는 새장 속에 새를 가두어 새가 밤낮의 시간과 때로는 계절을 혼동하도록 길들이는 경우가 많았다. 야생의 밤꾀꼬리는 4월에서 6월까지 노래를 부르지만, 길들인 밤꾀꼬리의 노래는 이 시가 쓰인 시기인 12월경 절정에 달하는 것으로 알려져 있다.

15행 〈트라움 양반Herr Traum〉, 〈조르게 부인Frau Sorge〉—— 이들 독일어는 각기 〈꿈 씨〉와 〈근심 부인〉이라고 옮길 수도 있겠다. 밤에 자리에 누운 사람은 잠이 들어 꿈을 꿀 수도 있고 근심으로 전전긍긍할 수도 있다.

36행 〈흐릿한 어둠〉—— 꺼져 가는 난롯불이 아직 남아 있는 어둠이지만, 또한 모든 것의 경계와 외곽을 지워 버리는 어둠. 이 불확정의 어둠 속에서 각기 다른 운명이 인간들을 기다린다.

기별(158면)

『셰라자드』지 1911년 3월호에 〈가을의 기별Signe de l'Automne〉과 〈시절Strance〉이라는 두 개의 제목으로 처음 발표되었다.

가을은 아폴리네르에게 시적으로 특별한 의미를 지니는 계절이다. 시집 『알코올』에는 가을을 직접적인 소재로 삼거나 이 계절을 언급한 시들이 많다. 이들 시에서 가을은 실의와 조락의 계절인 동시에 결실과 성취의 계절이며, 다른 한편으로는 이별과 죽음을 예고하는 계절이다. 「기별」은 짧은 시이지만 가을과 관련된 이 모든 주제들을 두루 함축하고 있다.

1행 제목과 마찬가지로 〈기별〉이라고 번역한 프랑스어 〈Signe〉는 〈기호, 신호, 표지〉라는 일반적인 뜻에서부터 점성술의 〈별자리〉를 말하는 특수 용례에 이르기까지 그 의미의 폭이 매우 넓은 낱말이다. 〈기별의 우두머리〉로 번역한 프랑스어 〈le Chef du Signe〉 역시 구체적으로는 〈장대를 깃대처럼 들고 호두나무를 두드리는 사람〉에서부터, 대문자로 의인화된 〈가을Automne〉이 시인의 〈정신에 미치는 가장 큰 영향력〉에 이르기까지 해석의 여지가 매우 넓다. 마리 잔느 뒤리는 이 첫 시구를 다음과 같이 해석한다.

> 아폴리네르는 시의 모태인 계절의 주재자가 신호signe를 보내 자신에게 하달하는 명령에 복종한다. 시구는 겉으로 드러나는 것 이상의 것을 표현한다. 거기에는 어떤 결여, 겨울, 죽음이라고 하는 저 무(無)가 함축되어 있다. 가을이 그것을 지향하고 언어가 그것을 예감한다.

2행 〈그러므로 나는 과일을 사랑하고 꽃을 미워한다〉— 시인은 허영과 미완성의 꽃보다는 결실을 사랑하지만, 그러나 이 결실의 순간은, 자신의 열매를 모두 잃게 되는 호두나무의 경우에서처럼, 모든 노력이 무로 돌아가는 죽음의 시간과 맞닿아 있다.

7행 〈한 아내가 나를 따른다 그것은 벗어 버릴 수 없는 내 그림자〉 — 〈지난날의 애인들〉이 떠난 후 시인이 가진 것, 시인을 따르는 것은 그의 그림자밖에 없다. 가을은 시인을 소유하는 자가 아니라 존재하는 자, 사유하는 자로 남게 한다. 가을이 〈영원한〉 계절이며 〈정신의 계절〉인 것은 이 때문이다.

8행 〈비둘기들은 오늘 저녁 그들의 마지막 비상을 결행한다〉 — 사랑과 시 정신의 상징인 비둘기는 가을이 예고하는 죽음의 운명에 복종하여 높은 하늘로 날아오른다. 그들은 죽음 앞에 자기 존재를 송두리째 바친다. 죽음의 기별은 모든 조짐과 징후를 무화하는 가장 절대적인 신호, 곧 〈기별의 우두머리〉이다. 시는 죽음에 대한 응답이다.

어느 날 밤(159면)

『알코올』에 처음 발표된 시로, 1904년경에 쓴 것으로 추정되는 원고가 남아 있다.

서술이 모호하여 의미의 파악이 쉽지 않은 시이지만 〈금속성〉의 비정한 현대 도시에서, 그것도 눈이 〈독수리〉처럼 사납게 내리는 거리에서, 행인들의 동정을 구하는 한 가난뱅이의 하소연이라는 관점에서 읽으면 전체적으로 맥락이 통한다(시인이 습작기에 썼던 시 「걸인」에 이 시와 동일한 이미지, 동일한 시구가 들어 있다).

1행 눈이 천사장들처럼 하늘에서 내려오지만, 그것은 자애와 은총을 지니고 내려오는 것이 아니라 맹금처럼 사나운 추위를 몰고 내려온다.

3행 등불들이 떠는 것은 그것들을 보고 있는 사람과 그 눈이 떨고 있기 때문이다.

5행 비정한 도시에 구세주를 예고하는 별은 없다.

9행 〈너의 두 눈〉은 행인의 눈. 가난한 자의 〈내 꿈〉은 행인의 변덕에 매달려 있지만, 그러나 그 꿈은 행인과 다를 바 없는 한 인간의 꿈이다.

12행 〈옷 입은 여자〉는 인성이 사라지고 옷으로만 남은 여자. 이 여자가 손사래를 치며 가난한 자를 기위할 것은 뻔한 일이다.

13행 이 비정한 세계에서 가난한 자가 할 수 있는 일은 익살광대가 되어 〈주의 깊은 여자들〉, 다시 말해서 몸 사리는 여자들을 경멸하는 일뿐이다.

14행 〈허깨비〉는 제 본분을 망각한 자, 그의 영혼은 벌써 죽어 있다. 제15행은 이 허깨비가 바로 자애를 그 본분으로 삼아야 할 〈사도〉임을 알려 준다. 〈무화과나무에 목을 맨 사도〉는 예수를 배반한 유다이지만, 현대의 사도들 역시 제 본분을 배반했다는 점에서 유다와 다르지 않다. 그들은 제 영혼을 팔아 죽음을 샀다.

16행 사랑의 사도들이 사라진 세계에서 사랑의 행위는 오직 우연과 변덕에 의해서만 행해진다.

마지막 연 새로운 탄생이 예고되고, 예수가 예루살렘에 입성하는 날처럼, 새로운 나라에 이르는 길이 펼쳐진다. 그러나 가난한 자는 이 탄생과, 이 새 나라를 죽음 뒤에서만 만나게 될 것이다.

아씨(161면)

『이솝의 향연』 1903년 12월호에 「귀가Le Retour」라는 제목으로 「고별」과 함께 처음 발표되었다. 이 시도 역시 「고별」처럼 습작기의 시 「열쇠」에서 한 대목을 발췌한 것이다(시 「열쇠」에 대해서는 「고별」의 주석 참조).
「귀가」의 전문은 다음과 같다.

>Toc toc... «Il a fermé sa porte.
>Les lys du jardin sont flétris...
>Quel est donc ce mort qu'on emporte?»
>«Tu viens de toquer à sa porte.»
>«Et je suis veuve, aux pieds meurtris.»

>똑 똑……「그가 문을 닫아 놓았네.
>뜰의 백합은 시들고……
>저건 대체 누구의 주검을 운구하는 것일까?」
>「당신이 방금 두드린 게 그의 문이지.」
>「그럼 나는 과부가 되었군, 발에는 피멍이 들고.」

「아씨」의 전원문préoriginale이 되는 이 소품 시는 슬픈 이야기 하나를 담고 있다. 한 여자가, 아마도 먼 여행 끝에, 남편이 살던 집에 돌아와 문을 두드렸으나 열리지 않는다. 뜰에는 돌보지 않은 백합이 시들어 간다. 여자는 그때 사람들이 옮겨 가는 시체를 보며 의문에 사로잡힌다. 이 의문에 한 목소리가 대답한다. 죽은 사람은 바로 당신이 방금 문을 두드린 그 집의 주인이라고.

이 시를 개작한 「아씨」는 주인공과 죽은 사람의 관계를 분명하게 밝히지 않음으로써 한 여자의 슬픈 사연보다는 죽음에 대한 일반적 파토스를 전할 수 있게 된다. 시의 끝에서 주인공은 자기 신세를 한탄하는 대신, 인간 운명의 절대적 고독감을 드러내려는 것처럼 빈집에서 들려오는 생쥐의 발자국 소리를 듣는다. 어쩌면 죽음의 진상을 알려 주는 것도 바로 이 생쥐의 발자국 소리일 것이다.

제목 〈아씨〉는 이 시가 베를렌의 시 「애매한 인상Impression fausse」에서 착상을 얻었을 것임을 짐작하게 한다. 베를렌의 시는 첫 연이 다음과 같다.

생쥐 아씨 종종종
저녁의 잿빛 속에 까맣게
생쥐 아씨 종종종
까만색 속에 잿빛으로

Dame souris trotte
Noire dans le gris du soir
Dame souris trotte
Grise dans le noir

약혼 시절(162면)

「약혼 시절」은 1908년 말 『판』지에 처음 발표되었다. 같은 해에 발표된 「잉걸불」과 같은 상상력을 바탕으로 거의 동일한 구조를 지닌 시이지만 생각의 깊이에서 더욱 발전된 시로 평가된다. 아폴리네르는 이 시를 자신의 시편들 가운데 가장 훌륭한 시로 평가했다. 그는 1915년 7월 30일 약혼녀 마들렌 파제스에게 이렇게 써 보냈다.

내 생각에 가장 새롭고 가장 서정적이고 가장 깊이 있는 시는 「약혼 시절」입니다. 내가 찬미하는 숭고한 예술가 피카소에게 헌정된 이 시가 모든 면에서 마들렌 당신과 관련된 시라고 말할 수 있는 것은 이윽고 오게 될 여자 당신밖에는 어떤 여자도 이 시의 대상이 아니기 때문이며, 「잉걸불」과 더불어 이 시가 곧바로 접근하기 어렵다는 점만 접어두면 내가 쓴 가장 훌륭한 시라는 사실을 아무도 의심할 수 없기 때문입니다.

그러나 이 시가 피카소에게 헌정된 것은 우연이 아니다. 아폴리네르의 〈새로운 서정성〉의 개념을 말하면서 동시에 실천하는 이 시는 화가 피카소가 형태와 색채로 실현한 예술을 언어로 다시 실현하려는 시인의 야심에서 출발하고 있기 때문이다.

이 시는 아홉 개의 부로 이루어졌으며, 각 부는 거의 독립된 시의 형태를 지니고 있다. 전통적인 서정시의 면모를 지닌 제1부는 습작기의 시 「봄」에서 그 첫 3연을 가져온 것이며, 제2부에서 제5부까지의 네 부는 「말 별Les paroles étoiles」이라는 제목으로 썼던 원고를 손질한 것이고, 제8부는 「화충」이라는 제목(「잉걸불」이 처음 발표될 때의 제목이기도 하다)의 거친 초벌 원고를 대폭 개작한 것이다.

1부 전통적인 서정시의 형식과 분위기를 지닌 이 11행의 시는, 바로 다음 부에서 친구들의 경멸을 불러오는 〈처량한 양 우리〉의 유치한 목가에 해당한다는 필킹톤의 의견은 받아들일 만하다. 그러나 이 시가 만물의 생명력 그 자체인 사랑을 성스러운 높이로 끌어올리려는 한 문학청년의 열망을 표현하고 있는 것도 사실이다. 이 열망은 현실과 유리된 감동 없는 시를 읊조리게 했을 뿐 진정한 창조로 실현되지 않았으며 그 점에서 시인은 〈거짓 서약을 한 약혼자들〉과 다르지 않다. 시인은 제1부로 시의 제목을 설명하고, 좌절된 자신의 창조적 열망을 예시한다.

4행 〈한 마돈나 Une Madone〉 — 아폴리네르는 Madone를 대문자로 쓰면서도 거기에 부정관사 Une를 붙이고 있다. 아마 이 여자는 마돈나가 되려 하나 거기에 이르지 못하는 여러 여자들 가운데 하나일 것이다. 마찬가지로 시인도 완전한 시인이 되지 못한 채, 여전히 시의 상투성에 빠져 있는 어중이떠중이 시인에 불과하다. 따라서 순결과 평화의 상징인 〈청순한 비둘기들 Colombes〉의 추상 개념과 〈수비둘기 pigeon〉로 상징되는 현실의 결합은 약속에 그칠 뿐 실현되지 않는다.

2부 시인은 친구들의 경멸을 불러온 자신의 무능을 한탄함과 동시에 자신을 둘러싼 불건강한 환경을 진술한다.

13행 〈나는 잔이 넘치게 별들을 마시고 있었다〉 — 이 시구는 제3부의 시구 〈내가 했어야 할 모든 말들은 별이 되어 버렸다〉는 말에 비추어 이해되어야 한다. 시인이 언어로 실현하려는 위대한 개념들은 빛나는, 그러나 현실에서 멀리 떨어진 별이 되어 버리고 시인은 그 열망만을 반추하면서 술로 자신을 위로하고 있다.

16행 〈거짓 백부장(百夫長)들이 초를 가져가 버렸으며〉— 십자가에 못 박힌 예수에게 백부장들이 쓸개즙을 탄 술을 마시게 했다는 성서의 내용에 빗댄 말. 문단에서 그 나름대로 세력을 형성하고 있는 〈거짓 백부장들〉은 초가 될 정도로 시어진 술, 즉 낡아 빠진 영감과 낡아 빠진 주제들을 장악하여 작품을 양산한다. 이런 환경은 수난을 무릅쓰고 독창적인 작품을 쓰려는 시인을 초조하게 만든다. 그래서 거짓 백부장들이 활개치는 곳에서는 수난자도 거짓 수난자가 되기 십상이다.

17행 〈대극으로 어설프게 상처를 낸 거지〉— 당시 걸인들은 독초 대극의 즙을 얼굴에 발라 고의로 상처를 내서 행인들의 동정심을 얻으려 했다. 값싼 감상적인 시에 대한 고발, 또는 자책이다.

22-23행 〈장식 칼라들이 솔질 서투른 치마들의 물결 위에 떨어졌고〉— 이 어설픈 성교의 이미지는 진정한 영감도 없이 시를 쓰고 있는 자들의 작태이다. 이런 시 쓰기에 진정한 산고 또한 없으며, 따라서 제 개성을 잃어버린 〈가면 쓴 산모들〉이 베푸는 〈축성식〉은 위선적일 뿐이다.

3부 시인은 자신의 시 쓰기에 너무 큰 야심을 가졌던 나머지 어떤 실천에도 이르지 못했다고 한탄한다. 그의 열망은 너무 뜨거워 그의 말은 별이 되고 그의 눈은 태양이 되었으나, 열망은 열망에 그칠 뿐이어서 실제적인 결실은 그만큼 멀어졌다.

31행 〈이카로스 하나가 내 양쪽 눈에까지 날아오르려 들고〉 — 열망으로 뜨거운 그의 두 눈은 옛날 신화 속의 이카로스 같은 모험가들을 미혹시켜 재난에 빠뜨린 정도로 허황한 빛을 뿜고 있다. 시인은 성운 사이에서 불타오를 뿐 현실 속에 내려올 방도를 찾지 못한 제 신세를 한탄하고 있다.

34행 〈옛날에는 사자들이 나를 경배하려 찾아오곤 했으며〉 — 시인은 자신이 시의 역사에 이름을 남긴 어떤 시인도 고개를 숙일 만큼 훌륭한 시인이 되리라고 자부했다는 뜻이다.

35행 〈나는 세계의 종말을 바랐다〉 — 〈세계의 종말〉은 세계의 역사가 완성되는 순간이다. 시인은 자신이 절대적으로 훌륭한 시를 써서 시 쓰기의 역사를 끝내겠다고 생각했다. 그러나 시인은 시 쓰기의 역사를 완성하여 그 종말을 맞기는커녕 그 자신이 시 쓰기를 포기해야 할 지경에 이르렀다. 여기에서도 아폴리네르의 날렵한 말장난을 감지할 수 있다.

4부 현재의 궁지를 불러온 과거에 대한 점검의 자리이다. 시인은 과거에도 현재와 마찬가지로 자신이 성스러움(로마의 교회)과 만물이 지닌 생명력으로서의 사랑(레몬나무 작은 숲)이라는 두 주제에 압도되어 왔음을 발견한다. 이 관념적이고 추상적인 거대 주제 앞에서 그는 세월을 허송하며 술을 마실 수 있을 뿐이다. 그러나 시인은 술집에서 새로운 종류의 뮤즈를 만난다.

45행 〈시를 창안하던 어느 혼혈녀의 두 눈에는〉 — 1907년부터 아폴리네르의 연인이었던 마리 로랑생이 부계로부터 혼혈의 피를 물려받은 것으로 알려져 있다. 시 속의 〈혼혈녀〉가 누구를 지칭하든지 간에, 〈시를 창안〉하며 두 눈에서 〈꽃다발들〉을 불태우는 이 여자는 새로운 종류의 뮤즈로 기능한다. 명증한 세계의 밝음과 미지 세계의 암흑을 혼합한 이 존재는 미에 대한 또 하나의 가능성을 시사하고, 그에 대한 기억은 다른 기억과는 달리 유일하게 시인의 정신에 섬광을 일으키기 때문이다.

5부 과거의 인습적인 주제와 형식을 벗어나 진정한 창조적 시 쓰기를 다짐한다.

52행 〈꽃들은 내 시선을 받아 다시 불꽃이 된다〉 — 꽃을 바라보는 뜨거운 시선은 감각을 극대화하여 감각을 넘어서는 성질을 지녔으며 불꽃은 모든 사물을 자신의 모습으로 동화시키는 순수성과 통일성을 지녔다. 시인에게서 이 불꽃인 감각은 사물을 그것이 창조된 순간의 상태, 최초의 상태로 되돌린다. 아마도 현대의 이론 물리학은 이 불꽃을 파장에 대한 은유라고 말할 것이다.

53행 〈나는 신의 눈으로 관상하며〉 — 구약성서 창세기 편에서 신이 자신의 창조물들을 바라보며 기뻐하였다는 구절을 염두에 둔 표현. 그러나 시인은 자신의 작품들이 진정한 창조물이 아니기에 비웃는다.

55행 〈굳건한 그림자가 늘어나고 늘어나〉 — 시인은 자신이 예감하였으나 아직 실현하지 못한, 그래서 그림자의 상태로 남아 있는 존재들이 구체적이고 풍성한 내용을 얻게 되면 자신을 흡족하게 할 진정한 창조가 이루어지리라고 생각한다.

6부 시인은 초조감을 누르고 휴식의 상태에서 자신의 감관을 고찰한다. 지각, 청각, 촉각, 시각, 후각, 미각이 차례대로 검토된다. 이들 지각과 감각에 대해 마리 뒤리와 스콧 베이츠는 그것들이 각기 여기서 사랑과 성애의 능력을 나타낸다고 본다. 그러나 다른 한편으로 시인이 지각과 감각을 고찰하는 것은 거기서 벗어나, 육체적 감관의 개입이 없이 사물을 그 본질의 상태로, 이를테면 〈끝없는 뜨거움〉(제68행)으로 인식하기 위한 것이기도 하다. 아폴리네르는 제5부와 제6부를 쓸 때 입체파 회화를 통해, 감각적으로 인식된 사물이 아니라 하나의 사물을 〈창조〉하는 피카소를 염두에 두었을 것이다.

7부 시인은 자신의 새로운 미학에 대해 차분하게 일차적인 결론을 내린다. 그는 이제 자연을 모방하지 않을 테지만 자연에서 도피하지도 않을 것이다. 수호천사가 길 떠나는 그를 지켜보는데 이는 자신감의 표현이다.

78행 〈마침내 나는 거짓말에 겁을 먹지 않는다〉 — 〈거짓말〉은 이중적인 의미를 지닌다. 일차적으로는 아폴리네르가 타기하는 낭만주의적 환상이 이에 속하지만, 한편으로는 피카소의 형과 색으로만 이루어진 회화처럼 사물에 대한 인습적 시선을 넘어서는 새로운 지각도 그것이 사물과 〈닮지 않았다〉는 점에서 거짓말에 해당한다.

79-80행 〈접시 위에 달걀 후라이처럼 구워지는 달〉과 〈익사한 여자를 장식〉하는 〈물방울 목걸이〉는 모두 낭만주의적 허위를 폄하하면서, 〈자연과 닮지 않은〉 새로운 종류의 거짓말을 예찬하는 성격을 지닌다. 이를테면 라마르틴은 달을 가리켜 〈어둠 나라 여왕의 안개 마차〉라 불렀다. 아폴리네르의

〈달걀 후라이〉도 라마르틴의 달과 마찬가지로 거짓에 해당하겠지만 헛된 환상을 만들어 내지는 않으며, 오히려 그 생경한 표현 속에 현실 인식을 함축한다. 아폴리네르는 여기서 두 가지 면에서 거짓말을 두려워하지 않는다. 하나는 자신이 낭만주의적 환상을 만들어 내는 재능이 없다는 점을 두려워하지 않으며, 다른 하나는 인습적 시각에 반하는 새로운 거짓말을 만들어 내는 일을 두려워하지 않는다. 이어지는 시구에서의 〈두 개의 가시관〉도 이 점에서 이해되어야 한다.

84행 〈부지런한 천사들이 나를 위해 집에서 일을 한다〉 — 수호천사가 실내에 있고 시인은 외부세계를 순례한다는 점이 특이하다. 수호천사는 시인을 보살피고 지켜볼 뿐 더 이상 시인을 가르치거나 인도하지 않는다. 모방예술에서 탈피한 시인은 창조 행위에 그만큼 자유를 누리게 되는 것이다.

8부 시인은 순례의 길에서 소박하게 자신들의 생명력을 노래하는 수부들을 바라보며, 「잉걸불」에서처럼(〈내 영혼은 태양에 옷을 벗는다〉) 자신이 지닌 모든 것을 생명력의 근원이며 순수이성의 상징인 태양에 바친다. 시인은 자신의 순수한 존재를 다시 회복한다.

93행 〈내 그림자만 남기고 모든 것을〉 — 그림자만 남긴다는 것은 자신의 존재와 생명력만을 남긴다는 뜻이다. 태양이 그림자를 만든다는 점을 상기하면 여기에도 아폴리네르식의 말장난이 있다.

94행 〈준설선들을 봇짐들을 반쯤 죽어 가는 세이렌들을〉 — 이 세 명사는 시인이 앞 연에서 태양에 바친 모든 것의 내용이다. 이들 명사는 항구에서 흔히 보거나 들을 수 있는 것들의 이름이지만, 또한 준설선은 물밑에서 쓰레기를 걷어 내는 배이며, 봇짐은 행상들의 보잘것없는 상품이며, 〈반쯤 죽어 가는 세이렌들〉은 동정을 구걸하는 목소리이다. 새로운 문학은 지난날의 쓰레기들인 인습에 안주하거나 상업주의적 인기에 연연하는 태도와 감상주의를 청산해야 한다. 여기서 특히 세이렌은 「랜더로드의 이민」에서처럼 뱃고동 소리를 말하지만, 신화에서 말하는 괴조 세이레네스와 무관한 것은 아니다. 아폴리네르에게서 세이레네스는 시인을 환상과 죽음으로 이끄는 문학의 불길한 매혹으로 나타난다. 아폴리네르의 새로운 미학은 이 매혹을 극복하는 일과 늘 연결되어 있다.

96행 〈바람이 아네모네 화관을 쓰고 사그라졌다〉 — 〈아네모네〉의 어원인 anemos는 원래 그리스어로 〈바람〉을 뜻한다. 우리말에서도 아네모네와 같은 계열의 꽃들을 바람꽃이라고 부른다.

97행 〈오 처녀좌여 세 번째 달의 순결한 기호여〉 — 처녀좌는 점성술의 황도 12궁 가운데 여섯 번째 별자리에 해당하며, 하지 이후 세 번째 별자리에 해당한다. 8월 26일이 생일인 아폴리네르는 이 별자리에서 태어났다. 여기서 〈기호〉는 별자리를 뜻하지만 〈기호〉라는 본래의 의미가 완전히 사라진 것은 아니다. 수평선 너머로 사라지는 범선과 잦아드는 바람은 시인이 이제까지 자신을 불순하게 만들었던 모든 것을 청산하고 탄생시의 순결한 자아를 다시 회복하였음을 뜻하는 기호이다.

9부 시의 결말부. 시인은 「잉걸불」에서처럼 자신의 전 존재를 불에 바친다. 그는 소유로 더럽혀진 삶을 정화하여 순수 존재를 다시 회복하며, 그의 정신은 생명력과 사랑을 극한까지 끌어올린 불의 형식으로만 남게 된다. 시는 찬가의 장엄한 어조를 얻는다.

98-100행 〈불타는 성당기사들〉은 1312년에 강제 해산된 성당기사교단의 사제들. 단원들과 함께 체포된 교단장 자크 드 몰레Jacques de Molay는 1314년 화형에 처해졌다. 그가 화형대에서 죽은 후 그의 죽음에 간여했던 교황 클레맨트 5세는 40일 만에, 필립 미남 왕은 해를 넘기기 전에 40대의 나이로 죽음을 맞았는데, 이는 교단장이 화형대에서 예언했던 바가 그대로 실현된 것이라는 전설이 있다. 아폴리네르의 시구에서 〈위대한 스승grand maître〉은 이 예언자 교단장Maître을 가리킨다. 그러나 시인의 예언은 불에 의해 정화되고 통합된 순수 정신의 창조력에 더 가깝다.

103행 〈사십 수에 죽은자들Morts à quarantaine〉에 관해서는 여러 가지 다른 해석이 있다. 자크 드 몰레의 예언에 따라 40일 만에 죽은 교황과 40대에 죽은 필립 왕을 가리킨다는 해석, 사순절에 화형 당한 성당기사들을 뜻한다는 해석, 그 둘을 함께 말한다는 해석이 있으며, 검역을 위해 외국의 선박을 항구 밖에 묶어 두거나, 전염병자들을 격리 수용한 40일의 기간에, 즉 시련기에 죽은자들을 뜻한다는 설이 있다. 불과 예언의 관계를 염두에 둔다는 첫 번째 해석이 받아들일 만하다.

104행 〈나는 내 죽음으로 영광과 불행을 겨냥한다〉 ─ 불에 의해 정화되는 시인은 자신의 개별적 자아를 무화(〈불행〉)하고 순수정신(〈영광〉)에 도달한다. 시인은 마땅히 스스로 소멸하여 비인칭이 되고, 그의 존재는 〈우주가 스스로를 보고 스스로를 전개해 간다는 하나의 대응 능력〉이 되어야 한다는 말라르메의 말을 상기시키는 시구이다.

105행 〈고리과녁〉으로 변역된 프랑스어 〈quintaine〉에 대해 아폴리네르는 자신이 편집한 아레티노 선집의 서문에서 다음과 같이 쓰고 있다.

> 성행위를 지칭하는 수많은 방법이 있는데, 남자는 여자를 〈quintaine〉로 부르기까지 한다. 이탈리아어 〈inguitina〉 또는 〈quintina〉, 즉 〈quintaine〉는 이탈리아 특히 토스카나 지역에서, 쇠로 만들어 매달아 놓은 고리로, 창을 던져 그 가운데 구멍을 통과시키는 놀이에 사용된다.

106행 〈망설임이여 색칠하여 그린 거짓 새여〉 — 〈망설임〉은 불의 고행을 결단하기 전에 주저하는 태도. 〈거짓 새〉는 고리과녁의 구멍에 달아 놓기 위해 만든 새의 모형. 자연을 모방한 이 새는 불에 태워 정화해야 할 시인의 과거이다. 아폴리네르의 새로운 시학이 〈망설임〉을 극복하고 모험의 창을 던져 고리과녁의 새를 맞추고 그 구멍을 꿰뚫을 때 그의 정신은 새로운 경지에서 또 하나의 탄생을 맞게 될 것이다.

108행 〈우아한 네 아이들〉의 〈너〉가 누구를 가리키는지 알기 어렵다. 안 하이드 그리트는 이 시가 헌정된 피카소를 말한다고 본다. 그러나 이 시가 처음 발표될 때 헌사는 없었다. 아폴리네르가 이 시에서 내내 피카소의 새로운 미학을 염두에 두고 있는 것은 사실이지만, 피카소에 대한 직접적인 언급이 전혀 없는 상태에서 그를 갑자기 〈너〉라고 부르기는 어려울 것이다. 이 〈너〉는 고리과녁에 걸린 〈거짓 새〉를 지칭한다고 볼 수도 있다. 시인은 〈거짓 새〉의 존재를 화형에 바치고, 그 죽음의 재를 둘러쓰고 존재의 형태를 바꾸어 다시 불사조로 태어나는 것이다.

달빛(172면)

이 시는 아폴리네르의 시 중에서 일반 간행물에 가장 먼저 발표된 시로 알려져 있다. 1901년 7월 『위대한 프랑스』지에 Wilhelm Kostrowitsky의 이름으로 처음 발표되었으며, 당시 제목은 〈Lunaire〉(〈달〉을 뜻하는 명사 Lune의 형용사)였다. 상징주의의 영향이 분명하게 드러나는 시이지만, 〈달빛〉이라고 하는 상징주의의 단골 주제를 이용하여 상징주의를 야유하는 시이기도 하다.

4행 부사어 〈톡톡히 assez bien〉에는 자연 사물에 억지 은유를 덧씌우고 불필요한 의인화로 멋을 부리는 후기 소상징주의 시를 조롱하는 어투가 담겨 있다.

6행 〈한 줄기 한 줄기 모두 한 칸 벌집이 아닌가〉 — 프랑스어 〈rayon de miel〉은 〈벌집〉을 뜻하는 말이지만, 축자적으로는 〈꿀빛 광선〉이나 〈꿀로 된 광선〉으로 읽힐 수도 있다. 아폴리네르는 이 두 의미 사이에서 말장난을 하고 있다. 꿀빛 광선인 달빛은 곧 꿀벌의 집이며, 그 꿀을 모으는 것은 하늘의 꿀벌들 곧 별들이다.

8행 〈아르크투루스〉는 별자리 목동좌에서 가장 큰 별로 큰곰자리의 꼬리 근처에 위치하며, 바로 여기서 〈곰에서 눈을 떼지 않는 사냥꾼〉이라는 이 별의 이름이 유래한다. 마들렌

부아송은 이 별이 시의 화자를 나쁜 문학적 공상의 함정으로 이끄는 〈계모 마녀〉의 성격을 지닌다고 해석한다.

9-10행 두 가지 뜻을 지닌 프랑스어 〈rayon〉을 이용한 말장난이 여기서도 계속된다. 〈허망한 빛줄기〉로 번역한 프랑스어 〈rayons décevants〉은 〈허망한 벌집〉으로도 번역될 수 있는 말이기 때문이다. 〈바람의 장미 rose des vents〉는 풍경계의 방향반을 뜻하는 말이다. 문학은 자칫 시인에게 달콤하지만 허황한 공상을 심어 주고, 그 대신 현실 세계에 대처할 실제적인 능력을 앗아가 버릴 수도 있다. 아폴리네르가 낡은 상징주의를 야유하게 되는 이유도 거기 있다.

1909(173면)

『알코올』에 처음 발표된 시.
이 시의 구조는 단순하다. 우아하고 사치스러운 의상을 걸친, 접근하기 어려운 지난 시대의 여자와 산업사회의 〈악착스러운 여자들〉을 대비시키고 있다. 〈1909년〉에 아폴리네르의 미학적 지향점은 이 접근하기 쉽고 사실적인 여인들에 있다.

1행 〈오토만〉은 무명 씨실에 견사 날줄로 줄무늬를 넣어 짠 천. 〈오토만〉이라는 직물 이름은 1907년에 처음 사용되었다.

12행 예술적 감각과 뛰어난 미모로 유명했던 레카미에 부인(1777-1849)은 19세기 전반기 프랑스의 유행을 주도하였다. 샤토브리앙, 스탈 부인, 라마르틴, 빅토르 위고, 생트뵈브가 드나들었던 그녀의 살롱은 왕정복고 시대에 파리의 모든 살롱을 대표하였으며 프랑스 문화의 표준이 되었다.

14행 〈자정을 알리는 종소리는 결코 들리지 않으리라〉— 자정을 알리는 종이 울리기 전에 무도회장을 빠져나와야 하는 신데렐라의 이야기를 염두에 둔 시구. 시인은 저 아름다운 여자가 이미 자신의 시대가 지났음을 알지 못한다고 가볍게 비난하고 있다.

25-26행 〈강철은 그들의 피 불꽃은 그들의 두뇌/나는 사랑했다 그 민첩한 기계 떼들을 사랑했다〉— 산업사회의 기계들과 일체가 되어 있는 인간들. 아폴리네르는 나중에 이 이미지를 더욱 발전시켜 「포도월」에서 다음과 같이 쓰게 된다.

우리 성스러운 공장들의 금속 성자들이
떠들고 노래하는 씩씩한 도시들

상태 감옥에서(175면)

『알코올』에 처음 발표된 시. 아폴리네르는 1911년 8월 루브르 박물관에서 「모나리자」가 도난 당한 사건에 연루되어 일주일간 상태 감옥에 수감된 바 있다. 그는 이 사건을 〈모나리자의 도난과 관련하여 프랑스에서 내가 유일하게 구속되었던 기이하고 믿을 수 없고 비극적이고 웃기는 사건〉(1915년 7월 30일, 마들렌 파제스에게 보낸 편지)이라고 기술하였다. 아폴리네르는 재기발랄한 벨기에 청년 제리 피에레와 가까운 사이였다. 이 청년은 장난삼아 루브르 박물관에서 조각상 몇 개를 훔쳐 일부를 피카소에게 그 출처를 밝히지 않은 채 팔고, 일부를 아폴리네르의 아파트에 숨겨 두었다. 모나리자 도난 사건이 터지자, 제리 피에레는 아폴리네르의 권고에 따라 『파리 주르날』의 편집장에게 장물을 전달하였지만, 신문은 이 기회를 이용하여 박물관의 허술한 관리 상태를 비난하며 제리 피에레의 장물을 그 예로 제시하였다. 제리 피에레는 국외로 탈출하였지만, 그와 친밀했던, 게다가 무국적자였던 아폴리네르는 도난 미술품 은닉 혐의에 「모나리자」의 도난에도 연루되었으리라는 막연한 의심까지 받으면서 상테 감옥에 구속되었다. 제리 피에레의 편지와 문단의 탄원에 의해 아폴리네르는 일주일 만에 기소유예로 풀려 나왔지만, 국외 추방의 위협을 받는 상태에서 명예와 창작활동에 심각한 상처를 입었다. 애인 마리 로랑생과 헤어진 데도 이 사건의 영향이 큰 것으로 알려져 있다.

11-12행 아폴리네르는 11동 15호실에 구금되었다.

병든 가을(181면)

『알코올』에 처음 발표된 시.
데코댕은 이 시가 라인 강 시편에 속한다고 말하지만 창작 일자를 추정하기는 어렵다. 시 전체는 가을바람을 맞아 가지들이 한쪽으로 휘날리는 나무를 상형하고 있다.

호텔(183면)

『알코올』에 처음 발표된 시.

아폴리네르의 가족이 파리에 처음 자리 잡은 1899년 여름, 그의 어머니 드 코스트로비츠키 부인은 동거인 쥘 베유와 함께 벨기에의 아르덴 지방 스파의 카지노에 머무르며 두 아들을 그곳에서 멀지 않은 스타블로의 한 호텔에 맡긴다. 기욤과 알베르는 8, 9월 두 달 동안 즐거운 휴가를 보냈지만 그 끝은 불행했다. 가을, 카지노에서 행운을 붙잡지 못하고 먼저 파리로 돌아간 드 코스트로 부인의 지시에 따라, 두 소년은 숙박비를 지불하지 않은 채 〈야반도주〉하여 파리행 기차를 타야 했다. 시 「호텔」은 젊은 아폴리네르에게 지극히 참담한 것이었던 이 경험과 무관하지 않다.

1행 호텔 방은 고독과 소외의 장소일 뿐이다.
13행 흔들거리는 나이트테이블에 비유되는 라 발리에르 여공작(1644-1710)은 루이 14세의 애첩으로 다리를 가볍게 절었다.
19행 이 호텔에서는 저마다 달리 사용하는 언어를 동시에 알아들어야 하지만 그 일은 사실상 불가능하며, 따라서 어떤 소통도 기대할 수 없다.
24행 〈저 혼자만의 사랑〉은 사실상 사랑이 없는 상태이다.

사냥의 뿔나팔(185면)

이 시는 1912년 9월 『파리의 야회』지에 처음 발표되었다.

아폴리네르는 이 시에 대해 〈「사냥의 뿔나팔」도 「변두리」, 「미라보 다리」, 「마리」와 마찬가지로 가슴 찢어지는 추억을 기념하며……〉라고, 1915년 7월 30일 마들렌 파제스에게 써 보냈다. 이 〈가슴 찢어지는 추억〉은 물론 마리 로랑생과 관련된다. 두 사람의 관계는 1912년 6월 이후 돌이킬 수 없을 정도로 악화되었다.

2행 〈어느 폭군의 가면처럼〉 ─ 가면을 쓴 이 폭군은 결코 얼굴을 보여 주지 않는 〈운명〉이다. 한편 고대 그리스의 비극에서 등장인물들은 모두 가면을 썼다.

3–5행 바꾸어 말하면, 〈우리의 사랑을 비장하게 만드는 것은 아슬아슬하고 극적인 줄거리나 자질구레한 사연이 아니다.〉 그 사랑의 비장함은 인간의 힘으로는 어쩔 수 없는 운명 그 자체에 있다.

6–8행 토머스 드퀸시(1785–1859)는 『어느 영국 아편쟁이의 고백』으로 프랑스의 상징주의자들에게 크게 영향을 미친 영국 작가. 이 일인칭 고백 소설에서 주인공은 운명의 장난으로 다시는 만날 수 없게 된 애인, 청순한 창녀 안을 잊지 못해 아편을 복용하고 몽상에 잠겨 살아간다. 시의 제2연은 접속사 〈그리하여 Et〉로 시작하지만, 제1연과 제2연 사이에 직접적인 인과관계는 없다. 그러나 드퀸시가 마시는 〈그 아편 다정하고 정결한 독〉은 이 시가 천착하는 운명의 주제를 드러내고, 그 사랑의 비극적 성격과 시인 자신의 〈고귀하고 비극

적〉인 이야기 사이에 동류 관계를 형성한다. 아편 복용은 이 돌이킬 수 없는 운명에 대한 드퀸시의 대처 방법이다.

9-10행 전도서의 〈이 또한 지나가리라〉를 원용한 〈가자 가자 모든 것이 지나가기에〉는 아폴리네르의 대처 방법을 말하는 것이지만, 이 방법이 크게 효과가 없다는 것은 다음 시구 〈나는 자주 뒤돌아보리라〉에서 드러난다. 시인이 〈자주〉라고 말하게 되는 것은 고통스러운 추억이 자주 되살아나기 때문이다. 그러나 〈뒤돌아보기〉는 과거를 정면으로 바라보기이며 시인은 이 바라보기를 통해, 오르페우스의 신화에서처럼, 고통스러운 추억을 어둠 속으로 사라지게 할 수 있다. 저 〈고귀하고 비극적〉인 〈우리의 이야기〉는 바로 이 응시로 완성된다.

11-12행 〈추억은 사냥의 뿔나팔〉 — 〈사냥의 뿔나팔〉이 짐승을 사지로 몰아붙이듯, 추억은 사랑에 상심한 시인을 고통 속에 몰아붙인다. 그러나 추억이 더욱 고통스러운 것은 그 속에 잠기려 할 때 어느덧 사라지고 만다는 것이다. 시인은 뒤돌아 추억을 바라봄으로써 고통스러운 추억을 잊으려 하면서도 한편으로는 사라지는 추억에 대한 안타까움을 완전히 버리지는 못한다. 보들레르는 『악의 꽃』의 시 「백조」에서 다음과 같이 썼다.

이렇듯 내 정신이 귀양살이하는 숲 속에서
낡은 **추억** 하나가 숨결이 끊어지게 뿔나팔을 불어 대네.

포도월(186면)

 이 장시는 1912년 11월 『파리의 야회』에 처음 발표되었다. 시인이 1915년 7월 30일 마들렌 파제스에게 보낸 편지에서 〈……아무래도 내가 더 좋아하는 시〉라고 평가했던 「포도월」은 그의 시 가운데 처음부터 구두점이 없이 쓰인 최초의 시이다.
 제목 〈포도월〉은 프랑스 대혁명기에 제정되어 사용된 공화력에서 한 해를 시작하는 첫 번째 달로 현재의 달력으로는 9월 하순에서 10월 하순까지 포도수확기의 한 달이 이에 해당한다. 공화력의 달 이름을 제목으로 삼은 이 시는 20세기 초 프랑스의 문학운동 가운데 하나였던 일체주의unanimisme 와 상당한 관계가 있는 것으로 알려져 있다. 일체주의를, 그 운동의 선두에 있던 쥘 로맹은 이렇게 정의한다:「한 덩어리가 된 공동체의 생명을 표현하는 것일 뿐이다. 우리에게는 우리를 하나로 묶고 우리를 넘어서는 그 생명에 대한 느낌이 있다.」앙리 바르죙, 피에르 장 주브, 쥘 로맹을 비롯한 일군의 시인들, 화가들, 음악가들, 인쇄공들이 1906년 〈승원〉이라고 불리는 한 집에 모여 예술적 공동생활의 모델을 세우려고 기획했다. 그들의 〈승원〉은 곧 해산되었지만, 사회의 상부구조와 하부구조를 망라하여 그 전체를 하나의 거대한 존재로 직관하려 했던 이 운동은 20세기 초의 사회 시와 대하소설의 발흥에 크게 영향을 미쳤다. 아폴리네르는 쥘 로맹의 권고에 따라 공화력의 달 이름을 제목으로 12편의 시를 쓸 작정이었지만, 이 계획은 두 편의 시「포도월」과「행렬」(아폴리네르가 이 시에 붙이려던 몇 개의 제목 가운데 하나는 〈안개월〉이었다)을 쓰는 것으로 끝났다. 시「포도월」에서, 프랑스와 유럽의 여러 다른 지역에서 생산되는 포도주를 두루 마시고 그 다양한 문화와 역사와 생활을 자기 안에 동화하는 화자 시인의 존재는 일체파들이 직관하였다는 저 〈거대한 존재〉와 크게 다른 것이 아니다.

2행 〈나는 왕들이 죽어 가는 시대에 살았더란다〉 —— 무정부주의자들에 의해 1900년 이탈리아의 왕 움베르토 1세가, 1908년 포르투갈의 왕 카를로스가 살해된 바 있다.

4행 〈세 곱절 용맹한 자들은 삼장거인이 되었더라〉 —— 〈삼장거인〉으로 번역한 프랑스어 trismégiste는 〈세 곱절 위대한 존재〉라는 뜻으로 원래 이집트의 신 토트를 가리키는 말이었다. 모든 기예와 학문의 창시자이며, 수많은 비의 문서의 저자로 숭상을 받은 지혜의 신 토트는 그리스의 신 헤르메스와 대응한다. 〈세 곱절 용맹한 자들〉이 누구를 가리키는지는 불분명하다. 이 시의 초고에서는 이 말이 무정부주의자들과 연결되어 있지만, 완성고에서는 〈무정부주의자들〉이란 낱말이 지워짐으로써 보다 일반적인 뜻을 지니게 되었다. 〈세 곱절 용맹한 자들〉은 어떤 특정한 인간들이기보다는 왕들의 권력이 붕괴된 자리에서 적어도 정신적으로 그들을 대신할 수 있는 위대한 인간들일 것이며, 그 가운데는 시인을 비롯한 예술가들이 포함될 것이다. 사실 이 시 「포도월」은 화자 시인이 유럽의 모든 문화와 역사, 생활과 원기를 동화하여 〈삼장거인〉으로 탄생하는 과정을 기술하고 있다.

11행 아폴리네르는 1909년 10월 오퇴유로 거처를 옮겼다.
17행 여기서 〈나〉는 파리.
32행 〈유연한 이성〉은 신비 세계를 이해할 수 있는 이성.

브르타뉴 지방에 살던 켈트족의 신비주의적 상상력은 중세 기사도 로망의 발생에 결정적인 역할을 했다.

33행 〈이 기품 높은 기사도 사랑의 신비〉 — 무엇보다도 트리스탄과 이졸데의 숙명적인 사랑에 담긴 신비.

35행 〈이중의 이성〉 — 파리로 대표되는 현실 세계의 논리와 브르타뉴 기사도 로망으로 대표되는 신비 세계의 논리를 동시에 이해할 수 있는 이성.

37-38행 〈한 파도 한 파도 바다가 야금야금〉 — 남성의 성기처럼 바다를 향해 뻗어 있는 브르타뉴의 해안을 여성적인 대양의 파도가 침식하듯 브르타뉴의 〈유연한〉 이성, 곧 여성적 이성은 대륙의 남성적 이성을 서서히 점령한다.

44행 〈기계 익시온〉 — 익시온은 그리스 신화에서 라피타이의 왕이었던 인물로, 신들의 연회에 참석하여, 제우스의 아내 헤라를 유혹하려 하였다. 이를 괘씸하게 여긴 제우스가 구름으로 헤라의 형상을 만들어 익시온을 속였다. 익시온은 그 구름을 간음하여 켄타우로스를 낳게 하였다. 제우스는 불경한 익시온을 벌하기 위해 그를 지옥에 내려보내 영원히 멈추지 않는 수레바퀴에 매달았다. 아폴리네르가 보기에, 익시온은 현대 산업사회의 공장 굴뚝처럼 〈구름을 임신〉시켜 인간의 상상 속에 존재하던 것을 현실화하였다는 점에서, 그리고 그 자신이 영원히 돌아가는 바퀴에 매달려 기계장치와 일체가 되었다는 점에서, 이중으로 〈기계〉이다.

50-51행 리옹은 프랑스 견직 산업의 중심지이며, 이 도시의 푸르비에르 언덕에 자리 잡은 노트르담 대성당은 순례교인들이 기도를 하기 위해 모이는 곳이다. 〈기도의 명주실로 새로운 하늘을〉 짠다는 표현은 이 도시의 종교와 산업을 한데

결합한 이미지이다. 한편 리옹은 종교적, 정치적으로 수많은 유혈사태가 일어났던 곳이다. 로마 황제 마르쿠스 아우렐리우스의 치세인 177년, 리옹의 첫 주교이자 갈리아 첫 주교인 성자 포탱Sainte Pothin이 다른 신도들과 함께 푸르비에르 언덕에서 순교했고, 16세기에는 극심한 종교 분쟁이 특히 이 도시에서 많은 피를 흘리게 했으며, 1894년에는 프랑스의 대통령 사디 카르노Sadi Carnot가 이탈리아의 무정부주의자 카세리오Caserio에 의해 이 도시에서 암살되었다. 이어지는 시구는 이들 유혈사태와 포도주 마시기를 동일한 이미지로 묶고 있다.

54-55행 〈그의 부활하는 죽음에 드리는 동일한 예배〉—신도들이 예수의 피와 살을 함께 나누기 위해 축성된 포도주와 빵을 먹는 가톨릭의 성찬식을 암시하는 표현. 이 시에서 유럽의 모든 포도주로 차례차례 또는 동시에 마시면서 이루어지는 거대한 시인의 존재는 이 성찬식의 상상력과 무관하지 않다. 시인의 포도주 마시기도 한 종교의 교리를 떠나 종적으로 역사와 문화전통을, 횡적으로 다양한 공간에서 이루어지는 인간의 삶을 하나의 혈맥으로 통합한다는 점에서 구조적으로 성찬식과 동일한 예배 행위인 것이다. 특히 다음 행의 시구 〈여기서는 성자(聖者)들의 사지를 갈라 피비(血雨)를 내린단다〉는 리옹에서 일어났던 여러 종교적, 정치적 유혈사태들도 모두 한 구원자의 피를 만민이 함께 나누어 마시는 성찬 행위와 〈동일한 예배〉라는 발상에 터를 두고 있다.

57행 아폴리네르는 젊은 시절에 몇 달간 리옹에 머문 적이 있다.

60-63행 〈고상한 파리여 아직까지 살아/우리 기질을 네 운

명에 따라 안정시키는 단 하나의 이성(理性)이여〉 — 남 프랑스의 도시들은 지중해와 프랑스의 사이에 있다. 옛날 유럽 문화의 중심지였던 지중해 연안의 아테네나 로마 같은 도시들은 이제 그 선도력을 현대성의 도시 파리에 물려주고 뒷전으로 물러났다. 〈면병을 가르듯 우리 몸을 너희 둘이 나누라〉 — 〈우리〉는 남 프랑스의 도시들, 〈너희 둘〉은 파리와 지중해. 남 프랑스의 도시들은 지중해의 고대적 상상력과 파리의 현대 이성 사이에서 일종의 균형추로 역할하고 있다.

66행 〈시칠리아로부터 날아온 끝없는 헐떡임이〉 — 1908년 12월 시칠리아에서 일어나 수많은 사상자를 낸 지진을 암시하는 시구. 여기서 〈헐떡임〉이라고 번역한 프랑스어 râle는 〈뜸부기〉라는 뜻도 있다. 이 말이 지닌 두 가지 뜻에 의거해 다음 행의 〈날개 퍼덕이며〉라는 표현이 가능해진다.

69행 〈죽은자들의 포도송이〉 — 지진으로 죽은 사람들의 머리. 일체적 삶의 거대 존재를 구성하는 요소들 가운데는 재난과 그 불행도 포함된다.

76행 〈미래와 삶이 이 포도넝쿨 속에서 번민한다〉 — 미래의 삶, 다시 말해서 모든 삶을 포괄하는 거대 존재의 삶은 이 고통까지 끌어안아야 성립될 수 있다.

77행 〈그런데 세이레네스의 빛나는 시선은 어디에 있는가〉 — 시인은 시칠리아의 피의 포도주를 노래하던 끝에 지나가는 말처럼 세이레네스에 대해서 언급한다. 제77행에서 제91행까지의 시구들은 세이레네스로 표현되는 문학적 매혹, 즉 시인을 죽음과 불모의 공상으로 이끄는 나쁜 문학의 불길한 매혹이, 포도주 마시기로 표현되는 거대 생명의 발견으로 이제 극복되고 있음을 뜻한다.

80행 〈스킬라의 암초 위에 시선은 이제 떠돌지 않으리라〉 —— 스킬라는 그리스 신화에서 카리브디스와 더불어 가장 위험한 바다의 괴물. 신화학자들은 카리브디스가 시칠리아와 이탈리아 반도를 가르는 메시나 해협의 소용돌이를, 스킬라는 그 해협의 암초를 의인화한 것으로 해석한다. 아폴리네르가 〈스킬라의 암초〉라는 표현을 쓸 수 있었던 것은 이 때문이다. 시 「포도월」에서 시인은 이 위험한 해협을 건너서 자신의 탄생지인 로마로 가게 된다.

84행 〈너희들은 가면 쓴 얼굴의 가면일 뿐이로다〉 —— 해협의 물결에 일어나는 잦은 변화와 마찬가지로 인생에서 일어나는 온갖 우여곡절도 아폴리네르가 이 시에서 〈우주적 주정의 노래〉로 표현하려는 거대 존재의 생명에 비하면 단편적이고 일시적인 현상에 불과하다.

85행 〈해안에서 해안으로 헤엄치는 젊은이 그가 미소를 지으니〉 —— 이 젊은이는 이제 시칠리아에서 이탈리아 반도로 건너가는 시인 그 자신이다. 그가 일으키는 〈새 물결〉은 세이레네스의 노래에, 다시 말해서 문학의 나쁜 영향에 미혹되었던 〈익사자들〉에게 새로운 전망을 제시한다.

89행 〈해안의 단구에 눕혀진 그녀들의 창백한 남편들〉 —— 세이레네스의 노래에 미혹되어 익사한 선원들의 시체가 해안에 떠밀려 와 있다. 세이레네스는 자신들이 부르는 미혹의 노래가 힘을 잃었음을 알고 그녀들 자신이 물에 빠져 자살한다. 그리스 신화에서도 세이레네스는 아르고스 원정대가 지나갈 때 그 대원들 가운데 한 사람인 오르페우스와의 노래 시합에 패배한 후 물에 빠져 자살한다.

96–97행 〈사랑이 숙명을 인도하는 저 하늘을 저주하였도

다〉 — 〈사랑〉이 사물의 질서와 인간의 운명을 지배하는 근본 동력이라는 생각은 기독교적 관점에서 볼 때 이교적 사상이다. 아폴리네르가 한때 사랑을 우주 창조와 운행의 제일원리로 여겼다는 것은 「앙드레 살몽의 결혼식에서 읊은 시」에서도 알 수 있다. 그러나 시 「포도월」에서 로마 교회의 목소리를 전하는 제98행에서 104행까지의 시구들은 아폴리네르가 한때 경도했던 사상을 버리고 기독교로 다시 복귀하였음을 뜻하지는 않는다. 그는 이제 자신이 전망하는 거대 생명의 존재 속에 기독교적 상상력까지 포함시키려 하고 있을 뿐이다.

102행 〈또 하나의 식물의 자유에 정통하신〉 — 예수는 들꽃이 〈수고도 하지 않고 길쌈도 하지 않으면서〉 솔로몬보다 더 화려하게 옷을 차려입었다고 말했다(마태오복음 6장 28-29절). 성체 교리에 따라 예수의 피로 축성된 포도주 속에는 그가 설파한 이 〈식물의 자유〉가 녹아 있다.

104행 〈삼중관 하나가 포석 위에 떨어졌다〉 — 삼중관은 가톨릭의 교황이 그 권위를 나타내기 위해 종교 행사에서 쓰는 관이다. 일부 주석자들은 이 구절을 세 개의 관으로 이루어진 삼중관에서 한 개의 관이 떨어졌다는 말로 이해하여, 그것이 바티칸으로부터 독립하려는 프랑스 교회의 분리운동을 암시하는 것이라고 해석한다. 그러나 아폴리네르는 또 하나의 〈삼중관〉에 대해 알고 있었다. 1896년 프랑스의 루브르 박물관은 고대 그리스의 도시 국가 올비아의 왕 사이타파르네스가 썼던 관이라는 삼중관 하나를 매입하여 전시하였다. 그러나 1903년 이 삼중관이 러시아의 한 공인에 의해 1995년에 만들어진 위작임으로 밝혀지자 박물관은 전시실에서 이 관을 서둘러 철거하였다. 아폴리네르는 그의 평문 「모조품에 대해서」에서 현대의 〈걸작〉인 이 삼중관이 부당한 대우를 받고 있다고 항의하며, 작품은 작품으로 평가를 받아야 한다고 주장했다. 그는 박물관의 처사에서 예술품에 대한 인습적 사고에 얽매여 작품이 지닌 실제 가치를 인정하려 하지 않는 반민주적 행태를 본 것이다.

107-112행 시인은 반민주적 반동세력이 발호하게 될 조짐을 묵시록적 분위기와 문체로 쓰고 있다. 성경의 요한계시록은 양의 탈을 쓴 악마들이 천 년을 득세한 후 착한 기독교도들의 천년왕국이 도래할 것을 암시한다. 그러나 시인은 이 반동적인 세력까지 거대 생명의 한 지류로(물론 왜곡된 지류로) 이해한다.

125행 〈네 안에서 신이 생성진화할 수 있기에〉 — 여기서 〈너〉는 인류 지성의 중심이며 예술의 도시인 파리. 르낭은 『철학 대화』에서 신은 완성된 절대 존재가 아니라 인류의 정신적, 윤리적 발전의 정점에서 실현되는 존재이다. 파리의 지성은 그 정점에 가장 가까이 다가가 있다. 뿐만 아니라 적어도 아폴리네르의 새로운 예술관에 따르면, 파리의 예술가들은 신의 창조 행위를 이제 자신들의 예술 활동으로 대신한다.

129행 〈네가 현실임을 알지 못하고 너의 영광을 노래한단다〉 — 시인이 보기에 파리는 북구의 주민들이 꿈에 그리던 영광을 벌써 실현하였다. 이 시구는 독일 사상의 관념성과 프랑스 사상의 현장성을 암시하기도 한다.

146행 〈내 두개골 속에서 하나로 합치는 저 모든 꿋꿋한 고인들〉 — 한 인간의 자아란 역사적으로 존재했던 모든 인간들의 총합이라는 생각은 시 「행렬」의 주제이기도 하다.

164행 〈너희들끼리 서로 닮고 우리를 닮은 세계들이여〉 —

보들레르의 『악의 꽃』을 통해 유명해진 〈만물 조응 correspondances〉의 개념을 일체적 거대 존재에 적용한 시구.

171행 〈내 우주적 주정의 노래〉 —— 취기 속에서 〈나〉의 자아가 사라지고, 그 대신 〈나〉를 통하여 천지합일된 자아인 우주가 부르는 노래.

참고 문헌

1. 아폴리네르의 작품집 및 『알코올』

Guillaume Apollinaire, *Œuvres complètes*, 4 vol. Introduction et notes Michel Décaudin, Paris, André Balland et Jacques Lecat, 1965-1966.
- *Œuvres poétiques*. Edition établie et annotée par Marcel Adéma et Michel Décaudin. Paris, Gallimard («Bibliothèque de la Pléiade»), 1965.
- *Œuvres en prose I, II, III*. Textes établis, présentés et annotés par Michel Décaudin. Paris, Gallimard («Bibliothèque de la Pléiade»), 1965-1993.
- *Alcools*. Commentées et annotées par Tristan Tzara. Paris, Le club du meilleur livre, 1953.
- *Alcools*. Paris, Gallimard, 1944.

2. 자료

Franck Balandier, *Les prisons d'Apollinaire - Essai*, Paris, L'Harmattan, 2001.
Anna Boschetti, *La poésie partout - Apollinaire, homme-époque* (1898-1918), Paris, Seuil, 2001.
Michel Décaudin, *Le Dossier d'«Alcools»*. Edition annotée des

préoriginales avec une introduction et des documents. Troisième édition revue. Genève, Droz, 1996.

Le Festin d'Esope - Revue des belles lettres, numéros 1 à 9, novembre 1903 à août 1904. Réimpression de Paris 1903-1904. Genève, Slatkine reprints, 1971.

Les Soirées de Paris, tome I: numéros 1 à 17, tome II: numéros 18-27. Réimpression de l'édition de Paris 1912-1914. Genève, Slatkine reprints, 1971.

3. 아폴리네르와 『알코올』에 관한 저술, 논문

Didier Alexandre, *Guillaume Apollinaire «Alcools»*. Paris, PUF, 1994.

Pierre-Marcel Adéma, *Guillaume Apollinaire*. Paris, La Table Ronde, 1968.

Jean-Bertrand Barrère, *Le regard d'Orphée ou l'échange poétique*. Paris, SEDES, 1977.

Scott Bates, *Guillaume Apollinaire*. Nouvelle édition, Boston, Twayne Publisher, 1989.

Cecil Maurice Bawra, *The Creative Experiment*, London, Macmilan, 1949.

Madelaine Boisson, «Orphée et Anti-Orphée dans l'œuvre d'Apollinaire», *Guillaume Apollinaire 9: La Revue des Lettres Modernes*, 1970.

C. Breunig, *Guillaume Apollinaire*. London and New York, Columbia University Press, 1969.

Franca Bruera, «Du mythe de Paris au mythe d'Apollinaire», *Amis européens d'Apollinaire*. Actes du seizième colloque de Stavelot 1-3 septembre 1993, réunis par Michel Décaudin. Paris, Presses de la Sorbonne Nouvelle, 1995.

Michel Butor, «Monument de rien pour Apollinaire», *Répertoire III*. Paris, Minuit, 1968.

Pierre Caizergues, *Apollinaire et «La Démocratie sociale»*. Textes retrouvés et présentés par Pierre Caizerques. Paris, Lettres modernes, 1969.

- *Apollinaire journaliste - les débuts et la formation du journaliste 1900-1909*. Textes retrouvés d'Apollinaire I, 1900-1906. Paris, Lettres modernes - Minard, 1981.

Laurence Campa, *Apollinaire - Critique littéraire*. Paris, Honoré Champion, 2002.

Gil Charbonnier et Danielle Jaines, *Etude sur Guillaume Apollinaire «Alcools»*. Paris, Ellipses, 1999.

Nicole Chuisano et Lucien Giraudo, *Apollinaire*. Paris, Nathan, 1993.

Anne Clancier, *Guillaume Apollinaire - Les incertitudes de l'identité*. Paris, L'Harmattan, 2006.

Jean-Claude Chevalier, *«Alcools» d'Apollinaire - essai d'analyse des formes poétiques*. Paris, Lettres modernes-Minard, 1970.

Robert Couffignal, *Apollinaire*. Paris, Desclée et Brouwer, 1966.

- *L'inspiration biblique dans l'œuvre de Guillaume Apollinaire*. Paris, Lettres modernes-Minard, 1966.
- *«Zone» d'Apollinaire*. Paris, Lettres modernes - Minard, 1970.

Claire Daudin, *Guillaume Apollinaire: «Alcools»*. Paris, Boréal, 1998.

Claude Debon, *Guillaume Apollinaire après «Alcools»*. Paris, Lettres modernes - Minard, 1981.

- *Apollinaire - Glossaire des œuvres complètes*, Paris, Publication de la Sorbonne Nouvelle Paris III, 1988.

Michel Décaudin, *La crise des valeurs symbolistes-Vingt ans de poésie française 1895-1914*. Toulouse, Privat, 1960.

- «Apollinaire en 1981», *Apollinaire - Les Actes de la Journée Apollinaire, Université de Bernes 1981*. Fribourg, Editions universitaires, 1983.
- «Tournant du siècle, tournant des vingt ans - Apollinaire en 1900», *Les cahiers de Varsovie 11: Apollinaire au tournant du siècle*. Varsovie, Edition de l'Université de Varsovie, 1984.
- *«Alcools» de Guillaume Apollinaire*. Paris, Gallimard, 1993.
- *Apollinaire*. Paris, Le livre de poche, 2002.
- «Année allemande», *Apollinaire 5, Revue d'études apollinariennes*. Clamart, Calliopées, 2009.

Marie-Jeanne Durry, *Guillaume Apollinaire - Alcools*, t. I. Paris, SEDES, 1956.
- *Guillaume Apollinaire - Alcools*, t. II. Paris, SEDES, 1964.
- *Guillaume Apollinaire - Alcools*, t. III. Paris, SEDES, 1964.

Lionel Follet, «Images et thèmes de l'amour malheureux dans *Les sept épées*», *Europe 451-452*, novembre-décembre 1966.
- «Du *Palais* de Rosemonde à l'univers poétique», Lionel Follet - Marc Poupon, *Lecture de «Palais» d'Apollinaire*. Paris, Lettres modernes-Minard, 1972.

Antoine Fongaro, *Apollinaire poète*. Toulouse, Presse universitaire du Mirail-Toulouse, 1988.
- *Culture et sexualité dans la poésie d'Apollinaire*. Paris, Honoré Champion, 2008.

Pol-P. Gaussiaux, «Recherches sur *Les sept épées*», *Guillaume Apollinaire 8: La Revue des Lettres Modernes*, 1966.

Joëlle Jean, *«Alcools» - Apollinaire*. Paris, Bertrand-Lacoste, 1998.

Marie-Thérèse Goosse, *Une lecture du «Larron» d'Apollinaire*. Paris, Lettres modernes-Minard, 1970.

Jeannine Kohn-Etiemble, «Sur *Zone*», *Guillaume Apollinaire 15: La Revue des Lettres Modernes*, 1980.

James Lawler, «*Les sept épées*», *Le Flâneur des Deux Rives 3*, septembre 1954.

Roger Little, *Guillaume Apollinaire*. London, The Athlone Press, 1976.

S.I. Lockerbie, «*Alcools* et le symbolisme», *Guillaume Apollinaire 2: La Revue des Lettres Modernes*, 1963.

J.H. Mattews, «Apollinaire devant le surréalistes», *Guillaume Apollinaire 3: La Revue des Lettres Modernes*, 1964.

Claude Morhange-Bégué, «*La Chanson du Mal-Aimé*» d'Apollinaire - essai d'analyse structurale et stylistique*. Paris, Lettres modernes - Minard, 1970.

Michel Murat (Etudes réunies), *Guillaume Apollinaire: «Alcools»*. Paris, Klincksieck, 1996.

Pierre Orecchioni, *Le thème de Rhin dans L'inspiration de Guillaume*

Apollinaire. Paris, Lettres moderne, 1956.

Daniel Oster, *Guillaume Apollinaire*. Paris, Seghers («Poètes d'aujourd'hui»), 1975.

Laurence Perfézou, *«Alcools» - Apollinaire*. Pairs, Bordas, 1988.

Hubert de Phalèse, *Quintessence d'«Alcools»*. Paris, Nizet, 1996.

Pascal Pia, *Apollinaire par lui-même*. Paris, Seuil, 1954.

Maurice Piron, *Guillaume Apollinaire et l'Ardenne*. Bruxelles, Jacques Antoine, 1975.

Marc Poupon, «*Le Larron* - essai d'exégèse», *Guillaume Apollinaire 6: La Revue des Lettres Modernes*, 1967.

- «Dans le palais d'Anna», Lionel Follet - Marc Poupon: *Lecture de «Palais» d'Apollinaire*. Paris, Lettres modernes-Minard, 1972.

- «Note sur quelques énigmes de *Vendémiaire*», *Apollinaire 4, Revue d'études apollinariennes*. Clamart, Calliopées, 2008.

Phillippe Renaud, *Lecture d'Apollinaire*. Lausanne, Edition L'Age d'Homme, 1969.

Jean-Pierre Richard, «Etoiles chez Apollinaire», *Ronsard à Breton - recueil d'essais - Hommages à Marcel Raymond*. Paris, Corti, 1967.

André Salmon, *Souvenir sans fin, Première époque(1903-1908)*. Paris, Gallimard, 1955.

- *Souvenir sans fin, Deuxième époque(1908-1920)*. Paris, Gallimard, 1955.

- *Souvenir sans fin, Troisième époque(1920-1940)*. Paris, Gallimard, 1955.

Georges Schmits, «Le simulacre de la voyance dans quelques poèmes d'Apollinaire», *Apollinaire inventeur de langages - Colloque de Stavelot 1970*. Paris, Lettres modernes-Minard, 1973.

Léon Somville, *Devanciers du surréalisme: Les groupes d'avant-garde et le mouvement poétique 1912-1925*. Genève, Droz, 1971.

Michel Tichit, *Apollinaire «Alcools» - 40 questions et 40 réponses 4 études*. Paris, Ellipse, 2000.

Jean Starobinski, Portrait de l'artiste en saltinbanque, Genève, Skira, 1970.

이진성, 『파리의 보헤미안 아폴리네르』, 서울, 아카넷, 2006.
황현산, 『얼굴 없는 희망』, 서울, 문학과지성사, 1990.
황현산, 『아폴리네르-《알코올》의 시 세계』, 서울, 건국대학교출판부, 1996.

4. 주석본와 번역서

Guillaume Apollinaire, *Alcools*. Edited by Garnet Rees, London, Athlone, 1975.

Guillaume Apollinaire, *Alcools*. Textes, commentaires et guides d'analyse par Bernard Lecherbonnier, Paris, Nathan, 1983.

Guillaume Apollinaire, *Alcools*. Edited with an Introduction by A. E. Pilkington, London, Bristol Classical Press, 1993.

Guillaume Apollinaire, *Alcools*. Dossier par Henri Scepi, Gallimard, 2009.

Guillaume Apollinaire, *«La chanson du Mal-Aimé»*. Edition commentée par Maurice Piron. Paris, Nizet, 1987.

기욤 아폴리네르, 『알코올』, 이규현 옮김, 서울, 문학과지성사, 2001.

한글, 로마자 대조표

인명

고스, 마리 테레즈 Marie-Thérèse Goosse
그리트, 안 하이드 Anne Hyde Greet
네르발, 제라르 드 Gérard de Nerval
데코댕, 미셸 Michel Décaudin
뒤리, 마리 잔느 Marie-Jeanne Durry
뒤뮈르, 루이 Louis Dumur
뒤부아, 마리 Marie Dubois
뒤아멜, 조르주 Georges Duhamel
드 공자크 프릭, 루이 Louis de Gonzague Frick
드랭, 앙드레 André Derain
드퀸시, 토마스 Thomas de Quincey
랭보, 아르투르 Arthur Rimbaud
레날, 모리스 Maurice Raynal
레오토, 폴 Paul Léautaud
로랑생, 마리 Marie Laurencin
로맹, 쥘 Jules Romains
록커비 Ian Lockerbie
루아나르, 폴 나폴레옹 Paul-Napoléon Roinard
루키아노스 Lucien de Samosate
뤼카, 투생 Toussaint-Luca
르낭, 에르네스트 Ernest Renan
르블롱, 마리위스 아리 Marius-Ary Leblond
말라르메, 스테판 Stéphane Mallarmé
바르죙, 앙리 Henri-Martin Barzun
바우러 Cecil Maurice Bawra
바이비, 레옹 Léon Baiby
발레리, 폴 Paul Valéry
베를렌, 폴 Paul Verlaine
베이츠, 스콧 Scott Bates
보들레르, 샤를 Charles Baudelaire
부아송, 마들렌 Madelaine Boisson
브라크, 조르주 Georges Braque
브렌타노, 클레멘스 Clemens Brentano
브루닉 LeRoy C. Breunig
브르통, 앙드레 André Breton
비이, 앙드레 André Billy

살몽, 앙드레 André Salmon
세브, 장 Jean Sève
스타로빈스키, 장 Jean Starovinski
아데마, 마르셀 Marcel Adéma
아라공, 루이 Louis Aragon
아이헨도르프, 조셉 폰 Joseph von Eichendorff
엘뤼아르, 폴 Paul Eluard
자콥, 막스 Max Jacob
졸라, 에밀 Emile Zola
주브, 피에르 장 Pierre Jean Jouve
질 블라스 Gil Blas
차라, 트리스탕 Tristan Tzara
파제스, 마들렌 Madeleine Pagès
페네옹, 펠릭스 Felix Fénéon
푸퐁, 마르크 Marc Poupon
프랑스, 아나톨 Anatole France
플레이든, 애니 Annie Playden
플뢰레, 페르낭 Fernand Fleuret
피아, 파스칼 Pascal Pia
피에레, 제리 Géry Pieret
피카소, 파블로 Pablo Picasso

서명, 작품명
(*표시는 『알코올』 수록 시편)

*가수 Chantre
*가을 Automne
*가을의 라인란트 Rhénane d'automne
감각 Sensation
걸인 Le mendiant
*고별 L'adieu
곡마단 Saltimbanques
곡예사로서의 예술가의 초상 Portrait de l'artiste en saltimbanque
*궁전 Palais
귀가 Le retour
기독교 기원사: 마르쿠스 아우렐리우스와 고대 세계의 종말 Histoire des origines du christianisme: Marc-Aurèle et la fin du monde antique
*기별 Signe
기욤 아폴리네르—한 친구의 추억 Guillaume Apollinaire: Souvenir d'un ami
*나그네 Le voyageur
나는 탄핵한다 J'accuse
*달빛 Clair de lune
달의 왕 Le Roi-Lune
*도둑 Le larron
독립평론 La Revue indépendante
동물시집 Le Bestiaire
뒤르마르의 로망 Roman de Durmard
*라인 강 시편 Rhénanes
*라인 강의 밤 Nuit rhénane
*랜더로드의 이민 L'émigrant de Landor Road
*로렐라이 La Loreley
*로즈몽드 Rosemonde
*륄 드 팔트냉 Lul de Faltenin
*마리 Marie

*마리지빌 Marizibill
말 별 Les paroles étoiles
메르퀴르 드 프랑스 Mercure de France
*메를랭과 노파 Merlin et la vieille femme
모조품에 대해서 Des faux
무희 타이스 Thaïs
*문 La porte
*미라보 다리 Le pont Mirabeau
*밤바람 Le vent nocturne
백색평론 La Revue blanche
백조 Le cygne
*변두리 Zone
*병든 가을 Automne malade
봄 Printemps
*사냥의 뿔나팔 Cor de chasse
*사랑받지 못한 사내의 노래 La chanson du Mal-Aimé
*살로메 Salomé
*상테 감옥에서 A la Santé
상형시집 Calligrammes
새로운 시인들의 사화집 Anthologie des poètes nouveaux
새로운 정신과 시인들 L'esprit nouveau et les poètes
새로운 지면 Les Rubriques nouvelles
셰라자드 Schéhérazade
*신더하네스 Schinderhannes
썩어 가는 마술사 Enchanteur pourrissant
*아낙네들 Les femmes

*아니 Annie
아르고노트 Argonautes
*아씨 La dame
악의 꽃 Les Fleurs du Mal
*앙드레 살몽의 결혼식에서 읊은 시 Poème lu au mariage d'André Salmon
애매한 인상 Impression fausse
*약혼 시절 Les fiançailles
*어느 날 밤 Un Soir
*어느 해 사순절에 부른 새벽찬가 Aubade chantée à Lætare un an passé
연기 Fumée
열쇠 La clef
오디세이아 Odysseia
*오월 Mai
우울한 파수병 Le Guetteur mélancolique
운문과 산문 Vers et Prose
월요일 크리스틴 로 Lundi Rue Christine
위대한 프랑스 La Grande France
*유대교회당 La Synagogue
*은둔고행자 L'ermite
이교시조회사 L'Hérésiarque et Cie
이솝의 향연 Le festin d'Esope
일뤼미나시옹 Illumination
잃어버린 것만은 아닌 발자취 Les pas perdus
입체파 화가들 Les peintres cubistes
*잉걸불 Le brasier

한글, 로마자 대조표 **333**

*저녁 어스름 Crépuscule
*전나무들 Les Sapins
주홍의 돛 Le Voile de Pourpre
*종소리 Les cloches
*죽은자들의 집 La maison des morts
지옥에서 보낸 한 철 Une saison en enfer
*집시여인 La tzigane
철학 대화 Dialogues et fragments philosophiques
*콘스탄티노플의 술탄에게 보내는 코사크 자포로그들의 답장 Réponse des Cosaques Zaporogues
*콜히쿰 Les colchiques
*클로틸드 Clotilde
태양 Le soleil

툴루즈로트렉 Toulouse-Lautrec
파리의 야회 Les Soirées de Paris
파리 주르날 Paris-Journal
팔랑주 La Phalange
펜 La plume
*포도월 Vendémiaire
프라하의 행인 Le passant de Prague
학살 당한 시인 Le poète assassiné
해몽 Onirocritique
*행렬 Cortège
현대 시인들의 비평적 사화집 Anthologie critique des poètes contemporaines
*호텔 Hôtels
화충 Le Pyrée
*흰 눈 공주 La blanche neige

역자의 말

　역자는 아폴리네르의 『알코올』에 대한 연구서 『얼굴 없는 희망』(1990)을 발간하면서 이 시집의 중요한 시 열 편을 번역하여 그 책에 첨부한 바 있다. 그 후 20년 동안 『알코올』에 대한 역자의 일반적인 관점은 변하지 않았으나, 여러 시편에 새로운 이해를 얻게 되었고, 시구 하나하나를 보는 눈도 달라졌다. 역자는 이 번역과 그에 덧붙인 해설과 주석에 이 새로운 소견 또는 달라진 소견을 담으려고 노력하였다.

　역자가 이 번역의 대본으로 삼은 텍스트는 Guillaume Apollinaire, *Alcools, poèmes*. Gallimard, 1920과 Guillaume Apollinaire, *Œuvres poétiques*. Edition établie et annotée par Marcel Adéma et Michel Décaudin. Paris, Gallimard («Bibliothèque de la Pléiade»), 1965이다. 그 밖에 주석과 해설의 작성에 직접적이거나 간접적인 도움을 주었던 텍스트는 〈참고 문헌〉에 적어 두었다. 그 필자들에게 감사의 인사를 드린다.

　그동안 한국에서 아폴리네르에 대한 관심은 다소 높아졌으며, 개괄적인 연구서와 『알코올』의 번역서도 출간되었다. 한국어로는 최초로 아폴리네르의 전모를 소개한 이진성 교수의 저서 『파리의 보헤미안 아폴리네르』는 우리의 시의식과 아폴리네르라는 주제에서 역자에게 시사하는 바가 컸으며, 무엇보다도 이 시인과 관련된 인명과 지명의 한국어 표기를 결정하는 데 중요한 지침이 되었다. 이규현 박사의 번역서 『알코올』은 개별 시구와 낱말에 대한 역자의 이해를 재점검하는 계기를 마련해 주었다. 두 분 연구자에게 감사의 인사를 드린다.

이 어려운 출판을 흔쾌히 수락하고 역자의 지지부진한 작업을 끝까지 인내해 주신 열린책들의 홍지웅 사장님과 편집실 여러분에게 감사의 인사를 드린다.

한글, 로마자 대조표를 작성해 준 고경은 양에게 감사한다.

여러 기회에 이 시집을 역자와 함께 읽었던 학생들에게도 감사한다. 시에 관해서라면 어떤 의견이라도 새로운 생각을 물고 온다는 것을 그들은 명백하게 알려 주었다.

2010년 4월
황현산

기욤 아폴리네르 연보

1880년 출생 8월 26일 로마에서 미지의 아버지와 익명을 요구하는 어머니 사이에서 한 사내아이가 태어났다. 이 아이의 출생은 그달 31일 기욤 알베르 둘치니Guillaume Albert Dulcini라는 이름으로 조산원에 의해 로마 시청에 신고되었다. 9월 29일 산 비토 성당에서 기욤 아폴리네르 알베르라는 세례명으로 이 아이가 영세를 받았으며, 22세의 안젤리카 드 코스트로비츠키 양이 아이의 어머니로서 입회했다. 성당의 영세부에는 이 아이의 탄생이 8월 25일 오전 5시로 기록되어 있다. 11월 2일 드 코스트로비츠키 양은 이 아이를 자신의 사생아로 인지하였다. 이때 서류에 기재된 아이의 공식 명칭은 기욤 알베르 블라디미르 알렉상드르 아폴리네르 드 코스트로비츠키Guillaume Albert Wladimir Alexandre Apollinaire Kostrowitzky였다. 이 아이는 성장하여 시인 기욤 아폴리네르가 된다. 아폴리네르의 모계는 비교적 소상히 밝혀져 있다. 폴란드의, 대단치는 않지만 전통 있는 귀족 가문 출신으로 러시아군 장교였던 미셸 코스트로비츠키는, 1863년 러시아에 대항하여 폴란드 민족이 반란을 일으켰던 직후 아내와 딸 안젤리카를 데리고 이탈리아에 망명하여 교황청의 시종관이 되었다. 안젤리카는 가톨릭의 수도원에서 교육을 받았으나, 조숙하고 오만하며 사치와 쾌락을 좋아하는 그 성정 때문에 갖가지 분란을 일으킨 나머지 16세에 수도원을 떠나 22세와 24세가 되던 해에 기욤 아폴리네르와 그의 동생 알베르를 각기 사생아로 낳았다. 시인의 아버지에 대해서는 여러 가지 추측이 있다. 이미 그의 생전에 교황청 고위 성직자의 아들이라는 소문이 나돌았으며, 그가 나폴레옹 황제의 증손임을 증명하려는 노력이 한 전기 작가에 의해 시도되기도 했다. 그러나 두 번에 걸쳐 아폴리네르의 전기를 펴낸 마르셀 아데마는 시인의 아버지가 나폴리 왕국의 전직 근위대 기병 장교였던 프란체스코 플루지 다스페르몬테였음을 증명할 여러 가지 자료를 제시한다. 다스페르몬테 가는 엥가딘 지방에서 가장 명망 높은 이탈리아 가문으로 15세기 이후 대대로 학자와 성직자와 군인을 배출해 왔다. 가리발디의 혁명으로 부르봉 왕가가 망한 후 군문을 떠난, 〈위압적이었지만 완전무결하고 지극히 매력적이었던〉 기병 장교 프란체스코는 아폴리네르가 태어나던 해에 45세였다.

1885년 5세 가문의 명예를 걱정하는 가족들의 강압에 의해, 그리고 오만하고 드센 안젤리카와의 잦은 마찰 끝에 프란체스코는 그녀와 결별하고 아메리카행 배를 탄 이후 소식이 끊긴다. 안젤리카는 대부분의 경우 두 아들을 이탈리아에 남겨 두고, 밝혀지지 않는 목적으로 유럽의 각지를 여행한다.

1887년 7세 3월 4일 드 코스트로비츠키 부인은 두 아들을 데리고 다른 한 남자와 더불어 모나코 공국으로 이주하였다. 바로 그날 강력한 지진이 이탈리아의 리비에라를 휩쓸었으며, 그 여진이 니스에까지 미쳤다. 아폴리네르는 그 추억을 간직하며 『상형시집』의 「대서양 편지」에 이렇게 쓰게 된다: 「너는 1885년에서 1887년 사이에 일어났던 지진을 기억하느냐? 사람들은 한 달 넘게 텐트에서 잠을 잤지.」

드 코스트로비츠키 부인은 안젤리카 대신 올가라는 이름을 사용하고, 파리 또는 로마에서 온, 러시아 대령의 딸임을 내세우며 그 자격으로 러시아 황제로부터 종신연금을 받고 있다고 주장하였지만 공국의 영주권을 얻지 못하였다. 그녀는 모나코에 거주하는 동안 도박장과 관련된 여러 가지 수상쩍은 일로 생활을 영위하였다. 다스페르몬테 가에서, 특히 프란체스코의 형이며 교황청의 고위 성직자인 동 로마릭이 두 아이의 양육비 가운데 최소 일부를 책임지고 있었던 것으로 여겨진다. 1887년 4월 빌헬름(집안에서는 기욤을 내내 이렇게 불렀다)은 가톨릭의 마리아회가 운영하는 생샤를르 학교 제8학급에 입학하는데, 여기에도 다스페르몬테 가의 보살핌이 있었다.

동 로마릭의 친구이며 모나코의 대주교 튀레에 의해, 그때까지만 해도 이탈리아인들이 지배적이었던 이 공국에서 중등 과정의 프랑스 고전을 교육하기 위해 1881년에 설립된 이 학교의 교육은 주로 다양한 국적을 가진 무보직 신부들이 담당하였다. 이 무렵 동생 알베르와 함께 찍은 아폴리네르의 사진이 남아 있다. 고개를 맞대고 있는 두 소년은 모두 어깨까지 내려오는 긴 머리칼 아래 세일러복을 입고 있다.

1892년 12세   5월 8일 첫 성체배령. 이해에 생샤를르 학교의 제6학급이었던 아폴리네르는 지주의 아들인 잠 오니무스, 파리 신문 기자의 아들인 르네 뒤퓌 등과 동급생으로 우정을 나눈다. 아폴리네르는 성격이 좋고 이해심이 많은 오니무스에게 깊은 이야기를 털어놓았으며, 생샤를르 학교를 떠난 이후에도 시인이 어려운 고비마다 그에게 보냈던 편지는 현재 대부분이 일실되었지만 그 가운데 몇 편은 적절한 기회에 발표되어, 시인의 생애와 관련된 여러 가지 문제를 해명하는 데에 도움을 주고 있다. 학교 성적이 뛰어났던 뒤퓌는 — 이해에 그가 전체 수석을 차지했으며 아폴리네르는 이등에 머물렀다 — 곧 이 학교를 떠나 해군 장교로서의 짧은 이력을 거쳐 르네 달리즈라는 이름으로 저널리즘과 문학에 투신함으로써 아폴리네르와 다시 만나게 된다.

1895년 15세   생샤를르 학교가 공국의 명령에 의해 폐교되자, 빌헬름은 칸의 스타니슬라 학교 제2학급에 입학하였다. 폐교 당시 제3학급을 마친 기욤 아폴리네르의 수상 기록은 다음과 같다: 전체 수석 및 학년 말 시험 일등상, 프랑스어 작문 일등상, 그리스어 번역 일등상, 미술 이등상, 수학, 역사, 지리, 독어, 가창 및 피아노 장려상.

1897년 17세   2월 1일 니스의 리세에 반기숙생(다시 말해서 장학생이 아니었다)으로 입학하였다. 동급생이며 기숙생이었던 투생 뤼카와 사귀며 함께 현대 문학을 섭렵하는 한편 〈Guillaume Macabre〉 또는 〈Guillaume Apollinaire〉라는 필명으로 시를 써 모아 교내 회람 문집 『복수자』, 『타협자』 등을 발간한다. 일찍 부모를 여의고 모나코의 형 밑에서 자랐던 코르시카 출신 뤼카는 훗날 변호사를 거쳐 행정 관리가 되었다. 그는 아폴리네르의 후원자였다. 1911년 「모나리자」 도난 사건과

연보   **339**

관련하여 구속된 아폴리네르를 석방하는 데도 당시 도지사였던 뤼카의 도움이 컸다. 특히 그의 저서 『기욤 아폴리네르 - 한 친구의 추억』 (1920)은 니스의 리세 시절에 쓴 아폴리네르의 습작시들을 여러 편 전재하고 있다. 6월 아폴리네르는 리세를 떠나 모나코의 가족들에게 돌아온다. 대학 입학 자격 시험에 응시하여 필답 고사에 합격하였으나 구술 시험에 낙제하였던 것이다.

1898년 18세 기욤은 모나코를 배회하며 발자크, 톨스토이, 졸라, 엘레미르 부르주 등 현대 작가들의 작품을 탐독하는 한편 보카치오의 번역을 시도했다. 좌파 신문인 『인민일보』를 구독하고, 드레퓌스파로 자처하며, 아나키스트 지식인들에게 동조한다.

1899년 19세 1월 드 코스트로비츠키 부인은 두 아들과 함께 모나코 공국을 떠나 엑스레뱅을 거쳐 리옹으로 자리를 옮겼다. 그녀가 모나코를 떠난 것은 무엇보다도 카지노의 외국인 클럽에 가입을 시도했으나 실패하고 새로운 도박장을 물색해야 했기 때문이었다. 4월 파리에 도착, 막 마옹 가의 호텔에 일시 거주. 5월 당시 마흔 살이었던 드 코스트로비츠키 부인은 모나코의 도박장에서 처음 만났던 연하의 유대인 쥘 베유와 동거한다. 그녀의 아들들은 그를 삼촌이라고 불렀으며, 그 두 사람의 관계는 1919년 안젤리카가 죽을 때까지 계속된다.

파리에서의 생활은 매우 어려웠다. 7월 드 코스트로비츠키 부인은 쥘 베유와 함께 횡재의 꿈에 젖어 벨기에의 아르덴 지방 스파의 카지노에 머무르며, 〈러시아 귀족의 자제〉인 두 아들을 그곳에서 멀지 않은 스타블로의 한 호텔에 맡긴다. 기욤과 알베르는 8, 9월 두 달 동안 즐거운 방학을 보낼 수 있었다. 기욤은 근처 아르덴 숲을 구석구석 헤매며 왈롱의 방언을 열심히 채집한다. 스타블로의 어느 카페 주인의 딸 마리 뒤부아에게 많은 연시를 써 보냈으나 별 소득이 없었다. 이 두 달 남짓한 왈롱의 체류는 그의 시와 감정 세계에 깊은 흔적을 남긴다. 『썩어 가는 마술사』의 초안이 여기서 이루어졌으며, 『이교시조회사』의 몇몇 콩트 역시 왈롱을 무대로 삼는다. 『알코올』에서도 아르덴의 시를 골라낼 수 있다. 10월 5일 카지노에서 행운을 붙잡지 못하고 파리로 돌아간 코스트로 부인의 지시에 따라 두 소년은 숙박비를 지불하지 않은 채 〈야반도주〉

하여 파리행 기차를 탄다. 코스트로 부인은 콘스탄티노플 가에 올가 카르포트라는 약간 순진하게 들리는 러시아식 이름으로 아파트 하나를 얻어 놓고 그들을 기다리고 있었다. 10월 11일 기욤 코스트로비츠키는 파리 경시청에 외국인 등록 신고를 했다. 그의 인상착의는 신장 1미터 65, 금발에 수염이 없으며, 안색은 창백한 것으로 되어 있다.

1900년 20세   파리에서의 궁핍한 생활이 계속된다. 어머니의 권유에 따라 기욤은 행정 관리나 은행원이 될 수 있는 길을 모색했지만, 외국인이며 아무런 자격증도 없는 그를 받아 주는 곳이 없었다. 취직을 위해 타자 학원 초급반에 나가고 막노동판에 뛰어들기도 했다. 에스나르라는 삼류 소설가의 대필자 nègre가 되어 첫 소설 「무엇을 할까?」를 『르 마탱』지에 실었지만 보수를 받지 못했다. 그러나 열심히 마자린 도서관을 드나들며 중세 문학을 공부하던 중 박학자 마르셀 쉬봅의 삼촌이며 역사소설가인 레온 카엥의 눈에 띄어 격려를 받았다. 6월 〈파리 금고〉라는 유령 증권 회사의 서기로 취직. 거기서 르네 니코시아와 사귀게 되었으며, 그의 소개로 알게 된 파리의 한 극장 지배인에게 스타블로의 추억으로 엮어진 단막극 「야반도주」를 맡겼으나 희곡은 상연되지 않고 오랫동안 서랍 속에 묵혀진다. 8월 새로운 친구 페르디낭 몰리나 다 실바와 그의 가족을 알게 된다. 무용 교사인 그의 아버지를 도와 『프랑스인의 우아한 몸가짐』 원고를 정리했다. 아폴리네르는 이 유대인 교사로부터 성서에 대한 고증학적 지식을 얻은 것으로 추정된다.

1901년 21세   1월 〈파리 금고〉를 떠난다. 기욤은 페르디낭의 누이동생인 17세의 랭다 몰리나 Linda Molina 양에게 수 편의 연시를 썼으며, 신통한 대답을 얻지도 기대하지도 않았던 그 시구들은 이후 다른 여자들을 대상으로 하는 연서와 연시에 다시 이용된다. 비참했던 시절. 푼돈을 받고 포르노 소설 「미를리, 또는 비싸지 않은 작은 구멍」을 썼다. 비슷한 소설 「올리브의 영광」을 썼으나 원고를 기차간에서 잃어버렸다.
5월 피아노 교사인, 니코시아의 어머니 주선으로 부유한 독일 과부 드 밀호 자작 부인의 딸 가브리엘에게 프랑스어를 가르친다. 8월 드 밀호 부인을 따라 가정교사 자격으로 라인란트에 간다. 독일 시대의 시작. 8월 말, 아폴리네르는 가브리엘의 영어 담당 가정교사인 영국 처녀 애니 플레이든을 만나 처음부터 열렬히 사랑하게 되며 그녀 역시, 태도가 불분명하긴 했지만, 이 사랑에 무관심하지 않았다. 이때부터,

1902년 22세　8월까지 라인란트의 밀호 부인의 여러 소유지를 옮겨 다니며 가정교사로서의 임무를 수행. 본과 쾰른과 뒤셀도르프를 잠시 여행할 수 있었다. 1902년 초에는 휴가를 얻어 뮌헨, 베를린, 드레스덴, 프라하, 비엔나, 뉘른베르크, 슈투트가르트, 프랑크푸르트, 마인츠, 코블렌츠를 거치는 순환 여행. 3월 『백색평론』지에 기욤 아폴리네르라는 필명으로 단편소설 「이교시조」를 발표. 아폴리네르는 이 잡지가 폐간되는 다음 해 4월까지 독일 관계 기사 2편, 시 1편(「은둔고행자」), 단편소설 5편(「프라하의 행인」,「신벌 이야기」,「힐데스하임의 장미」,「약탈혼」,「라틴 유대인」)을 기고한다. 한편 애니와의 관계는 사랑의 기쁨과 비애가 교차하는 가운데 계속되었다. 8월 말, 계약 기간을 끝낸 아폴리네르는 프랑스로 돌아와 나플 가에 거주하는 가족과 합류하고 말단 은행원으로 취직한다. 10월 고달픈 파리 생활에 깊은 소외감을 느끼고, 문학 예술계에 발을 들여놓기 위해 백방으로 노력하였으나 『유럽인』지에 뒤셀도르프의 전시회 관련 기사를 기고하는 정도가 고작이었다.

1903년 23세　4월 문예지 『펜』이 카페 〈황금 태양〉을 빌려 정기적으로 열고 있던 문학의 밤에 참석, 알프레드 자리, 앙드레 살몽, 외젠 몽포르 등 젊은 문인들을 알게 된다. 그가 이 문학의 밤에 낭독한 「신더하네스」는 상당한 주목을 끌었다. 5월, 8월, 『펜』지에 각기 「미래」와 「도둑」을 발표. 10월 앙드레 살몽 등 젊은 문인들과 함께 문예지 『이솝의 향연』 창간을 계획, 아폴리네르가 그 주간을 맡았다.
11월 첫 번째 런던 여행, 아폴리네르는 애니와의 관계를 부활시키려 하였으나 실패한다. 이달에 『이솝의 향연』 창간호가 출간된다. 1904년 8월까지 매월 정기적으로 간행되는 이 잡지에 아폴리네르는 「썩어 가는 마술사」, 「쿠블로프?」, 「고별」, 「귀가」, 「유대교회당」, 「아낙네들」, 「로렐라이」, 「신더하네스」를 발표한다.

1904년 24세　드 코스트로 부인은 가족과 함께 파리 교외 베지네에 별장을 빌려 정착한다. 아폴리네르는 근처 숲과 유적지를 편력하는 가운

데 젊은 화가 드랭과 블라맹크를 알게 된다.

그가 근무하던 은행이 문을 닫았다. 아폴리네르는 그곳에서 알게 된 증권 중개인과 손을 잡고 『연금생활자, 소자본가 지침서』를 창간. 이 미덥지 못한 증권 잡지에서 아폴리네르는 투자 전문가 행세를 한다.

5월 두 번째이자 마지막으로 런던의 애니를 찾아간다. 그녀의 부모가 결혼을 반대하면 그녀를 납치하겠다는 아폴리네르의 협박에 불안을 느낀 그녀는 얼마 후 미국으로 떠나 죽을 때까지 그곳에 정착한다. 8월 『이솝의 향연』이 통권 11호로 폐간. 피카소와 막스 자콥을 알게 된다.

1905년 25세 4월 문학 애호가이며 수필가인 앙리 들로르멜의 후원 아래 새로운 잡지 『부도덕지』를 창간한다. 이 잡지는 5월 『현대문학』으로 제호를 변경하였으나, 제2호를 마지막으로 폐간. 기욤은 이 잡지에 시 1편, 소설 1편 그리고 피카소에 관한 긴 논문을 실었다. 이 논문은 아폴리네르 최초의 본격적인 미술비평이 된다. 9월 은행원으로 다시 취직. 11월 『파리, 샹파뉴 문학 잡지』에 「로즈몽드의 궁전에서」를 발표. 12월 폴 포르가 계간지 『운문과 산문』을 창간하였으며 아폴리네르는 앙드레 살몽의 주선으로 그 창간호에 「랜더로드의 이민」, 「살로메」, 「종소리」, 「5월」 등 수 편의 시를 발표한다.

1906년 26세 아폴리네르는 『운문과 산문』 외에 다른 발표 지면을 구했으나 여의치 않았다. 은행 업무는 그의 시간과 기력을 빼앗았으며 월급마저 시원치 않아 두 편의 에로 소설을 쓴다: 『일만 일천 개의 회초리』, 『소년 돈주앙의 회고록』. 이 소설들은 다음 해에 비밀 출판되었다.

1907년 27세 2월 27일 생샤를르 학교의 급우였던 루이 드 공자크 프릭을 다시 파리에서 상봉, 그의 소개로 〈말라르메주의자〉인 장 루아예르가 편집하던 잡지 『팔랑주』와 관계를 맺는다. 4월 15일 어머니 곁을 떠나 레오니 가의 2층에 혼자 방을 얻었다. 5월 피카소의 소개로 화상 클로비스 사고의 집에서 마리 로랑생을 처음 만난다. 아폴리네르는 〈더 이상 사랑할 수 없다〉고 말할 정도로 이 여류 화가에게 반하게 된다. 7월 25일 주간지 『나는 모든 것을 말한다』에 어느 화상을 공격하는 기사를 기고하여 물의를 일으킨다. 이때부터 아폴리네르는 신문 및 잡지에 기사를 써 생계비를 벌게 된다. 8월 31일 르네 달리즈의 아버지가 운영하던 왕당파 일간지인 「태양」에 「시체안치소」를 발표. 이 콩트는 나중에 운문으로 둔갑하여 「죽은자들의 집」이라는 제목으로 시집 『알코올』에 수록된다. 9월 7일부터 다음 해 2월까지 수 편의 콩트를 『알바니아』지에 발표. 이 콩트들은 나중에 단편집 『이교시조회사』의 근간을 이룬다. 10월 12일 『나는 모든 것을 말한다』에 살롱 도톤의 평을 쓰면서 처음으로 세관리 루소의 그림에 대해 언급한다. 11월 15일 『팔랑주』에 「집시여인」, 「종소리」, 「뢸 드 팔트냉」을 발표. 12월 『팔랑주』에 마티스에 관한 기사를 기고한다. 아폴리네르는 피카소에게 브라크를 소개한다. 입체파 회화의 시대가 열린다.

1908년 28세 3월 연초부터 『팔랑주』에 장 루아예르에 관한 장문의 비평과 정신분석학의 영향이 나타나는 산문시 「해몽」을 발표한 바 있는 아폴리네르는 이 잡지의 소설평 지면을 맡게 된다. 4월 25일 앙데팡당전에 관한 한 회담에서 젊은 시인들에 대해 언급하고, 자신의 문학적 입장을 〈새로운 동시에 인간적인 서정성 탐구〉라고 천명. 5월 4일 『질 블라스』지에 「화충(火蟲)」을 발표. 이 시는 아폴리네르의 가장 중요한 작품에 해당하는 「잉걸불」, 「약혼 시절」로 분할 개작되어 『알코올』에 수록된다. 6월 〈조형의 세 가지 힘〉이라는 제목으로 아브르의 현대미술 그룹전의 카탈로그에 서문을 쓴다. 8월 14일 아폴리네르와 마리 로랑생을 주제로 그림을 그리고 싶다는 루소의 편지를 받는다. 이 그림은 다음 해에 〈시인에게 영감을 주는 뮤즈〉라는 제목으로 앙데팡당전에 출품되었다. 12월 피카소의 집에서 젊은 화가, 시인들과 함께 루소 위로연을 베풀었다. 12월 28일 브라크 회화전. 아폴리네르가 카탈로그의 서문을 썼다.

1909년 29세 1월 아폴리네르는 친구 몽포르가 주관하던 잡지 『마르주』에 루이주 랄란이라는 가명으로 여류 문학에 대해 악의에 찬 비평을 게재한다. 5월에도 역시 이 가명으로 같은 잡지에 수 편의 시를 발표. 5월 1일 『메르퀴르 드 프랑스』지에 「사랑받지 못한 사내의 노래」가 발표된다. 7월 1일 『마르주』지에 동시대 시인들에 대한 비평 『그림 같은 현대인들』의 연재를 시작한다. 7월 13일 앙드레 살몽의 결혼식에 아폴리네르가 축시를 낭독한다. 7월 17일 브리포 형제가 출판하는 〈사랑의 거장들〉이라는 전집의 일부로, 아폴리네르가 편집하고 서문을 붙인 『사드 후작의 작품집』이 출간된다. 그때까지 완전히 잊혀 있던 사드의 재발견에는 아폴리네르의 공로가 크다. 10월 오퇴유로 거처를 옮겼다. 12월 27일 화상 앙리 칸베일러가 아폴리네르의 『썩어 가는 마술사』를 드랭의 목판화를 곁들여 발간한다.

1910년 30세 3월 메쨍제가 아폴리네르의 〈입체파적〉 초상화를 앙데팡당전에 출품한다. 5월 단편집 『이교시조회사』의 간행을 스톡 출판사와 계약. 8월 29일 『동물 시집 또는 오르페우스의 행렬』 출판을 준비하며, 라울 뒤피에게 삽화를 부탁하는 편지에서 〈나는 경탄한다〉가 자신의 좌우명이라고 말한다. 10월 『이교시조회사』 판매 개시. 12월 8일 공쿠르상 수상작 심사 일차 투표에서 엘레미르 부르주의 추천을 받은 『이교시조회사』가 3표를 획득하였다. 그러나 최종 투표에서 상은 루이 페르고의 『여우로부터 까치에게』로 돌아간다.

1911년 31세 1월 아폴리네르는 브뤼셀의 대학 유니베르시테 누벨에서 16세기와 아레티노에 대해 강연을 한다. 같은 달, 『이교시조회사』가 호프만, 포, 네르발, 보들레르, 바르베 도르비이의 작품과 유사하다는 뤼시앵 모리의 지적에 답하여 아폴리네르는 자신이 보들레르에 대해서는 짧은 인용과 몇 편의 시밖에 알지 못하며, 호프만과 포의 작품은 전혀 알지 못하고, 네르발에 대해서는 『환상』을 읽었을 뿐이라고 단언한다. 3월 15일 『동물 시집』 인쇄 완료. 갖가지 동물들의 시적 우의를 소재로 한 4행시 30편과 뒤피의 목판화 30점을 싣고 있다. 4월 1일 『메르퀴르 드 프랑스』에 가십 기사 『일화로 엮은 삶』을 몽타드라는 가명으로 연재. 6월부터 아폴리네르라는 이름을 쓰기 시작하는 이 연재는 그가 죽을 때까지 계속된다. 4월 21일 앙데팡당전에서 입체파 화가들이 처음으로 전시실 하나를 차지한다.

5월 11일 아폴리네르의 임시 비서인 제리 피에레가 루브르 박물관에서 페니키아 흉상 하나를 훔쳐 아폴리네르의 집에 숨겨 둔다. 8월 21일 「모나리자」가 루브르 박물관에서 도난당한다. 이를 계기로 피에레가 『파리 주르날』에 자신의 절도 행위를 고백하여 물의를 일으키자, 당황한 아폴리네르는 보관하고 있던 피에레의 장물을 이 신문의 중재로 박물관에 돌려준다. 이 사건으로 그는 「모나리자」 절도 혐의를 입는다. 9월 7일 장물 취득죄와 「모나리자」 절도 혐의로 상테 감옥에 구속된다. 9월 12일 기소 각하로 아폴리네르는 구속 일주일 만에 석방된다. 10월 1일 아폴리네르는 그로 가를 떠나 마리 로랑생이 살고 있는 라 퐁텐 가로 거처를 옮긴다. 12월 9일 한 주간지가 아폴리네르를 외설 작가이며 불법 체류자라고 비난한다. 피에레 사건에 여전히 연루되어 있는 아폴리네르는 국외 추방의 위험을 느낀다.

1912년 32세 1월 7일 대중 신문 「프티 블뢰」에 기고 시작. 1월 20일 궐석재판에서 아폴리네르의 무죄가 확인된다. 1월 20일 문학 잡지 『파르테농』이 7인 합작으로 익명의 릴레이 소설 『무지개』를 기획, 그 첫 회를 아폴리네르가 쓴다. 이 소설은 아폴리네르의 환상적 수법에 용기를 잃은 다른 작가들의 불참으로 첫 회로 중단된다.
2월 1일 앙드레 비이가 아폴리네르, 르네 달리즈, 앙드레 살몽 등을 설득하여 월간 문학지 『파리의 밤』을 창간. 아폴리네르는 창간호에 「미라보 다리」를 실었으며, 이후 줄곧 새로운 화가들에 관한 비평을 게재한다. 7월 화가 프랑시스 피카비아와 함께 영국 여행을 떠난다. 가을, 마리 로랑생과 결별한 아폴리네르는 고통스러운 추억이 어린 오퇴유를 떠나 생제르맹 가로 거처를 옮긴다. 11월 처음으로 구두점이 없는 시 「포도월」을 『파리의 밤』에 발표하며, 이와 동시에 인쇄 중에 있는 시집의 제목을 『화주(火酒)』에서 『알코올』로 바꾸고 구두점을 모두 삭제한다.

1913년 33세 1월 18일 화가 로베르 들로네의 전시회에 즈음하여, 베를린에서 현대 회화에 대한 강연회를 갖는다. 4월 입체파 화가들과 그들의 작품에 대한 최초의 비평집 『입체파 화가들』을 외젠 피기에르 출판사에서 발간한다. 4월 20일 아폴리네르의 최초의 본격적인 시집 『알코올』의 인쇄가 완료된다. 출판사는 메르퀴르 드 프랑스. 6월 7일 현대 조각 아카데미에서 〈오늘날의 조각〉에 대해 강연. 6월 15일 시집 『알코올』에 대한 조르주 뒤아멜의 혹평이 『메르퀴르 드 프랑스』지에 실린다. 6월 29일 아폴리네르는 이탈리아의 미래주의자 마리네티를 옹호하여 「미래주의의 반전통 종합 선언」을 작성한다. 한편으로 입체파 미술의 대변자 역할을 해온 아폴리네르는 이 무렵부터 대화시, 동시성의 시 등 새로운 표현 형식을 모색한다.

8월 후일 아폴리네르의 전기 작가가 되는 루이즈 포르-파비에 부인이 마리 로랑생을 포함한 시인의 친구들을 노르망디 휴가 여행에 초대하여 두 연인의 재결합을 시도했으나 실패한다. 8월 22일 마리네티 등과 함께 볼에 위치한, 입체파 화가 세르주 페라의 별장에 머물며 새로운 문학 예술 잡지를 구상한다. 11월 정간 중이던 앙드레 비이의 『파리의 밤』을 세르주 페라가 복간. 아폴리네르는 그 편집 책임의 일부를 맡고, 세계 각지에서 수많은 예술가들이 모여드는 몽파르나스를 매일 저녁 드나들게 된다. 12월 『운문과 산문』에 살몽, 카르고, 투레 등 이른바 〈환상파 시인들〉 사이에 끼어 아폴리네르가 소개된다.

1914년 34세 1월 『파리의 밤』이 1910년에 작고한 세관리 루소의 특집을 꾸민다. 5월 18일 아폴리네르는 생샤를르 학교의 동급생 투생 뤼카에게 보낸 편지에서 고독과 소외감을 하소연한다. 5월 27일 페르디낭 브뤼노가 주재하는 언어 보관소가 소르본 대학에서 『알코올』의 시 세 편을 저자의 음성으로 녹음한다. 6월 15일 아폴리네르의 최초의 상형시 「대서양 편지」가 『파리의 밤』에 발표된다. 6월 21일 마리 로랑생이 독일 화가 오토 폰 바이쩬과 결혼한다.

7월 26일 아폴리네르와 화가 앙드레 루베르는 일간지 「코뫼디아」의 하계 특집에 각기 기사와 삽화의 청탁을 받고 도빌 해협에 도착한다. 7월 31일 제1차 세계 대전이 발발하여 총동원령이 내려지자 『코뫼디아』의 두 특파원은 급히 파리로 돌아온다. 8월 10일 지원 입대 원서를 파리 시에 제출하였으나 보류되고, 독일군의 공격이 파리를 위협하자 아폴리네르는 9월 3일 니스를 향해 떠난다. 이달 말경 어느 화가의 집에서 루이즈 드 콜리니 샤티용 부인(『상형시집』의 루)을 만나 첫눈에 반한다. 12월 5일 지원 입대가 허가되어 님에 주둔한 제38 포병연대에 입대한다. 냉담하던 루이즈는 갑자기 그에게 관심을 보이고 님으로 그를 찾아가 그의 애인이 된다. 12월 31일 짧은 휴가를 니스에서 루와 함께 보낸다. 아폴리네르는 루에게 수많은 연시를 쓰게 되지만 그녀의 애정은 벌써 식어 있었다.

1915년 35세 1월 2일 포병대로 귀대 중 니스-마르세유 간 열차에서 젊은 처녀 마들렌 파제스를 만나 서로 주소를 교환. 1월 12일 장교 시험에 합격, 하사 교육대에 편성, 귀화를 희망한다. 3월 28일 마르세유에서 마지막으로 루이즈를 만났지만 관계 개선에 도움이 되지 못했다. 4월 16일 하사로 진급. 제38 포병연대는 샹파뉴 전선에 투입된다. 여전히 루에게 편지를 보내는 한편, 기차간에서 만났던 오랑의 아가씨 마들렌에게도 엽서를 보낸다. 5월 4일 마들렌에게서 답장이 왔으며 두 사람의 목가적인 우정의 편지는 곧 사랑의 편지로 바뀐다. 6월 1일 『메르퀴르』에, 전쟁으로 중단됐던 「일화로 꾸민 삶」을 다시 쓰기 시작한다. 6월 17일 전장의 포화 속에서 소시집 『수레채』 25부를 등사인쇄로 발간한다. 이 작은 시집은 나중에 『상형시집』의 중요한 일부가 된다. 8월 10일 마들렌에게 거의 매일 정열적인 편지를 보내던 아폴리네르는 그녀의 어머니에게 정식으로 청혼의 편지를 보내고, 열흘 후인 8월 20일 허혼의 답장을 받는다. 8월 25일 포병 중사로 진급. 10월 아폴리네르는 감정의 절정에 있었다. 친구들과 루에게 편지를 쓰고, 약혼녀 마들렌에게 수많은 연시를 보낸다. 이 연시 중 수 편은 『상형시집』에 수록되며, 나머지는 37년 후에 서한집 『추억처럼 부드러운』에 나타난다.

11월 20일 진급을 염두에 둔 본인의 요청에 의해 제96 보병연대로 전속, 소위로 임관된다. 11월 28일 중대원들과 함께 전선으로 이동, 참호와 진흙탕과 끊임없는 죽음의 위협 등 전쟁의 다른 양상이 그를 기다린다. 12월 26일 첫 정기 휴가를 오랑의 약혼녀 곁에서 보낸다.

1916년 36세 1월 10일 오랑에서 돌아와 파리에서 머물며 어머니와 친구들을 만나 결혼 계획을 알린다. 1월 27일 마들렌에게 보낸 편지에 피곤하고 우울한 심경을 말한다. 여전히 다정하지만 열정이 식은 편지. 3월 9일 프랑스 국적을 얻는다. 3월 14일 그가 배속된 사단이 최전방에 투입된다. 마들렌에게 짧은 편지: 「내가 가진 모든 것을 그대에게 유증합니다. 만일의 경우, 이것을 나의 유언으로 간주하시오.」

3월 17일 오후 4시경 베리오박 근처의 뷔트 숲 속 참호에서, 150밀리미터 포탄의 파편 하나가 철모를 뚫고 들어와 그의 오른쪽 관자놀이에 박힌다. 3월 18일 근처의 야전병원으로 옮겨져 새벽 2시에 수술을 받는다. T 자형의 수술로 관자놀이에서 작은 파편 몇 개가 추출된다. 3월 20일 샤토티에리 병원으로 후송. 3월 29일 파리의 발 드 그라스 병원으로 후송. 4월 9일 친구 세르주 페라가 간호병으로 근무하는 이탈리아 정부 병원으로 후송. 5월 극진한 간호로 상처는 아물었지만, 가끔 기절을 하고 신체의 왼쪽 부위에 국부적인 마비 증세가 일어난다. 5월 9일 육군병원 발 드 그라스의 부속병원인 오퇴유의 몰리에르 관에서 두개골 절개수술을 받는다. 5월 11일 수술의 성공을 마들렌에게 전보로 알린다. 이미 결혼은 포기하고 있었던 것으로 생각된다.

6월 스위스에서 발간된 미래의 다다이스트들의 잡지인 『카바레 볼테르』가 아폴리네르의 전위적인 시 「나무」를 게재. 6월 17일 무공훈장 수훈. 8월 머리에 붕대를 감은 아폴리네르는 몽파르나스의 카페에 다시 모습을 나타낸다. 문단과 화단 사람들을 다시 만났지만 상처의 후유증으로 예전처럼 일을 할 수는 없었다. 10월 피에르 알베르 비로가 주관하던 잡지 『식』이 예술의 새로운 경향과 혁신에 대한 아폴리네르의 회견문을 싣는다. 이를 계기로 앙드레 브르통, 트리스탕 차라 등 일군의 젊은 작가들이 그를 중심으로 모이게 된다. 10월 26일 아폴리네르 단편집 『학살 당한 시인』이 브리포 형제의 출판사에서 발간된다. 11월 23일 마들렌에게 마지막 편지를 쓰며, 이미 옛날의 자기가 아니라고 말한다. 12월 31일 젊은 시인들의 주선으로 아폴리네르를 위한 축하연이 열린다. 디저트가 나올 무렵 흥분한 젊은이들은 앙드레 지드, 앙리 드 레니에 등 대가들이 앉아 있는 식탁에 빵 조각을 집어던지는 소동을 벌이고 오렐 부인, 루아나르 등은 준비해 온 연설문을 읽지 못하고 만다.

1917년 37세 3월 르베르디가 주관하던 『남북』, 피카비아의 『391』, 알베르 비로의 『식』 등 대담하고 혁신적인 시 잡지들이 아폴리네르의 시 작품을 연이어 게재하고, 아폴리네르는 『메르퀴르』지에 「일화로 꾸민 삶」을 다시 연재한다. 완전히 회복된 그는 옛날의 힘을 되찾고 소설 『앉아 있는 여인』을 썼으며, 시집 『상형시집』의 원고를 완성한다. 6월 24일 알베르 비로의 주선으로 르네 모벨 예술 학원에서 아폴리네르의 〈초현실주의 연극〉인 「티레시아스의 유방」이 상연된다. 6월 25일 부상병이지만 여전히 군인의 신분인 아폴리네르는 출판 검열국에 배치된다. 10월 16일 귀스타브 칸에게 보내는 공개 서한을 『메르퀴르』지에 발표하면서 입체파 내에서의 자기 위치를 밝힌다. 11월 10일 아폴리네르의 소시집 『사랑에 목숨을 바치고』를 메르퀴르사에서 발간. 루베르의 삽화 8점이 포함되어 있다. 11월 13일 폴 기욤 화랑에서 〈이런 이야기 저런 이야기〉라는 제목의 강연을 통해 일종의 새로운 예술인 〈촉각 예술〉에 대해 언급. 11월 26일 비유콜롱비에 극장에서 「새로운 정신과 시인들」이라는 제목의 강연에 이어 자작시와 랭보, 지드, 레제, 살몽, 디부아르, 로맹, 르베르디, 막스 자콥, 상드라르 등의 시를 낭독한다.

1918년 38세 1월 폐충혈로 몰리에르 관에서 수술을 받는다. 1월 23일 마티스-피카소 공동 전시회 카탈로그의 서문을 쓴다. 3월 15일 스위스의 잡지 『부채』에 자클린 콜브로부터 시상을 얻은 시 「아름다운 빨강 머리 여인」을 발표. 4월 식민성 장관의 비서실로 자리를 옮긴다. 4월 15일 메르퀴르사에서 아폴리네르의 제2시집 『상형시집』 인쇄 완료. 아폴리네르는 이 시집에 〈1913-1918〉이라고 연대를 기록함으로써 『알코올』과 연결되는 시작업의 계속성을 밝혔다.

5월 2일 아름다운 빨강 머리 여인 자클린 콜브와 결혼. 피카소와 볼라르가 입회인이었던 이 결혼식은 종교 의식으로 거행되었다. 아폴리네르는 새로운 가정생활을 유지하기 위해 여러 신문에 기사와 작품을 게재한다. 7월 28일 중위로 진급. 8월 아내와 함께 케르보아얄로 휴가 여행을 떠난다. 이 기간 동안 그는 오페라 각본 「카사노바」를 쓰며, 여기에 러시아 발레단의 오케스트라 단장 앙리 드포스가 곡을 붙인다. 또 다른 희곡 「시간의 색깔」도 이때 탈고된다. 11월 9일 파리를 휩쓸었던 스페인 독감에 걸려 며칠 동안 병상에서 고통을 겪은 후, 이날 오후 5시에 숨을 거두었다. 11월 13일 페르라셰즈 공동묘지에 묻힌다. 12월 24일 「시간의 색깔」이 처음이자 마지막으로 르네 모벨 예술 학원에서 무대에 오른다.

1919년 3월 7일 시인의 어머니 드 코스트로비츠키 부인 사망. 몇 달 후, 1913년부터 멕시코에 체류하던 그의 동생 알베르가 사망함으로써 드 코스트로비츠키 가문이 이 세상에서 사라진다.

열린책들 세계문학 120 알코올

옮긴이 황현산 1945년 전남 목포에서 태어나 고려대학교 불어불문학과를 졸업하고, 같은 대학 대학원에서 기욤 아폴리네르 연구로 문학박사 학위를 받았다. 아폴리네르를 중심으로, 상징주의와 초현실주의로 대표되는 프랑스 현대시를 연구하는 가운데 〈시적인 것〉, 〈예술적인 것〉의 역사와 성질을 이해하는 일에 오래 집착해 왔으며, 문학 비평가로도 활약하고 있다. 번역과 관련된 여러 문제에도 특별한 관심을 지니고 이와 관련하여 여러 편의 글을 발표하였으며, 한국번역비평학회를 창립, 초대 회장을 맡았다. 고려대학교 불어불문학과 교수를 역임했다. 저서에 『얼굴 없는 희망』, 『말과 시간의 깊이』, 『아폴리네르 - 〈알코올〉의 시 세계』 등이 있으며, 역서로는 생텍쥐페리의 『어린 왕자』, 보들레르의 『파리의 우울』, 랭세의 『프랑스 19세기 문학』(공역), 『프랑스 19세기 시』(공역), 디드로의 『라모의 조카』, 말라르메의 『시집』 등이 있다.

지은이 기욤 아폴리네르 **옮긴이** 황현산 **발행인** 홍예빈 · 홍유진
발행처 주식회사 열린책들 **주소** 경기도 파주시 문발로 253 파주출판도시
전화 031-955-4000 **팩스** 031-955-4004 **홈페이지** www.openbooks.co.kr
Copyright (C) 주식회사 열린책들, 2010, *Printed in Korea*.
ISBN 978-89-329-1120-5 04860 **ISBN** 978-89-329-1499-2 (세트)
발행일 2010년 6월 10일 세계문학판 1쇄 2022년 6월 1일 세계문학판 5쇄

이 번역은 고려대학교 2008-2009년 교내 특별 연구비의 지원을 받아 이루어진 것입니다.

이 도서의 국립중앙도서관 출판예정도서목록(CIP)은 서지정보유통지원시스템 홈페이지(http://seoji.nl.go.kr)와 국가자료공동목록시스템(http://www.nl.go.kr/kolisnet)에서 이용하실 수 있습니다.(CIP제어번호 : CIP2010001814)

열린책들 세계문학
Open Books World Literature

001 **죄와 벌** 표도르 도스또예프스끼 장편소설 | 홍대화 옮김 | 전2권 | 각 408, 512면

003 **최초의 인간** 알베르 카뮈 장편소설 | 김화영 옮김 | 392면

004 **소설** 제임스 미치너 장편소설 | 윤희기 옮김 | 전2권 | 각 280, 368면

006 **개를 데리고 다니는 부인** 안똔 체호프 소설선집 | 오종우 옮김 | 368면

007 **우주 만화** 이탈로 칼비노 단편집 | 김운찬 옮김 | 416면

008 **댈러웨이 부인** 버지니아 울프 장편소설 | 최애리 옮김 | 296면

009 **어머니** 막심 고리끼 장편소설 | 최윤락 옮김 | 544면

010 **변신** 프란츠 카프카 중단편집 | 홍성광 옮김 | 464면

011 **전도서에 바치는 장미** 로저 젤라즈니 중단편집 | 김상훈 옮김 | 432면

012 **대위의 딸** 알렉산드르 뿌쉬낀 장편소설 | 석영중 옮김 | 240면

013 **바다의 침묵** 베르코르 소설선집 | 이상해 옮김 | 256면

014 **원수들, 사랑 이야기** 아이작 싱어 장편소설 | 김진준 옮김 | 320면

015 **백치** 표도르 도스또예프스끼 장편소설 | 김근식 옮김 | 전2권 | 각 504, 528면

017 **1984년** 조지 오웰 장편소설 | 박경서 옮김 | 392면

019 **이상한 나라의 앨리스** 루이스 캐럴 환상동화 | 머빈 피크 그림 | 최용준 옮김 | 336면

020 **베네치아에서의 죽음** 토마스 만 중단편집 | 홍성광 옮김 | 432면

021 **그리스인 조르바** 니코스 카잔차키스 장편소설 | 이윤기 옮김 | 488면

022 **벚꽃 동산** 안똔 체호프 희곡선집 | 오종우 옮김 | 336면

023 **연애 소설 읽는 노인** 루이스 세풀베다 장편소설 | 정창 옮김 | 192면

024 **젊은 사자들** 어윈 쇼 장편소설 | 정영문 옮김 | 전2권 | 각 416, 408면

026 **젊은 베르테르의 슬픔** 요한 볼프강 폰 괴테 장편소설 | 김인순 옮김 | 240면

027 **시라노** 에드몽 로스탕 희곡 | 이상해 옮김 | 256면

028 **전망 좋은 방** E. M. 포스터 장편소설 | 고정아 옮김 | 352면

029 **까라마조프 씨네 형제들** 표도르 도스또예프스끼 장편소설 | 이대우 옮김 | 전3권 | 각 496, 496, 460면

032 **프랑스 중위의 여자** 존 파울즈 장편소설 | 김석희 옮김 | 전2권 | 각 344면

034 **소립자** 미셸 우엘벡 장편소설 | 이세욱 옮김 | 448면

035 **영혼의 자서전** 니코스 카잔차키스 자서전 | 안정효 옮김 | 전2권 | 각 352, 408면

037 **우리들** 예브게니 자먀찐 장편소설 | 석영중 옮김 | 320면

038 **뉴욕 3부작** 폴 오스터 장편소설 | 황보석 옮김 | 480면

039 **닥터 지바고** 보리스 파스테르나크 장편소설 | 홍대화 옮김 | 전2권 | 각 480, 592면

041 **고리오 영감** 오노레 드 발자크 장편소설 | 임희근 옮김 | 456면

042 **뿌리** 알렉스 헤일리 장편소설 | 안정효 옮김 | 전2권 | 각 400, 448면

044 **백년보다 긴 하루** 친기즈 아이뜨마또프 장편소설 | 황보석 옮김 | 560면

045 **최후의 세계** 크리스토프 란스마이어 장편소설 | 장희권 옮김 | 264면

046 **추운 나라에서 돌아온 스파이** 존 르카레 장편소설 | 김석희 옮김 | 368면

047 **산도칸 ─ 몸프라쳄의 호랑이** 에밀리오 살가리 장편소설 | 유향란 옮김 | 428면

048 **기적의 시대** 보리슬라프 페키치 장편소설 | 이윤기 옮김 | 560면

049 **그리고 죽음** 짐 크레이스 장편소설 | 김석희 옮김 | 224면

050 **세설** 다니자키 준이치로 장편소설 | 송태욱 옮김 | 전2권 | 각 480면

052 **세상이 끝날 때까지 아직 10억 년** 스뜨루가츠끼 형제 장편소설 | 석영중 옮김 | 224면

053 **동물 농장** 조지 오웰 장편소설 | 박경서 옮김 | 208면

054 **캉디드 혹은 낙관주의** 볼테르 장편소설 | 이봉지 옮김 | 232면

055 **도적 떼** 프리드리히 폰 실러 희곡 | 김인순 옮김 | 264면

056 **플로베르의 앵무새** 줄리언 반스 장편소설 | 신재실 옮김 | 320면

057 **악령** 표도르 도스또예프스끼 장편소설 | 박혜경 옮김 | 전3권 | 각 328, 408, 528면

060 **의심스러운 싸움** 존 스타인벡 장편소설 | 윤희기 옮김 | 340면

061 **몽유병자들** 헤르만 브로흐 장편소설 | 김경연 옮김 | 전2권 | 각 568, 544면

063 **몰타의 매** 대실 해밋 장편소설 | 고정아 옮김 | 304면

064 **마야꼬프스끼 선집** 블라지미르 마야꼬프스끼 선집 | 석영중 옮김 | 384면

065 **드라큘라** 브램 스토커 장편소설 | 이세욱 옮김 | 전2권 | 각 340, 344면

067 **서부 전선 이상 없다** 에리히 마리아 레마르크 장편소설 | 홍성광 옮김 | 336면

068 **적과 흑** 스탕달 장편소설 | 임미경 옮김 | 전2권 | 각 432, 368면

070 **지상에서 영원으로** 제임스 존스 장편소설 | 이종인 옮김 | 전3권 | 각 396, 380, 496면

073 **파우스트** 요한 볼프강 폰 괴테 희곡 | 김인순 옮김 | 568면

074 **쾌걸 조로** 존스턴 매컬리 장편소설 | 김훈 옮김 | 316면

075 **거장과 마르가리따** 미하일 불가꼬프 장편소설 | 홍대화 옮김 | 전2권 | 각 364, 328면

077 **순수의 시대** 이디스 워튼 장편소설 | 고정아 옮김 | 448면

078 **검의 대가** 아르투로 페레스 레베르테 장편소설 | 김수진 옮김 | 384면

079 **예브게니 오네긴** 알렉산드르 뿌쉬낀 운문소설 | 석영중 옮김 | 328면

080 **장미의 이름** 움베르토 에코 장편소설 | 이윤기 옮김 | 전2권 | 각 440, 448면

082 **향수** 파트리크 쥐스킨트 장편소설 | 강명순 옮김 | 384면

083 **여자를 안다는 것** 아모스 오즈 장편소설 | 최창모 옮김 | 280면

084 **나는 고양이로소이다** 나쓰메 소세키 장편소설 | 김난주 옮김 | 544면

085 **웃는 남자** 빅토르 위고 장편소설 | 이형식 옮김 | 전2권 | 각 472, 496면

087 **아웃 오브 아프리카** 카렌 블릭센 장편소설 | 민승남 옮김 | 480면

088 **무엇을 할 것인가** 니꼴라이 체르니셰프스끼 장편소설 | 서정록 옮김 | 전2권 | 각 360, 404면

090 **도나 플로르와 그녀의 두 남편** 조르지 아마두 장편소설 | 오숙은 옮김 | 전2권 | 각 408, 308면

092 **미사고의 숲** 로버트 홀드스톡 장편소설 | 김상훈 옮김 | 424면

093 **신곡** 단테 알리기에리 장편서사시 | 김운찬 옮김 | 전3권 | 각 292, 296, 328면

096 **교수** 샬럿 브론테 장편소설 | 배미영 옮김 | 368면

097 **노름꾼** 표도르 도스또예프스끼 장편소설 | 이재필 옮김 | 320면

098 **하워즈 엔드** E. M. 포스터 장편소설 | 고정아 옮김 | 512면

099 **최후의 유혹** 니코스 카잔차키스 장편소설 | 안정효 옮김 | 전2권 | 각 408면

101 **키리냐가** 마이크 레스닉 장편소설 | 최용준 옮김 | 464면

102 **바스커빌가의 개** 아서 코넌 도일 장편소설 | 조영학 옮김 | 264면

103 **버마 시절** 조지 오웰 장편소설 | 박경서 옮김 | 408면

104 **10 1/2장으로 쓴 세계 역사** 줄리언 반스 장편소설 | 신재실 옮김 | 464면

105 **죽음의 집의 기록** 표도르 도스또예프스끼 장편소설 | 이덕형 옮김 | 528면

106 **소유** 앤토니어 수전 바이어트 장편소설 | 윤희기 옮김 | 전2권 | 각 440, 488면

108 **미성년** 표도르 도스또예프스끼 장편소설 | 이상룡 옮김 | 전2권 | 각 512, 544면

110 **성 앙투안느의 유혹** 귀스타브 플로베르 희곡소설 | 김용은 옮김 | 584면

111 **밤으로의 긴 여로** 유진 오닐 희곡 | 강유나 옮김 | 240면

112 **마법사** 존 파울즈 장편소설 | 정영문 옮김 | 전2권 | 각 512, 552면

114 **스쩨빤치꼬보 마을 사람들** 표도르 도스또예프스끼 장편소설 | 변현태 옮김 | 416면

115 **플랑드르 거장의 그림** 아르투로 페레스 레베르테 장편소설 | 정창 옮김 | 512면

116 **분신** 표도르 도스또예프스끼 장편소설 | 석영중 옮김 | 288면

117 **가난한 사람들** 표도르 도스또예프스끼 장편소설 | 석영중 옮김 | 256면

118 **인형의 집** 헨리크 입센 희곡 | 김창화 옮김 | 272면

119 **영원한 남편** 표도르 도스또예프스끼 장편소설 | 정명자 외 옮김 | 448면

120 **알코올** 기욤 아폴리네르 시집 | 황현산 옮김 | 352면

121 **지하로부터의 수기** 표도르 도스또예프스끼 장편소설 | 계동준 옮김 | 256면

122 **어느 작가의 오후** 페터 한트케 중편소설 | 홍성광 옮김 | 160면

123 **아저씨의 꿈** 표도르 도스또예프스끼 장편소설 | 박종소 옮김 | 312면

124 **네또츠까 네즈바노바** 표도르 도스또예프스끼 장편소설 | 박재만 옮김 | 316면

125 **곤두박질** 마이클 프레인 장편소설 | 최용준 옮김 | 528면

126 **백야 외** 표도르 도스또예프스끼 소설선집 | 석영중 외 옮김 | 408면

127 **살라미나의 병사들** 하비에르 세르카스 장편소설 | 김창민 옮김 | 304면

128 **뻬쩨르부르그 연대기 외** 표도르 도스또예프스끼 소설선집 | 이항재 옮김 | 296면

129 **상처받은 사람들** 표도르 도스또예프스끼 장편소설 | 윤우섭 옮김 | 전2권 | 각 296, 392면

131 **악어 외** 표도르 도스또예프스끼 소설선집 | 박혜경 외 옮김 | 312면

132 **허클베리 핀의 모험** 마크 트웨인 장편소설 | 윤교찬 옮김 | 416면

133 **부활** 레프 똘스또이 장편소설 | 이대우 옮김 | 전2권 | 각 308, 416면

135 **보물섬** 로버트 루이스 스티븐슨 장편소설 | 머빈 피크 그림 | 최용준 옮김 | 360면

136 **천일야화** 앙투안 갈랑 엮음 | 임호경 옮김 | 전6권 | 각 336, 328, 372, 392, 344, 320면

142 **아버지와 아들** 이반 뚜르게네프 장편소설 | 이상원 옮김 | 328면

143 **오만과 편견** 제인 오스틴 장편소설 | 원유경 옮김 | 480면

144 **천로 역정** 존 버니언 우화소설 | 이동일 옮김 | 432면

145 **대주교에게 죽음이 오다** 윌라 캐더 장편소설 | 윤명옥 옮김 | 352면

146 **권력과 영광** 그레이엄 그린 장편소설 | 김연수 옮김 | 384면

147 **80일간의 세계 일주** 쥘 베른 장편소설 | 고정아 옮김 | 352면

148 **바람과 함께 사라지다** 마거릿 미첼 장편소설 | 안정효 옮김 | 전3권 | 각 616, 640, 640면

151 **기탄잘리** 라빈드라나트 타고르 시집 | 장경렬 옮김 | 224면

152 **도리언 그레이의 초상** 오스카 와일드 장편소설 | 윤희기 옮김 | 384면

153 **레우코와의 대화** 체사레 파베세 희곡소설 | 김운찬 옮김 | 280면

154 **햄릿** 윌리엄 셰익스피어 희곡 | 박우수 옮김 | 256면

155 **맥베스** 윌리엄 셰익스피어 희곡 | 권오숙 옮김 | 176면

156 **아들과 연인** 데이비드 허버트 로런스 장편소설 | 최희섭 옮김 | 전2권 | 464, 432면

158 **그리고 아무 말도 하지 않았다** 하인리히 뵐 장편소설 | 홍성광 옮김 | 272면

159 **미덕의 불운** 싸드 장편소설 | 이형식 옮김 | 248면

160 **프랑켄슈타인** 메리 W. 셸리 장편소설 | 오숙은 옮김 | 320면

161 **위대한 개츠비** 프랜시스 스콧 피츠제럴드 장편소설 | 한애경 옮김 | 280면

162 **아Q정전** 루쉰 중단편집 | 김태성 옮김 | 320면

163 **로빈슨 크루소** 대니얼 디포 장편소설 | 류경희 옮김 | 456면

164 **타임머신** 허버트 조지 웰스 소설선집 | 김석희 옮김 | 304면

165 **제인 에어** 샬럿 브론테 장편소설 | 이미선 옮김 | 전2권 | 각 392, 384면

167 **풀잎** 월트 휘트먼 시집 | 허현숙 옮김 | 280면

168 **표류자들의 집** 기예르모 로살레스 장편소설 | 최유정 옮김 | 216면

169 **배빗** 싱클레어 루이스 장편소설 | 이종인 옮김 | 520면

170 **이토록 긴 편지** 마리아마 바 장편소설 | 백선희 옮김 | 192면

171 **느릅나무 아래 욕망** 유진 오닐 희곡 | 손동호 옮김 | 168면

172 **이방인** 알베르 카뮈 장편소설 | 김예령 옮김 | 208면

173 **미라마르** 나기브 마푸즈 장편소설 | 허진 옮김 | 288면

174 **지킬 박사와 하이드 씨** 로버트 루이스 스티븐슨 소설선집 | 조영학 옮김 | 320면

175 **루진** 이반 뚜르게네프 장편소설 | 이항재 옮김 | 264면

176 **피그말리온** 조지 버나드 쇼 희곡 | 김소임 옮김 | 256면

177 **목로주점** 에밀 졸라 장편소설 | 유기환 옮김 | 전2권 | 각 336면

179 **엠마** 제인 오스틴 장편소설 | 이미애 옮김 | 전2권 | 각 336, 360면

181 **비숍 살인 사건** S. S. 밴 다인 장편소설 | 최인자 옮김 | 464면

182 **우신예찬** 에라스무스 풍자문 | 김남우 옮김 | 296면

183 **하자르 사전** 밀로라드 파비치 장편소설 | 신현철 옮김 | 488면

184 **테스** 토머스 하디 장편소설 | 김문숙 옮김 | 전2권 | 각 392, 336면

186 **투명 인간** 허버트 조지 웰스 장편소설 | 김석희 옮김 | 288면

187 **93년** 빅토르 위고 장편소설 | 이형식 옮김 | 전2권 | 각 288, 360면

189 **젊은 예술가의 초상** 제임스 조이스 장편소설 | 성은애 옮김 | 384면

190 **소네트집** 윌리엄 셰익스피어 연작시집 | 박우수 옮김 | 200면

191 **메뚜기의 날** 너새니얼 웨스트 장편소설 | 김진준 옮김 | 280면

192 **나사의 회전** 헨리 제임스 중편소설 | 이승은 옮김 | 256면

193 **오셀로** 윌리엄 셰익스피어 희곡 | 권오숙 옮김 | 216면

194 **소송** 프란츠 카프카 장편소설 | 김재혁 옮김 | 376면

195 **나의 안토니아** 윌라 캐더 장편소설 | 전경자 옮김 | 368면

196 **자성록** 마르쿠스 아우렐리우스 명상록 | 박민수 옮김 | 240면

197 **오레스테이아** 아이스킬로스 비극 | 두행숙 옮김 | 336면

198 **노인과 바다** 어니스트 헤밍웨이 소설선집 | 이종인 옮김 | 320면

199 **무기여 잘 있거라** 어니스트 헤밍웨이 장편소설 | 이종인 옮김 | 464면

200 **서푼짜리 오페라** 베르톨트 브레히트 희곡선집 | 이은희 옮김 | 320면

201 **리어 왕** 윌리엄 셰익스피어 희곡 | 박우수 옮김 | 224면

202 **주홍 글자** 너새니얼 호손 장편소설 | 곽영미 옮김 | 360면

203 **모히칸족의 최후** 제임스 페니모어 쿠퍼 장편소설 | 이나경 옮김 | 512면

204 **곤충 극장** 카렐 차페크 희곡선집 | 김선형 옮김 | 360면

205 **누구를 위하여 종은 울리나** 어니스트 헤밍웨이 장편소설 | 이종인 옮김 | 전2권 | 각 416, 400면

207 **타르튀프** 몰리에르 희곡선집 | 신은영 옮김 | 416면

208 **유토피아** 토머스 모어 소설 | 전경자 옮김 | 288면

209 **인간과 초인** 조지 버나드 쇼 희곡 | 이후지 옮김 | 320면

210 **페드르와 이폴리트** 장 라신 희곡 | 신정아 옮김 | 200면

211 **말테의 수기** 라이너 마리아 릴케 장편소설 | 안문영 옮김 | 320면

212 **등대로** 버지니아 울프 장편소설 | 최애리 옮김 | 328면

213 **개의 심장** 미하일 불가꼬프 중편소설집 | 정연호 옮김 | 352면

214 **모비 딕** 허먼 멜빌 장편소설 | 강수정 옮김 | 전2권 | 각 464, 488면

216 **더블린 사람들** 제임스 조이스 단편소설집 | 이강훈 옮김 | 336면

217 **마의 산** 토마스 만 장편소설 | 윤순식 옮김 | 전3권 | 각 496, 488, 512면

220 **비극의 탄생** 프리드리히 니체 | 김남우 옮김 | 320면

221 **위대한 유산** 찰스 디킨스 장편소설 | 류경희 옮김 | 전2권 | 각 432, 448면

223 **사람은 무엇으로 사는가** 레프 똘스또이 소설선집 | 윤새라 옮김 | 464면

224 **자살 클럽** 로버트 루이스 스티븐슨 소설선집 | 임종기 옮김 | 272면

225 **채털리 부인의 연인** 데이비드 허버트 로런스 장편소설 | 이미선 옮김 | 전2권 | 각 336, 328면

227 **데미안** 헤르만 헤세 장편소설 | 김인순 옮김 | 264면

228 **두이노의 비가** 라이너 마리아 릴케 시 선집 | 손재준 옮김 | 504면

229 **페스트** 알베르 카뮈 장편소설 | 최윤주 옮김 | 432면

230 **여인의 초상** 헨리 제임스 장편소설 | 정상준 옮김 | 전2권 | 각 520, 544면

232 **성** 프란츠 카프카 장편소설 | 이재황 옮김 | 560면

233 **차라투스트라는 이렇게 말했다** 프리드리히 니체 산문시 | 김인순 옮김 | 464면

234 **노래의 책** 하인리히 하이네 시집 | 이재영 옮김 | 384면

235 **변신 이야기** 오비디우스 서사시 | 이종인 옮김 | 632면

236 **안나 까레니나** 레프 똘스또이 장편소설 | 이명현 옮김 | 전2권 | 각 800, 736면

238 **이반 일리치의 죽음 · 광인의 수기** 레프 똘스또이 중단편집 | 석영중 · 정지원 옮김 | 232면

239 **수레바퀴 아래서** 헤르만 헤세 장편소설 | 강명순 옮김 | 272면

240 **피터 팬** J. M. 배리 장편소설 | 최용준 옮김 | 272면

241 **정글 북** 러디어드 키플링 중단편집 | 오숙은 옮김 | 272면

242 **한여름 밤의 꿈** 윌리엄 셰익스피어 희곡 | 박우수 옮김 | 160면

243 **좁은 문** 앙드레 지드 장편소설 | 김화영 옮김 | 264면

244 **모리스** E. M. 포스터 장편소설 | 고정아 옮김 | 408면

245 **브라운 신부의 순진** 길버트 키스 체스터턴 단편집 | 이상원 옮김 | 336면

246 **각성** 케이트 쇼팽 장편소설 | 한애경 옮김 | 272면

247 **뷔히너 전집** 게오르크 뷔히너 지음 | 박종대 옮김 | 400면

248 **디미트리오스의 가면** 에릭 앰블러 장편소설 | 최용준 옮김 | 424면

249 **베르가모의 페스트 외** 옌스 페테르 야콥센 중단편 전집 | 박종대 옮김 | 208면

250 **폭풍우** 윌리엄 셰익스피어 희곡 | 박우수 옮김 | 176면

251 **어센든, 영국 정보부 요원** 서머싯 몸 연작 소설집 | 이민아 옮김 | 416면

252 **기나긴 이별** 레이먼드 챈들러 장편소설 | 김진준 옮김 | 600면

253 **인도로 가는 길** E. M. 포스터 장편소설 | 민승남 옮김 | 552면

254 **올랜도** 버지니아 울프 장편소설 | 이미애 옮김 | 376면

255 **시지프 신화** 알베르 카뮈 지음 | 박언주 옮김 | 264면

256 **조지 오웰 산문선** 조지 오웰 지음 | 허진 옮김 | 424면

257 **로미오와 줄리엣** 윌리엄 셰익스피어 희곡 | 도해자 옮김 | 200면

258 **수용소군도** 알렉산드르 솔제니찐 기록문학 | 김학수 옮김 | 전6권 | 각 460면 내외

264 **스웨덴 기사** 레오 페루츠 장편소설 | 강명순 옮김 | 336면

265 **유리 열쇠** 대실 해밋 장편소설 | 홍성영 옮김 | 328면

266 **로드 짐** 조지프 콘래드 장편소설 | 최용준 옮김 | 608면

267 **푸코의 진자** 움베르토 에코 장편소설 | 이윤기 옮김 | 전3권 | 각 392, 384, 416면

270 **공포로의 여행** 에릭 앰블러 장편소설 | 최용준 옮김 | 376면

271 **심판의 날의 거장** 레오 페루츠 장편소설 | 신동화 옮김 | 264면

272 **에드거 앨런 포 단편선** 에드거 앨런 포 지음 | 김석희 옮김 | 392면

273 **수전노 외** 몰리에르 희곡선집 | 신정아 옮김 | 424면

274 **모파상 단편선** 기 드 모파상 지음 | 임미경 옮김 | 400면

275 **평범한 인생** 카렐 차페크 장편소설 | 송순섭 옮김 | 280면

276 **마음** 나쓰메 소세키 장편소설 | 양윤옥 옮김 | 344면

각 권 8,800~15,800원